Y.+6220.
A.3.

CHOIX

DES POÉSIES ORIGINALES

DES

TROUBADOURS.

TOME TROISIÈME.

CHOIX

DES POÉSIES ORIGINALES

DES

TROUBADOURS.

Par M. RAYNOUARD,

MEMBRE DE L'INSTITUT ROYAL DE FRANCE (ACAD. FRANÇAISE, ET ACAD. DES INSCRIPTIONS ET BELLES-LETTRES), SECRÉTAIRE PERPÉTUEL DE L'ACADÉMIE FRANÇAISE, OFFICIER DE LA LÉGION D'HONNEUR.

TOME TROISIÈME

CONTENANT

Les pièces amoureuses tirées des poésies de soixante troubadours, depuis 1090 jusques vers 1260.

A PARIS,

DE L'IMPRIMERIE DE FIRMIN DIDOT,

IMPRIMEUR DU ROI ET DE L'INSTITUT, RUE JACOB, N° 24.

1818.

CHOIX
DES POÉSIES ORIGINALES
DES
TROUBADOURS.

COMTE DE POITIERS.

I.

Farai chansoneta nueva
Ans que vent, ni gel, ni plueva;
Ma dona m'assaya e m plueva
Quossi de qual guiza l'am;
E ja, per plag que m'en mueva,
No m solvera de son liam.

Qu'ans mi rent a lieys e m liure,
Qu'en sa carta m pot escriure:
E no m'en tenguatz per yure,
S'ieu ma bona dompna am;
Quar senes lieys non puesc viure,
Tant ai pres de s'amor gran fam!

Qual pro y auretz, dompna conja,
Si vostr' amor mi deslonja?
Per que us vulhatz metre monja?
E sapchatz, quar tan vos am,
Tem que la dolors me ponja,
Si no m faitz dreg dels tortz qu'ie us clam.

Que plus etz blanca qu'evori,
Per qu'ieu autra non azori;
Si 'n breu non ai ajutori,
Cum ma bona dompna m'am,
Morrai pel cap sanh Gregori,
Si no m bayza 'n cambr' o sotz ram.

Qual pro y auretz, s'ieu m'enclostre,
E no m retenetz per vostre?
Tot lo joy del mon es nostre,
Dompna, s'amduy nos amam.
Lay al mieu amic Daurostre
Dic e man que chan e que bram.

Per aquesta fri e tremble,
Quar de tant bon' amor l'am,
Qu'anc no cug qu'en nasques semble
En semblan del gran linh N Adam.

II.

Mout jauzens me prenc en amar
Un joy don plus mi vuelh aizir;
E pus en joy vuelh revertir,
Ben deu, si puesc, al mielhs anar;
Quar mielhs or n'am estiers cuiar
Qu' om puesca vezer ni auzir.

Ieu, so sabetz, no m dey gabar,
Ni de grans laus no m say formir;
Mas, si anc nulhs joys poc florir,
Aquest deu sobre totz granar,
E part los autres esmerar,
Si cum sol brus jorns esclarzir.

Ancmais no poc hom faissonar
Com en voler ni en dezir,
Ni en pensar ni en cossir,
Aitals joys no pot par trobar;
E qui be 'l volria lauzar,
D'un an no y poiria venir.

Totz joys li deu humiliar,
E tota ricors obezir
Mi dons, per son bel aculhir
E per son belh douset esguar;
E deu hom mais cent ans durar
Qui 'l joy de s'amor pot sazir.

Per son joy pot malautz sanar,
E per sa ira sas morir,
E savis hom enfolezir,
E belhs hom sa beutat mudar,
E 'l plus cortes vilanejar,
E 'l totz vilas encortezir.

Pus hom gensor non pot trobar,
Ni huelhs vezer, ni boca dir,
A mos ops la 'n vuelh retenir
Per lo cor dedins refrescar,
E per la carn renovellar
Que no puesca envellezir.

Si m vol mi dons s'amor donar,
Pres suy del penr' e del grazir,
E del celar e del blandir,
E de sos plazers dir e far,
E de son pretz tenir en car,
E de son laus enavantir.

Ren per autrui non l'aus mandar,
Tal paor ai qu'ades s'azir!
Ni ieu mezeys, tan tem falhir,
No l'aus m'amor fort assemblar;
Mas elha m deu mon mielhs triar,
Pus sap qu'ab lieys ai a guerir.

GIRAUD LE ROUX.

I.

A la mia fe, amors,
Gran peccat avetz de me,
Quar no m voletz dar nulh be
Entre totas mas dolors.
Cen vetz ai cor que m recreya,
E mil que ja no farai;
E quar bos afortimens
Val, e deu valer, e vens,
Ja no m dezafortirai.

Mas, segon l'afan qu'ieu tray,
Ai ieu de bos pensamens,
E, malgrat de malas gens,
Aus pensar so qu'a mi play;
E pens que ma domna deya
Per me oblidar ricors:
E sens, cui ieu ges non cre,
Mostra me que no s cove,
E qu'el pensars es folhors.

Mas mal trazen creis honors,
C'om estiers pretz non rete,
E pueys apres aizes ve,
Qu'en aissi s noyris valors;

E qui alques non desreya
Ja no fara bon essay,
Qu'en totz faitz val ardimens :
Mas l'arditz sia temens
Lai on temers valra may.

De plan ardimen morrai,
O m'aucira espavens,
Si merces no m'es guirens :
Doncx ab cal escaparai?
Non sai, mas merces i veya,
Que sens, ni gienhs, ni vigors
No m val ni m'enansa re,
Si 'l blanc cors delgat e le
No vens franqueza e doussors.

Mi son li maltrag sabors,
Mas ma domna, en dreit se,
Se capten mal vas merce,
Quar no m fai qualque secors;
Sobreiramen senhoreya,
Quar sap qu'ieu lo sufrirai;
Que quan m'agr' obs chauzimens,
Me fai erguelh non calens;
Veus tot quan de mal l'estai.

Ben fort aventura ai
Qu'om mais non l'es desplazens;

Ni es belhs aculhimens
Mas quan d'aquels qu'elha fai
A quascun que la corteya,
Segon los corteiadors :
Mas mi non enten ni ve ;
Ni ieu, cum qu'elha m mal me,
No m virarai ja alhors.

Belhs Alixandres, l'enveya
Que neguna res vos fai
Es adreitz pretz covinens,
Don vostre cors es manens,
Et a totz jorns si creis may.

II.

Nulhs hom non sap que s'es grans benanansa,
S'enans non sap quals es d'amor l'afans ;
E ges per so, bona domna presans,
No m tardasetz hueimais vostra honransa,
S'aver la dei, ni 'l vostres plazers es ;
E si no us platz, molt val mentirs cortes ;
Et ieu vuelh mais plasen mensogna auzir,
Que tal vertat de que tos temps sospir.

E s'a vos platz mos bes ni ma honransa,
Pois vostres sui, plaza vos mos enans,
Que rics honors, on plus autz es e grans,
Deu miels gardar que non prenda mermansa ;

Quar pretz dechai lai on sofrainh merces;
Et ieu volgra q'uns autres o disses,
Quar vos cuidatz, per tal quar vos dezir,
Que us o digua per miels vos convertir.

Tan me fezes plazer vostr' acoindansa,
Qu'hueimais mi par que seria engans,
Si us plazia ma perda ni mos dans;
Qu'anc pueis no vi vostra desafizansa,
Pois a vos plac que per vostre m prezes,
Ni ieu non fis per qu'aver la degues;
Ans sui vostres trop miels que no us sai dir,
Sol quar m'avetz donat de que consir.

Mas quar no us vei, ai temensa e duptansa
Qu'el vostres cors covinens, benestans,
Gais e cortes, avinens, ben parlans,
So teinh' a mal, e n'estau en balansa;
Quar si destricx m'en ven, al mieu tort s'es.
Quar ai estat tan de vostre paes;
Quar plus soven deuria om venir
Lai on hom a a viure et a morir.

III.

A ley de bon servidor
Que sospira e que s complanh,
Quan benanansa 'l sofranh,
E, per cobrir sa dolor,

Fai belh semblan e belha captenensa,
E non a ges de servir recrezensa;
Per tal semblan mi cuiav' ieu cobrir,
E sui destregz plus qu'ieu eys no sai dir,
E fa m falhir ma folha conoyssensa.

   Pero al cor ai doussor
   Mesclat ab un joy estranh,
   En que s'adoussa e s'afranh
   Lo mals qu'ai per fin' amor;
Q'umils e fis vau queren mantenensa
A ma dona, en cui nays e comensa
Joys e jovens per que 'l dey obezir;
Qu'el plus aut ram de la flor la remir,
Flors es de pretz, e frugz de gran valensa.

   Ai! belh cors francx ab honor,
   La genser qu'el mon remanh,
   Ieu muer, si cum fetz el banh
   Serena, lo vielh auctor,
Que per servir sofri greu penedensa;
Tot en aissi abelhis et agensa
A fin' amor que m vol a tort aucir;
Que nueg e jorn mi nafron siei cossir,
Mas ieu m conort qu'ab merce truep guirensa.

   De totas avetz la flor,
   Dompna, mas merces hi tanh,

Pueys auretz so que pertanh
A bon pretz et a ricor;
Per merce us prec, dona, qu'amors vos vensa,
Que ja mos chans no us torn' a desplazensa;
Quar ie us tem tan que no us aus descobrir
Mon fin talen, don ieu cug totz morir,
E conosc ben qu'aucir m'a trop temensa.

Mon cor ai en gran folhor,
Per qu'eras en plor e 'n planh;
Quar conosc qu'en folh gazanh
M'an mes mey huelh traydor;
E selh que quier tos temps sa dechazensa
Trobar la deu, senes tota falhensa,
Si cum ieu fatz, que so que plus dezir
M'enfolhetis, e m tolh si mon albir
Qu'aver non puesc de mi eys retenensa.

IV.

ARA sabrai s'a ges de cortezia
En vos, dona, ni si temetz peccat:
Pus que merces m'a del tot oblidat,
Si m socorretz, er vos ensenhamens;
E pus en als, dompna, etz tan conoyssens,
Conoscatz doncx que mal vos estaria,
S'entre tos temps no trobava ab vos
Qualque bon fag o qualque belh respos.

E quar dezir tan vostra senhoria,
Quan m'auriatz a dreg ocaizonat
So qu'anc no fo ni er ja per mon grat,
Si m deuria pueis valer chauzimens;
Pero en me non es ges l'ardimens
Que ja us clames merce, si tort avia;
Qu'ab tot lo dreg n'estauc ieu temeros
Que ja no m puesca ab vos valer razos.

E non es ges valors ni galardia,
Qui destrui so que trob apoderat,
Mas tantas vetz vos o aurai mostrat,
Per que us sembla mos castiars niens;
Pero quant es dona sobrevalens
En pren erguelh sa valors, e desvia;
E ges erguelhs totas vetz non es bos,
Et estai gen a luecx et a sazos.

Anc per ma fe, sol qu'a vos greu no sia,
Non vi nulh cors tan sem d'umilitat
Cum lo vostre, mas be sai de beutat
Ja per autra no sera faitz contens;
Enans sai be que, si eron cinc cens,
Qual que chauzis la gensor, vos penria;
E melher etz, sol que merces y fos :
Mas trop pert hom per un ayp o per dos.

Ades y fatz gran sen e gran folhia,
Quar sui vostres, e no m'en sabetz grat :

Mas ja non vuelh qu'en blasm' om ma foudat;
E volria que m fos lauzatz lo sens,
Quar de bon sen mov bos afortimens,
Et anc fols hom no s'afortic un dia,
Ni ieu no vi anc bon drut nualhos,
Per qu'ieu m'esfortz d'esser aventuros.

Vostr' om serai si ja non vos plazia,
E vostres sui, qu'amors m'a ensenhat
Que no creza fol respos ni comjat;
Que si 'ls crezes, mortz fora recrezens,
E morrai tost, si calaquom no vens;
Ieu que vos lais, o vos que siatz mia,
Tot y murrai o serai poderos:
Aquest conort mi te de mieg joyos.

Alixandres, de cor y entendia
Dieus, quan formet vostre cors amoros,
E parec be a las belhas faissos.

Bona domna, merces y tanheria,
Car si aissi pert mon senhor e vos,
Greu aurai mais esmenda d'aquest dos.

V.

Auiatz la derreira chanso
Que jamais auziretz de me,
Qu'autre pro mos chantars no m te,

Ni ma dompna no fai semblan qu'ie 'l playa;
Pero non sai si l'am o si m n'estraya,
Quar per ma fe, dompna corteza e pros,
Mortz sui si us am, e mortz si m part de vos.

Mas a plus honrad' ochaizo
Murrai, si us am per bona fe;
Sitot noqua m faitz autre be,
Tot m'es honors so que de vos m'eschaya;
Et ieu cossir on plus mon cor s'esmaya,
Que qualqu'ora es hom aventuros;
Quar ges tos temps no dur una sazos.

Sivals no l'am ges en perdo,
Quar ades mi ri quan mi ve,
Sol aquest respieg me soste
E m sana 'l cor e m reve e m'apaya :
Quar semblans es, et es vertatz veraya,
Si mos vezers li fos contrarios,
No m mostrera belh semblan ni joyos.

E ja non er ni anc no fo
Bona dona senes merce,
Et on mais n'a, plus l'en cove;
Ni anc non vi erguelh que no dechaya;
Ieu non dic ges que ma dona erguelh aya,
Ans tem que lieis m'aya per ergulhos,
Quar l'aus querre so don mi tarza 'l dos.

Pus ses vos non truep guerizo,
Dona, ni non dezir mais re,
Gent m'estara, s'a vos sove
Del vostr' ome cuy espavens esglaya.
Mon cor an pres, dona corteza e guaya,
Vostre belh huelh plazent et amoros :
Pres sui ieu be, mas bel' es ma preizos.

Tan formet dieus gent sa faisso,
E tant a de beutat en se,
Per qu'ieu sai e conosc e cre
Qu'el gensers es del mon e la plus guaya;
E quar li platz qu'ieu sa valor retraya,
Cuia m'aver ajudat a rescos :
Pero bon m'es, mais mielher volgra fos.

Senher Dalfi, tant sai vostres fags bos,
Que tot quan faitz platz et agrad als pros.

Dona, merce, avinen, bel' e pros,
Que per vos mor EN Giraudet lo Ros.

RAMBAUD D'ORANGE.

I.

Ab nou cor et ab nou talen,
Ab nou saber et ab nou sen,
Et ab nou belh captenemen,
Vuelh un bon nou vers comensar;
E qui mos bons nous motz enten,
Ben er plus nous a son viven,
Qu'om vielhs s'en deu renovelar.

Qu'ieu renovelh mon ardimen;
Qu'el novelhs volf vielh pessamen,
Farai novelh ab ferm parven,
Er quant em al novelh temps clar,
Qu'els novelh fuelh naysson desen
Lo novelh crit, don jois en pren
Els auzels qu'intran en amar.

Doncs aman mi fan alegrar,
Qu'ieu am si qu'om non pot comtar
Tan be cum ieu am, ni pensar;
Et am la gensor ses conten,
Si dieus m'am, e no y met cuiar,
Qu'al mielhs d'amar la m saup triar
Amors, quan nos ajustet gen.

D'amor me dey ieu ben lauzar,
Mielhs qu'ad amor guazardonar
No puesc, qu'amors m'a, e m ten car,
Dat amors, per son chauzimen,
Plus qu'amors non pot estujar
A sos ops d'amor, ni donar
A autrui, don ai cor rizen.

Rire deg ieu, si m fatz soven,
Qu'el cors me ri, neys en durmen;
E mi dons ri m tan doussamen
Que belh ris m'es de dieu, so m par;
E me fai sos ris plus jauzen
Que si m rizian quatre cen
Angel que m deurian gaug far.

Gaug ai ieu tal que mil dolen
Serian del mieu gaug manen,
E del mieu gaug tuit mei paren
Viurian ab gaug ses manjar.
E qui vol gaug sai l'an queren,
Que ieu ai tot gaug eissamen
Ab mi dons qui 'l me pot tost dar.

Domna, d'als non ai a parlar
Mas de vos, domna, que baizar
Vos cug, domna, quant aug nomnar
Vos, domna, que ses vestimen
En mon cor, domna, vos esguar,

Qu'ades mi ven, domna, estar
Vostre bel cors nou avinen.

De mon nou vers vuelh totz preguar
Qu'el m'anon de novelh chantar
A lieis qu'am senes talan var;
Dieus m' abais' et amors, s'ieu men,
Qu'autre ris me sembla plorar,
Si m ten ferm en gaug, ses laissar,
Mi dons, qu'autre drut non consen.

Dieus guart ma domn' e mon joglar,
E jamais domna no m prezen.

II.

Si de trobar agues melhor razo
Que ieu non ai, sapchatz que be m plairia;
Mas, tal cum l'ai, farai gaya chanso,
Si far la sai tal qu'elha fos grazia
Per ma domna, que no m denha entendre,
E ten mon cor qu'alhors non puesc' atendre;
E platz mi mais viure desesperatz,
Que si ieu fos per altra domn' amatz.

Viure m'es greu., ni morir no m sap bo.
Que farai doncx amarai ma enemia?

Amar la dei, si non fas falhizo,
Qu'amors o vol qui m'a en sa bailia;
Al sieu voler no me vuelh ieu defendre,
Ni enves lieis de nulha re contendre;
Ans dei ben dir qu'ieu mi tenh per pagatz,
Pus que ieu fas totas sas voluntatz.

Son voler fas, e quier li 'n guizardo
Que, s'a lieys platz, desamat no m'aucia,
O que m fezes oblidar sa faisso
Que m'es miralhs, en qualque loc qu'ieu sia.
E pus amors me vol d'amar sorprendre,
Ben deuria a mi dons far aprendre
Com ieu pogues de lieys esser privatz,
Pueis m'auria mos mals guiardonatz.

Trebails, maltraitz, cuidatz ab pensazo,
Ni guerreyars qu'ieu fas, no m'en desvia
De vos amar, que m tenetz en preizo :
Offensio no us fis jorn de ma via,
Ni en ferai, com que m'en dega prendre,
Ni no m faretz ad autra domna rendre;
Que ab mon cor me sui ben acordatz
De ben amar, sia sens o foldatz.

E non per so molt me sabria bo
Qu'ieu fezes sen; mas, sitot fauc folhia,
De tal foldat no vuelh qu'hom m'ochaizo,

Quar en amar non sec hom drecha via,
Qui gent no sap sen ab foldat despendre;
Mas selh qu'o fai se pot ben tant estendre
Qu'elh er amicx sivals o drutz clamatz;
Si 'n aisso falh, non er a dreit jutjatz.

A mon Diable, qui belhs motz sap entendre,
T'en vai, chanso, e si te denh' aprendre,
Pueys poirai dir que sui ben cosselhatz
De mon cosselh, qu'es d'Aurengua laissatz.

III.

Er no sui ges mals et astrucx,
Quan sui ben malastrucx de dreg;
E pus malastres m'a eleg,
Farai vers malastruc e freg;
Si truep un malastruc adreg
Que mon malastre mi pesseg.

E pus tos temps sui malastrucx
Per un gran malastre que m ve,
Selh que per malastruc no m te
Dieu prec de malastre l'estre,
Que mil malastruc serion ple
Del malastre qu'ieu ai en me

Er auiatz cum sui malastrucx!
Qu' on meynhs cug de malastr' aver,
Ieu sui plus malastrucx en ver;
Qu'en malastre m laissei cazer,
E pueis vinc malastre querer
Don aurai malastruc esper.

Domna, per vos sui malastrucx,
Quar per malastre m voletz mal;
E fis ben malastruc jornal,
Qu'anc nuills malastrucs no 'l fetz tal;
Doncx mos malastres res non val,
Per que d'est malastruc no us cal.

Mas pus ara sui malastrucx,
Mos pels malastrucx mi tolrai,
Aitan de malastre perdrai;
E si 'l malastres no s'en vai,
Malastrucx sia cui no m plai,
Quar tan grans malastres m'eschai.

Mas s'atrobes dos malastrucx
Qu'anesson malastruguamen
Ab me mais malastre queren,
Adoncx for' ieu malastrucx gen;
Mas non trueb malastruc valen
Qu'ab mi de malastres prezen.

Et ieu sui aitan malastrucx
Que de malastre port la flor,
Et ai de malastre l'honor
Levat, malastre de senhor;
Ieu cant en malastre ab plor
D'aquest malastruc amador.

Tu est malastrucx de senhor,
Et ieu sui malastrucx d'amor.

LA COMTESSE DE DIE.

I.

A chantar m'er de so qu'ieu no volria,
Tan me rancur de sel cui sui amia;
Quar ieu l'am mais que nulha res que sia :
Vas lui no m val merces ni cortezia,
Ni ma beutatz, ni mos pretz, ni mos sens;
Qu'en aissi m sui enganada e trahia,
Cum s'ieu agues vas lui fag falhimens.

D'aiso m conort quar anc non fis falhensa,
Amicx, vas vos, per nulha captenensa;
Ans vos am mais no fetz Seguis Valensa;
E platz mi fort que ieu d'amor vos vensa,
Lo mieus amicx, quar etz lo plus valens;
Mi faitz orguelh en digz et en parvensa,
Et etz humils vas totas autras gens.

Be m meravil cum vostre cors s'orguelha,
Amicx, vas me, don ai razon que m duelha;
E non es dregz qu'autra domna us mi tuelha
Per nulha re que us fassa ni us acuelha.
E membre vos qual fo 'l comensamens
De nostr' amor : ja dame dieus non vuelha
Qu'en ma colpa sia 'l departimens.

Proessa grans qu'en vostre cor s'aizina,
E lo rics pretz qu'avetz m'en atahina;
Q'una non sai loindana ni vezina,
Si vol amar, vas vos no si' aclina :
Mas vos, amicx, etz ben tan conoissens
Que ben devetz conoisser la plus fina;
E membre vos de nostres covinens.

Valer m degra mos pretz e mos paratges,
E ma beutatz, e plus mos fis coratges;
Per qu'ieu vos man, lai on es vostr' estatges,
Esta chanso que me sia messatges;
E vuelh saber, lo mieus belhs amicx gens,
Per que m'etz vos tan fers ni tan salvatges;
No sai si s'es orguelhs o mals talens.

Mas tant e plus vuelh que us diga 'l messatges
Que trop d'orguelh fai mal a manhtas gens.

II.

Ab joi et ab joven m'apais,
  E jois e jovens m'apaia,
Quar mos amics es lo plus guais,
  Per qu'ieu sui cuendeta e guaia;
  E pois ieu li sui veraia,
Be i s taing qu'el me sia verais;
Qu'anc de lui amar no m'estrais,
  Ni ai en cor que m n'estraia.

Mout mi platz, quar sai que val mais,
  Sel qu'ieu plus dezir que m'aia;
E sel que primiers lo m'atrais
  Dieu prec que gran joi l'atraia;
  E qui que mal l'en retraia
Non creza fors so qu'el retrais.
Qu'om cuoill mantas vetz los balais
  Ab qu'el mezeis se balaia.

Domna que en bon pretz s'enten
  Deu ben pausar s'entendensa
En un pro cavallier valen;
  Pois ill conois sa valensa,
  Que l'aus amar a presensa;
E domna pois am a presen,
Ja pois li pro ni li valen
  Non diran mas avinensa.

Qu'ieu n'ai chauzit un pro e gen,
  Per cui pretz meillura e gensa,
Larc et adreg e conoissen,
  On es sens e conoissensa :
  Prec li non aia entendensa,
Ni hom no 'l puesca far crezen
Qu'ieu fassa vas lui faillimen,
  Sol non trob en lui faillensa.

Amicx, la vostra valensa
  Sabon li pro e li valen;

Per qu'ieu vos quier de mantenen,
Si us platz, vostra mantenensa.

III.

Estat ai en gran consirier
Per un cavallier qu'ai agut,
E voill sia totz temps saubut
Cum ieu l'ai amat a sobrier.
  Ara vei qu'ieu sui trahida,
Quar ieu non li donei m'amor;
Don ai estat en grant error
  En leit e quan sui vestida.

Ben volria mon cavallier
Tener un ser en mos bratz nut,
Qu'el s'en tengra per errebut
Sol c'a lui fesses coseillier;
  Quar plus m'en sui abellida
Non fis Floris de Blancaflor.
Mon cor eu l'autrei e m'amor,
  Mon sen, mos oillz e ma vida.

Bels amics, avinens e bos,
Quora us tenrai en mon poder,
E que jagues ab vos un ser,
E que us des un bais amoros

Sapchatz gran talen n'auria
Que us tengues en loc del marrit,
Ab so que m'aguessez plevit
De far tot so qu'ieu volria.

PIERRE ROGIERS.

I.

Al pareissen de las flors,
Quan l'albre s cargon de fuelh,
E 'l temps gensa ab la verdura
Per l'erba que creys e nais,
Doncx es a selhs bona amors
Qui l'an en patz, ses rancura,
Q'us vas l'autre non s'erguelha.

Bos drutz non deu creire auctors
Ni so que veiran sey huelh
De neguna forfaitura
Don sap que sa domna 'l trays;
So que dis qu'a fait alhors
Creza, sitot non lo jura,
E so qu'en vi dezacuelha.

Qu'ieu vey de totz los melhors
Qui sempr' en devenon fuelh,
Qu'en queron tan lur dreitura
Tro que lur domna s n'irays,
E 'l ris torna 'ls pueis en plors;
E 'l folhs per mal' aventura
Vai queren lo mal qu'el duelha.

Qu'amors vol tals amadors
Que sapchon sufrir erguelh
En patz e gran desmezura,
Sitot lor domna 'ls sostrays;
Paucs plagz lur en sia honors,
Quar s' il sap mal ni s rancura,
Ilh queira tost qui l'acuelha.

Per aquest sen suy ieu sors,
Et ai d'amor tan quan vuelh;
Quar s'elha m fai gran laidura,
Quant autre s planh, ieu m'apais.
Sitot s'es grans ma dolors,
Suefre tro qu'elha m melhura
Ab un plazer, qual que s vuelha.

Mais vuelh trenta dezonors
Q'un onor, si lieys mi tuelh;
Qu'ieu sui hom d'aital natura
No vuelh l'onor qu'el pro lays;
Ni ges no m laissa 'l paors
Don mos cors non s'asegura;
Qu'ades cug qu'autre la m tuelha.

De mon dan prec mos senhors,
Mas l'amor de mi dons vuelh;
E que 'l prenda de mi cura,
Que trop es grans mos esmays.
Molt mi fera gen secors

S'una vetz ab nueg escura
Mi mezes lai o s despuelha.

Peire Rotgiers, quier secors ;
E si 'l mals loindans li dura,
Pauc viura, qu'ades rauguelha.

II.

Tan no plou ni venta
Qu'ieu de chan non cossire ;
Freidura dolenta
No m tolh chantar ni rire :
Qu'amors me capdelh e m te
Mon cor en fin joi natural ;
E m pais, e m guid, e m soste,
Qu'ieu non suy alegres per al,
Ni al res no m fai viure.

Ma domna es manenta
De so qu'ieu plus dezire ;
Del donar m'es lenta
Qu'anc non fui mais jauzire :
Ben sai que pauc l'en sove ;
E ges no m par joc cominal,
Qu'ilh pensa petit de me :
Et ieu trac per lieys mal mortal,
Tal qu'a penas puesc viure.

Non truep qui m guirenta,
 Ni qui m'o auze dire
 Q'un' autra tan genta
 El mon s'eli, ni s mire;
Ni d'autra non s'esdeve,
Mas qu'om digua que res no val;
 Qu'elha ditz e fai tan be,
Q'una contra lieys non sap s' al,
 Tal domna fai a viure.

 Si s'en fenhon trenta,
 Ges per so no m n'ahire;
 Cuy que s vol si s menta,
 Qu'a mi s denh escondire.
Adoncx sai ieu ben e cre
Q'us non a domna tan cabal,
 Quar quecx la lauza per se:
Que s' el n'avia un' aital,
 Ben pogra ses lieys viure.

 Greu planh mal que senta
 Drutz, quant es bos sufrire;
 Qu'amors es valenta
 A sel que n'es jauzire;
Qu'erguelh no vol ni mante,
Ans qui lo 'lh mostr' a lieys non cal:
 Que mais n'auria ab merce
En un jorn, qu'en dos ans ab mal,
 Sel qu'ab erguelh vol viure.

Si uns si prezenta
Qu'ill denh lonc se assire,
Ges no m'espaventa
Qu'ab mi l'ai' a devire.
Que domna, que pretz mante,
Deu aver fin cor e leyal;
E non crezas que s mal me
Contra son bon amic coral,
Als dias qu'ai a viure.

E s'il fai parventa
Qu'el guinh ni l'huelh lor vire,
Per so no s guaimenta
Mos cors, ni m mand aucire.
Ma domna fai manta re,
Per que platz a totz per engual:
E quascus, cum li cove,
Deu aculhir dins son ostal,
S'ab gran bontat vol viure.

Peire Rogiers, per bona fe,
Tramet son vers tot per cabal
A si dons clamar merce,
Qu'aprenda 'l, avans de Nadal,
S'ab grat de lui vol viure.

III.

Per far esbaudir mos vezis
Que s fan irat, car ieu non chan,
Non mudarai deserenan,
    Qu'ieu non despley
Un son novelh qu'els esbaudey,
E chant, mais per mon Tort N'avez :
    Quar trop dechai
    Tot quan vei sai,
Mas ab lieys creis honors e pretz;
Per qu'el sieus conortz m'es plus bos,
Que tot quan vei sai entre nos.

De mi dons ai lo guap e 'l ris,
E sui fols s'ieu plus li deman;
Ans dey aver gran joy d'aitan.
    A dieu m'autrey,
Non ai doncs pro quan sol la vey :
Del vezer suy ieu bautz e letz;
    Plus no m'eschai,
    Que ben o sai;
Mas d'aitan n'ai ieu joy e pretz,
E m'en fauc ricautz a sazos,
A guiza de paubr' ergulhos.

Anc ieu ni autre no 'lh o dis,
Ni elha non saup mon talan;
Mas a celat l'am atretan,

Fe qu'ieu li dey,
Cum s'agues fait son drut de mey :
E no i s taing qu'ieu ja l'ameissetz.
Doncs amarai
So qu'ieu non ai ;
Oc, qu'eyssamen n'ai joy e pretz,
E suy alegres e joyos,
Quan res non es cum si vers fos.

De totz drutz suy ieu lo plus fis,
Qu'a mi dons no dic re ni man,
Ni'l quier gen fait, ni bel semblan.
On qu'ilh estey
Sos drutz suy, et ab lieys domney,
Totz cubertz e celatz e quetz.
Qu'ilh no sap lai
Lo ben que m fai,
Ni cum ai per lieys joi e pretz.
No s tanh que ja'l sapcha enoios
Qu'ieu sui sai sos drutz a rescos.

Per s'amor viu, e si m moris,
Qu'om disses qu'ieu sui mortz aman,
Fait m'agra amors honor tan gran,
Qu'ieu sai e crey
Qu'anc a nulh drut maior non fey.
Vos jutgatz, domna, e destrenhetz ;
Quar s'ieu m'esmai,
E si maltrai,

Ni muer per vos, joys m'es e pretz;
De vos m'es totz mals bes, dans pros,
Foldatz sens, tortz dregz e razos.

 Ieu mai que mai,
 Ma domna, ieu sai
Que vos mi donatz joy e pretz;
E vuelh mais morir a estros,
Ja 'l sapcha negus hom mas vos.

 Bastart, tu vai,
 E porta m lai
Mon sonet, a mon Tort N'avetz :
E di m'a 'n Aimeric lo tos
Membre 'l dont es, e sia pros.

IV.

Tant ai mon cor en joy assis,
Per que non puesc mudar non chan;
Que joys m'a noirit pauc e gran,
E ses lui non seria res.
Qu'assatz vei que tot l'als qu'om fai
Abaiss, e sordey, e dechai,
Mas so qu'amors e joys soste.

Lo segles es aissi devis
Que perdut es, quan l'avol fan;

Mas ab los pros vai pretz enan,
Et amors ten se ab los cortes :
E d'aqui son drut cuend e guai;
Per que s te jois que tost non chai,
Qu'estiers del mais hom no 'l soste.

Si 'l jois d'amor no fos tan fis,
Ja non agra durat aitan;
Mas no y a d'ira tan ni quan,
Qu'el dans n'es pros, e 'l mals n'es bes
E sojorns cui plus mal en trai;
Demandatz cum qu'ie us o dirai :
Quar apres n'aten hom merce.

Pauc pren d'amor qui no sofris
L'erguelh, e 'l mal, e 'l tort, e 'l dan ;
Qu'aissi o fan selh que re n'an :
Guerra m sembla qu'amors no i es,
Tan son li mal e sai e lai;
E non ai dreg el fieu qu'ieu ai,
S'al senhor don mov mals en ve.

Amors ditz ver et escarnis,
E dona pauza ab gran afan,
E franc cor apres mal talan;
Huei fai que platz, deman que pes;
E doncx qu'en diretz qu'aissi vai,
Que costa que tot torn en jai,
Pueis apres no i a re mas be.

Membra m' aras d'un mot qu'ieu dis,
E tal non vuelh qu'om lo m deman.
— No l'auzirem doncx! — Non onguan,
No us er digz, ni sabretz quals es.
— No m'en qal, qu'atressi m viurai.
— Si us vivetz o us moretz, so sai
Non costa re mi dons ni me.

Mon Tort N'avetz en Narbones
Man salutz, sitot luenh s'estai;
E sapcha qu'en breu la veyrai,
Si trop grans afars no m rete.

Lo senher, que fetz tot quant es,
Salv e guart son cors cum si s fai;
Qu'ilh mante pretz e joi verai
Quan tota autra gen si recre.

V.

Entr' ira e joy m'an si devis
Qu'ira m tolh manjar e dormir,
Jois me fai rire et esbaudir,
Mas l'ira m passa 'l bon conort,
E 'l joys reman, don sui jauzens,
Per un' amor qu'ieu am e vuelh.

Domn' ai?.. Non ai... Ja 'n suy ieu fis?
No sui, quar no m'en puesc jauzir...

Tot m'en jauzirai quan que tir?
Oc, ben leu, mas sempre n'a tort...
Tort n'a... Qu'ai dig? boca, tu mens,
E dis contra mi dons erguelh!

Bona domna, per qu' ieu m'aucis,
Ara m podetz auzir mentir;
Que re no m fai, per que m'azir,
Non re sia per pauc tot mort.
Ben sui fols, e fatz es mos sens,
Quar ja dis so per que la m tuelh.

Molt am selieys que m'a conquis,
Et elha me; oc, s'o l'aug dir,
Creirai son dig senes plevir,
Oc ben, sol qu'ab lo fag s'acort,
E m'atenda totz mos covens,
E qu'ieu n'aia plus qu'ieu no suelh.

Per lieys ai ieu joy, joc e ris,
Mas ara'n planh, plor e sospir,
E'l mals que m'es greus a sufrir,
Torna m' a doble en deport.
Pauc pres lo mal qu'el bes lo vens,
Que plus m'en jau que no m'en duelh.

De luenh li sui propdas vezis,
Qu'amicx non pot nulhs hom partir
Si 'l cor si volon consentir:

Tot m'es bon quant hom m'en aport,
Mais am quan cor de lai lo vens,
Que d'autra si pres si m'acuelh.

Ja non dira hom qu'anc la vis
Que tan belha 'n pogues chauzir :
Qu'om no la ve que no se mir,
Quar sa beutatz resplan tan fort
Nuegz n'esdeve jorns clars e gens,
A qui l'esgarda de dreg huelh.

Lo vers vuelh qu'om mi dons me port,
E que 'l sia conortamens
Tro que ns esguardem de dreg huelh.

AZALAÏS DE PORCAIRAGUE.

Ar em al freg temps vengut,
Qu'el gels, e 'l neus, e la faigna,
E ill auzelet estan mut,
C'us de chantar non s'afraigna :
E son sec li ram pels plais,
Que flors, ni fuelha no i nais,
Ni rossignols non i crida
Que l'an en mai nos reissida.

Tant ai lo cor deseubut,
Per qu'ieu sui a totz estraigna ;
E sai que l'om a perdut
Molt plus tost qu'om non gazaigna.
E s'ieu faill ab motz verais,
D'Aurenga me mov l'esglais ;
Per qu'ieu n'estauc esbaida,
E 'n per solatz en partida.

Domna met mout mal s'amor,
Que ab trop ric hom plaideia,
Ab plus aut de vavasor ;
E cil que o fai folleia.
Que Ovidy o retrai,

Qu'amors per ricor non vai;
E domna que n'es chausida,
En tenc per envilanida.

Amic ai de gran valor,
Que sobre totz seingnoreia ;
E non a cor trichador
Vas me, que s'amor m'autreia.
Ieu dic que m'amors l'echai ;
E cel que diz que non fai,
Dieus li don mal' escarida ;
Qu'ieu m'en teing ben per guarida.

Bels amics de bon talan,
Son ab vos totz jornz en gatge,
Corteza e de bel semblan ;
Sol no m demandes outrage,
Tost en venrem a l'assai,
Qu'en vostra merce m metrai :
Vos m'avetz la fe plevida
Que no m demandes faillida.

A dieu coman Bel Esgar,
E plus la cieutat d'Aurenza,
E Gloriet, e 'l Caslar,
E lo senhor de Proenza,
E tot quan vol mon ben lai ;
Mas lai on son fait l'assai,

Cellui perdei c'a ma vida,
E 'n serai totz jornz marrida.

Joglars, que avetz cor gai,
Ves Narbona portatz lai
Ma chanson, ab la fenida,
Lei cui jois e jovens guida.

BERNARD DE VENTADOUR.

I.

A<small>B</small> joi mov lo vers e 'l comens,
Et ab joi reman e fenis,
E sol que bona fos la fis,
Bos sai qu'er lo comensamens.
  Per la bona comensansa
  Mi nais jois et alegransa:
Per qu'ieu deg mais la bona fin grazir,
Quar totz bos faitz aug lauzar al fenir.

  Si m'apodera 'l jois e m vens
Que m meravilh cum o sofris,
Quar non dic e non embrugis
Cum sui aissi guais e jauzens;
  Mas greu veiretz fin' amansa
  Ses paor e ses duptansa,
Qu' ades tem hom vas so qu' ama falhir,
Per qu' ieu no m' aus de parlar enardir.

  D' una ren m' aonda mos sens,
Qu'anc nulhs hom mon joi no m' enquis
Qu' ieu voluntiers no l'en mentis;
Quar no m par bons essenhamens,
  Anz es folia et enfansa,

Qui d' amor a benenansa,
Qu' a om n' auze son fin cor descubrir,
Si no l'en pot o valer o servir.

Non es enuegz ni falhimens
Ni vilania, so m'es vis,
Mais d'ome quan se fai devis
D'autrui amor, ni conoissens.
　Enoios! e que us enansa
　De m far enueg ni pesansa!
Quasqus si deu de son mestier formir;
Me confondetz, e vos non vei jauzir.

Ben estai a domna ardimens
Entr' avols gens e mal vezis;
Quar si bos cors non l' afortis,
Greu pot esser pros ni valens:
　Per qu'ieu prec n'aia en membransa
　La belha en cui ai fizansa,
Que no s camje per paraulas ni s vir,
Qu' enemicx qu' ai fatz d' enueia murir.

Ja sa bella boca rizens
No cugei baizan me trays,
Mas ab un dous baizar m'aucis;
E s'ab autre no m'es guirens,
　Atressi m'es per semblansa
　Cum fo de Peleus la lansa,
Que de son colp non podi' hom guerir,
Si per eys loc no s'en fezes ferir.

Belha dompna, 'l vostre cors gens
E 'l vostre belh huelh m'an conquis,
E 'l dous esguar, e lo clar vis,
E la bella boca rizens:
   Que quan ben m'en pren esmansa,
   De beutat no us truep esguansa;
La genser etz qu'om puesc' el mon chauzir,
O no y veg clar dels huels ab que us remir.

   Bel Vezer, senes duptansa,
   Vostre pretz creys et enansa,
Que tant sabes de plazers far e dir,
Nuls hom no s pot de vos amar sufrir.

   Ben deg aver alegransa,
   Qu' en tal domn' ai m'esperansa,
Que qui 'n ditz mal no pot plus lag mentir,
E qui 'n ditz be no pot plus belh ver dir.

II.

Non es meravelha s' ieu chan
Mielhs de nulh autre chantador;
Quar plus trai mos cors ves amor,
E mielhs sui faitz a son coman;
Cors e cor e saber e sen
E fors' e poder hi ai mes;
Si m tira vas amor lo fres
Qu' a nulh' autra part no m' aten.

Ben es mortz qui d' amor non sen
Al cor qualque doussa sabor;
E que val viure ses amor,
Mas per far enueg a la gen?
Ja dame dieus no m'azir tan
Que ja pueis viva jorn ni mes,
Pus que d' enueg serai repres,
E d' amor non aurai talan.

Per bona fe, e ses engan,
Am la plus belha e la melhor;
Del cor sospir, e dels huels plor,
Quar trop l' am., per qu'ieu hi ai dan':
E qu' en pues als, qu' amors mi pren?
E las carcers ont ilh m'a mes
No pot claus obrir mas merces,
E de merce no i trob nien.

Quant ieu la vey, be m'es parven
Als huels, al vis, a la color,
Qu'eissamen trembli de paor
Cum fa la fuelha contra 'l ven:
Non ai de sen per un efan,
Aissi sui d' amor entrepres;
E d' ome qu'es aissi conques
Pot dompna aver almosna gran.

Bona domna, plus no us deman
Mas que m prendatz per servidor,

Qu' ie us servirai cum bon senhor,
Cossi que del guazardon m'en :
Veus me al vostre mandamen
Francx, cors humils, gais e cortes.
Ors ni leos non etz vos ges
Que m' aucizatz, s' a vos mi ren.

Aquest' amors me fier tan gen
Al cor d'una doussa sabor,
Cen vetz muer lo jorn de dolor,
E reviu de joy autras cen.
Tant es lo mals de dous semblan,
Que mais val mos mals qu' autres bes,
E pus lo mals aitan bos m'es,
Bos er lo bes apres l' afan.

Ai dieus! ara fosson trian
Li fals drut e 'l fin amador,
Que 'l lauzengier e 'l trichador
Portesson corn el fron denan;
Tot l' aur del mon e tot l' argen
Hi volgr' aver dat, s' ieu l'agues,
Sol que ma dona conogues
Aissi cum ieu l' am finamen.

A mon Cortes, lai ont ilh es,
Tramet lo vers, e ja no 'l pes
Quar n' ai estat tan longamen.

III.

Amors e que us es veiayre!
Trobatz vos folh mais que me?
Vos voletz qu'ieu sia amaire,
E que ja no i trob merce!
Que que m comandetz a faire
Farai, qu' en aissi s cove,
Mas vos non o faitz ges be
Que m fassatz tot jorn maltraire.

Qu'ieu am la plus de bon aire
Del mon mais que nulla re,
Et elha no m' ama guaire,
No sai per que s' esdeve :
Ans quant ieu m' en cug estraire
No pues ges, qu' amors mi te.
Traitz sui per bona fe,
Amors, be us o puesc retraire.

Ab amor m' er a contendre,
Qu'ieu no m' en puesc mais tener,
Qu'en tal luec m' a fag entendre
Don ja nulh joy non esper :
Ans per pauc me feira pendre,
Quar sol n' ai cor ni voler;
Mas ieu non ai ges poder
Que m puesca d' amor defendre.

Pero amors sol dissendre
Lai on li ven a plazer,
Que m pot leu guizardon rendre
Del maltrag e del doler;
Tan no pot comprar ni vendre
Que mais no m puesca valer;
Sol ma dona m deng voler,
E sa paraula atendre.

Qu'ieu sai ben razon e cauza
Que puesc a mi dons mostrar,
Que ges longamen no m' auza
Amors aissi conquistar;
Mas amors vens tota cauza,
Que m venquet de lieys amar;
Atretal pot de lieys far
En una petita pauza.

Grans enueitz es e grans nauza
De tos temps merce clamar;
Mas amors qu'es en mi clauza
No s pot cobrir ni celar:
Las! mos cors no dorm ni pauza,
Ni poc en un loc estar,
Ni ges non o puesc durar,
Si la dolor no m suauza.

Dona, nulhs hom no pot dire
Lo fin cor ni'l bon talan

Qu'ieu ai quan de vos cossire,
Quar anc re non amei tan :
Be m' agran mort li sospire,
Dona, passat a un an,
Si no fosso 'l bel semblan
Per que m doblon li dezire.

No faitz mais gabar e rire,
Dona, quan ren vos deman;
Mas si vos m' amessetz tan,
Al re vos avengra a dire.

Ma chanso apren a dire,
Alegret, a 'n Dalferan;
Porta la n' a mon Tristan
Que sab ben gabar e rire.

IV.

Quan la fuelha sobre l'albre s'espan,
E del solelh es esclarzitz lo rays,
E li auzelh se van enamoran
L'uns pels autres, e fan voutas e lays,
E tot quant es sopleia vas amor,
Mas sola vos qu'etz grieus a convertir,
Bona domna, per qui planc e sospir,
E 'n vau miegz mortz entr'els risens ploran.

A! com m'an mort fals amador truan,
Que per un pauc de joi se fan trop guays
E quar ades tot lur voler non an,
Els van dizen qu' amors torn en biays,
E d'autrui joi se fan devinador,
E quan son mort, volon autrui aucir.
Mas de mi us dic que no m'en puesc partir:
La gensor am, ja no i anetz duptan.

Soven la vau entr' els melhors blasman,
Et en mos ditz totz sos afars abays
Per esproar de quascun son semblan,
E per saber de son pretz qu'es verays,
Si es tengutz per tan bon entre lor;
Mas trop o puesc demandar et auzir,
Qu'adoncs n'aug tan a quascun de ben dir,
Per qu'ieu n'ai pietz, e 'n vau plus deziran.

Ancmais nulhs hom non trac tan greu afan
Cum ieu per lieys; mas leugiers m'es lo fays,
Quant ieu esgart lo gen cors benestan,
E 'l gen parlar ab que suau m'atrays,
E 'ls sieus belhs huels, e sa fresca color:
Mout si saup gen beutatz en lieys assir;
Cum plus l'esgart, mais la vey abelhir:
Dieus mi don ben, qu' anc res non amiey tan.

V.

Lo gens temps de pascor,
Ab la fresca verdor,
Nos adui fuelh e flor
De diversa color:
Per que tug amador
Son guay e cantador
Mas ieu, que plang e plor,
Cui jois non a sabor.

A vos mi clam, senhor,
De mi dons e d'amor,
Qu'aisil dui traidor,
Quar me fiava en lor,
Me fan viure ab dolor,
Per ben e per honor
Qu'ai fag a la gensor,
Que no m val ni m socor.

Pena, dolor e dan
N'ai agut e n'ai gran;
Mais suffert o ai tan,
No m'o tenc ad afan:
Qu'anc no vi nulh aman
Miels ames ses enjan;
Qu'ieu no m vau ges camjan,
Si cum las domnas fan.

Pus fom amdui enfan,
L' ai amad', e la blan,
E s vai m' amors doblan
A quascun jorn de l'an;
E si no m fa enan
Amor e bel semblan,
Quant er viella, m deman
Que m' aia bon talan.

Las! e viures que m val,
S' ieu non vey a jornal
Mon fin joy natural,
En lieit, al fenestral,
Blanc' e fresc' atretal
Cum par neus a Nadal,
Si qu' amdui cominal
Mezuressem engal!

No vis drut tan leyal
Que meyns o aia sal;
Qu' ieu port amor coral
A lieys de me non cal:
Enans dic que per al
No m' a ira mortal,
E si per so m fai mal,
Pechat fai criminal.

Be for' hueimais sazos,
Belha domna e pros,

Que m fos datz a rescos
En baizan guizardos,
Si ja per als no fos
Mas quar sui enuios;
Q' us bes val d'autre dos,
Quan per forsa es faitz dos.

Quan mir vostras faissos,
E 'ls belhs huels amoros,
Be m meravilh de vos
Cum etz de brau respos;
E sembla m tracios
Quant hom par francx e bos,
E pueys es orgulhos,
Lai on es poderos.

Bels Vezers, si no fos
Mos enans totz en vos,
Ieu laissera chansos
Per mal dels enuios.

VI.

Quant erba vertz e fuelha par,
E 'l flor brotonon per verjan,
E 'l rossinhols autet e clar
Leva sa votz e mov son chan,
Joy ai de luy, e joy ai de la flor;
Joy ai de me, e de mi dons maior.

Vas totas partz sui de joy claus e seinhs,
Mas ilh es joys que totz los autres vens.

Ben deuri' hom dona blasmar
Quan trop vay son amic tarzan,
Que longua paraula d'amar
Es grans enueitz e par enjan;
Qu'amar pot hom e far semblan alhor,
E gen mentir lai on no val autor;
Bona domna, ab sol qu'amar mi denhs
Ja per mentir ieu no serai atenhs.

Meravilh me cum puesc durar
Que no 'lh demostre mon talan
Quant ieu vey mi dons, ni l'esgar,
Li siey belh huelh tan ben l'estan,
Per pauc me tenc qu'ieu enves lieys no cor;
Si feira ieu si no fos per paor;
Qu'anc no vi cors miels talhatz ni despeinhs
Ad ops d'amar sia tan greus ni leinhs.

S'ieu saubes la gent encantar
Miei enemic foran enfan,
Que ja hom no pogra pessar
Ni dir ren que ns tornes a dan.
Adoncs sai ieu remirar la gensor,
E sos belhs huelhs e sa fresca color;
E baizera 'lh la boca de totz seinhs,
Si que dos mes hi paregra lo seings.

Ailas! cum muer de cossirar!
Que manthas vetz ieu cossir tan
Lairos me poirian emblar,
Ja no sabria dir que s fan.
Per dieu, amors, be m trobas vensedor
Ab paucs d'amics e ses autre socor,
Quar una vetz tant mi dons non destreinhs
Enans qu'ieu fos de dezirier esteinhs.

Tant am mi dons e la tenh car,
E tant la dopt e la reblan,
Que ges de mi non l'aus preyar,
Ni re no 'lh dic ni no 'lh deman;
Pero ben sap mon mal e ma dolor,
E quan li plai, fai m'en ben et honor,
E quan li plai, ie 'n sai esser sufreinhs
Per so qu'a lieis non paresca blasteinhs.

Ben la volgra sola trobar
Que dormis o 'n fezes semblan,
Per qu'ieu l'embles un dous baizar,
Pus no valh tan que lo 'lh deman.
Per dieu, dona, pauc esplecham d'amor,
Vai s'en lo temps e perdem lo melhor;
Parlar pogram ab cubertz entreseinhs,
E pus no i val arditz, valgues nos geinhs.

Messatgier vai, e no m'en prezes meinhs
S'ieu del anar vas mi dons sui temens.

VII.

Chantars no pot guaire valer
Si d'ins del cor no mov lo chans,
Ni chans no pot del cor mover,
Si no i es fin' amors coraus;
Per so es mos chantars cabaus;
Qu'en joy d'amor ai et enten
La boca, e'ls huels, e'l cor, e'l sen.

Ja dieus no m don' aquel poder
Que d'amar no m prenda talans,
Quan ja re non sabri' aver,
Mas quascun jorn m'en vengues maus,
Tos temps n'aurai bon cor sivaus;
E n'ai molt mais de jauzimen,
Quar n'ai bon cor, e mi aten.

Amor blasmon per non saber
Fola gens, mas leys non es dans;
Qu'amors no pot ges decazer
Si non es amors cominaus;
Aquo non es amors aitaus,
Non a mais lo nom e'l parven
Que re non ama, si no pren.

S'ieu en volgues dire lo ver,
Ieu sai be de cui mov l'enjans;
D'aquellas qu'amon per aver,

E son mercadieiras venaus;
Mensongiers en fos ieu e faus!
Vertat en dic vilanamen,
E peza me, quar ieu no men.

En agradar et en voler
Es l'amors de dos fins amans;
Nulla res no i pot pro tener,
S'ilh voluntatz non es engaus;
E selh es ben fols naturaus
Qui de so que vol la repren,
E lauza so que no l'es gen.

Molt ai ben mes mon bon esper,
Quant ela m mostra bels semblans,
Qu'ieu plus dezir e vuelh aver;
Franqu' e doussa, fin' e leyaus,
En cui lo reis seria saus,
Bella, cueynd', ab cors covinen,
M'a fait ric home de nien.

Re mais non am ni sai temer,
Ni ja re no m seri' afans,
Sol mi dons vengues a plazer:
Qu'aissel jorn mi sembla Nadaus
Qu'ab sos bels huels espiritaus
M'esgarda, mas so fai tan len
C'uns sols dias me dura cen.

Lo vers es fis e naturaus,
E bos selui qui ben l'enten,
E meiller me qu'el joy aten.

Bernatz del Ventadorn l'enten,
E 'l ditz, e 'l fay, e 'l joy aten.

VIII.

Pus mi preiatz, senhor,
Qu'ieu chant, ieu chantarai;
Mas, quan cug chantar, plor
Quora qu'ieu m'en assai :
Greu veiretz chantador
Ben chan, quan mal li va ;
Vai mi del mal d'amor
Mout miels qu'anc no fetz mai;
E doncs per que m'esmai?

Gran ben e gran honor
Conosc que dieus me fai,
Qu'ieu am la belazor,
Et elha me, so sai;
Mas ieu sui sai alhor,
E no sai cum l'estai;
So m'auci de dolor,
Quar ochaizon non ai
De soven anar lai.

Mas pero tan mi plai,
Quan de lieys me sove,
Que, qui m crida ni m brai,
Eu non aug nulha re :
Tan dousamen m'atrai
La bella 'l cor a se,
Que tals ditz qu'ieu sui sai,
E so cuic, e so cre,
Ges de sos huelhs no m ve.

Amors! e que farai?
Guerr' ai ieu ja ab te,
Ta mal ai don morrai
Del dezirier que m ve,
S'il belha, lai on jai,
No m'acuelh pres de se,
Qu'ieu l'embratz e la bai,
Et estrenha vas me
Son cors blanc, gras e le.

Ges d'amar no m recre
Per mal ni per afan ;
E quan dieus mi fai be,
No 'l refus ni 'l soan :
E quant al re m'ave,
Ben sai suffrir l'afan ;
Car al savi cove
Que s'an' ades loinhan,
Per miels salhir enan.

Bona domna, merce
Del vostre fin aman,
Qu'ie us am de bona fe,
Qu'anc ren non amei tan :
Mas juntas, ab cap cle,
Vos m'autrei e m coman,
E s'en loc s'esdeve,
Fazes me bel semblan,
Que mout n'ai gran talan.

Mon Escudier e me
Avem cor e talan
Qu'amdui anem truan.

E qu'il amen' ab se
So qu'ama ses enjan,
Et ieu mon Aziman.

IX.

Bels Monruels, aisselh que s part de vos
E non plora, ges non es doloiros,
Ni no sembla sia corals amics :
Francs e gentils e belhs e larcx e pros
Es Monruels; e plus que negus, vos,
Dels companhos de mi dons, na Helis!

Ai! chant d'auzel comensa sa sazos,
Qu'ieu aug chantar las guantas e 'ls aigros,

E pels cortils vei verdeiar los lis,
La blava flor que nais per los boissos,
E 'ls riu son clar de sobre los sablos,
E lay s'espan la blanca flors de lis.

Conhdamens ai estat dezamoros,
De bon' amor paubres e sofraitos,
Per la colpa d'una fals' amairis
Que fes ves mi enguans e tracios
Per que ieu fauc las quaranta perdos,
Qu'anc no m'en tuelc entro que m'ac aucis.

D'aquestas mas fo culhitz lo bastos
Ab que m'aucis la plus belha qu'anc fos.
Tan m'atendiei per far los sieus servis,
Qu'els deziriers cozens e doloiros,
E destorbiers, e petitz guazardos
M'an fag estar faiditz de mon pais.

Ben pauc ama drutz que non es gelos,
E pauc ama qui non es aziros,
E pauc ama qui non enfolletis,
E pauc ama qui non fai messios :
Mais val d'amor, si non es angoissos,
Un belh plorar no fan quatorze ris.

Quan quier merce mi dons de genolhos,
Ela m'encolpa e mi met ochaizos ;
E l'aigua m cor denan per miei lo vis,

Et ela m fai un regard amoros,
Et ieu li bais la boc' e 'ls huels amdos,
Adonc mi par un joy de paradis.

Mon Joy coman al Veray Glorios;
L'honors que m fetz sotz lo pin en l'erbos
En aquel temps, quant elha me conquis,
Me fai viure e me ten deleitos,
Qu'ieu fora mortz, s'aquilh honors no fos
E'l bon respieg que mi reverdezis.

Aquest cantar poira ben esser bos,
Qu'en Monruelh comensa ma chansos,
Et en mon Joi, de cui ieu sui, fenis.

X.

Lanquan vey la fuelha
Jos dels albres cazer,
  Cui qu'en pens ni 'n duelha,
A me deu molt plazer;
  No cugetz qu'ieu vuelha
Flor ni fuelha vezer,
  Pos vas me s'orguelha
Cilh qu'ieu plus volgr'aver.
  Cor ai qu'ieu m'en tuelha,
Mas non ai ges poder,
  Qu'ades cug m'acuelha
On plus m'en desesper.

Estranha novelha
Podetz de mi auzir,
  Quan remir la bella
Que m soli' aculhir;
  Qu'eras no m'apelha
Ni m fai a se venir,
  Lo cor sotz l'aysselha
Mi vol de dol partir.
  Dieus, qu'el mon capdelha,
Mi lais de lieis jauzir;
  Si no m renovelha,
No i a mais del morir.

Non ai mais fizansa
En agur ni en sort,
  Que bon' esperansa
M'a confondut e mort;
  Que tan luenh mi lansa
La bella cui am fort,
  Quan quier s'amistansa,
Cum s'ieu l'avia tort:
  Tan n'ai de pezansa
Que totz m'en desconort;
  Mas non fatz semblansa
Qu'ades chant e m deport.

No sai mais que dire,
Mas trop fatz gran folor,
  Quar am ni dezire

Del mon la bellazor :
Be m fetz pietz d'aucire
Qui anc fetz mirador;
Quan be m'o cossire,
Non ai guerrier peior :
Ja 'l jorn qu'ela s mire
Ni pes de sa color,
No serai jauzire
De lieys ni de s'amor.

Ges per drudaria
No m'am que no y s cove,
Mas s'a lieys plazia
Que m fezes qualque be,
Ieu li juraria,
Per lieys e per ma fe,
Qu'el bes que m faria
No fos saubutz per me :
En son plazer sia,
Qu'ieu sui en sa merce;
S'il platz que m'aucia,
Ieu no m'en clam de re.

Ben es dregz qu'ieu planha
S'ieu pert, per mon erguelh
La doussa companha
E 'l solatz qu'aver suelh;
Petit me gazanha
Mos fols arditz qu'ieu cuelh,

Pus vas me s'estranha
So qu'ieu plus aver vuelh;
Erguelhs, dieus vos franha
Qu'era 'n ploron mei huelh!
Dregz es que m sofranha
Amors, pus ieu la m tuelh.

En contra 'l damnage
E la pena qu'ieu trai,
Ai mout bon usatge
Qu'ades cossir de lai:
Enueg e follatge
E vilania fai
Qui 'n mov mon coratge,
Ni d'autra m met en plai;
Ja melhor messatge
En tot lo mon non ai,
E man lo i ostage
Entro qu'ieu torn de sai.

Domna, mon coratge,
Melhor amic qu'ieu ai,
Vos man en ostage,
Entro qu'ieu torn de sai.

XI.

Quan par la flors josta 'l vert fuelh,
E vei lo temps clar e sere,

E'l dous chan dels auzels per bruelh
M'adoussa lo cor e m reve,
Pois l'auzel chanton a lur for,
Ieu qu'ai plus de joy en mon cor,
Deg ben chantar, car tug li mei jornal
Son joy e chan, qu'ieu no m pens de ren al.

Tal n'y a que an mais d'orguelh,
Quan grans jois ni grans bes lor ve;
Mas ieu sui de melhor escuelh,
E pus francs, quan deus mi fai be;
Quoras qu'ieu fos d'amar en lor,
M'es be de lor vengutz al cor,
Merce, mi dons, non ai par ni engal;
Res no m sofranh, sol que vos deus mi sal.

Ben sai la nueg-quan mi despuelh
El lieg que no i dormirai re;
Lo dormir pert, quar ieu lo m tuelh,
Domna, quan de vos mi sove.
Quar, lai on hom a son thezor,
Vol hom ades tener son cor:
Aital fatz ieu, domna, de cui mi qual;
Mas mon pessar neguna res no m val.

Domna, si no us vezon mei huelh,
Be sapchatz que mon cor vos ve;
E no us dulhatz plus qu'ieu mi duelh,
Qu'ieu sai qu'om vos destrenh per me:

E si 'l gilos vos bat defor,
Ben gardatz que no us bata 'l cor.
Si us fai enueg, vos a lui atretal;
E ja ab vos no gazanh be per mal.

Selha del mon que ieu plus vuelh,
E mais am de cor e de fe,
Au de cor mos precs e 'ls acuelh,
E mos digz escouta e rete;
E si hom per ben amar mor,
Ieu en morrai, quar en mon cor
Li port amor tan fin' e natural,
Que tug son fals vas mi li plus leyal.

Quan mi membra cum amar suelh
La falsa de mala merce,
Be us dic que tal ira m'en cuelh,
Que per pauc de joy no m recre.
Domna, per qu'ieu chant e m demor,
Per la boca m metetz al cor
Un dous baizar de fin' amor coral,
Que i meta joy e 'n giet ira mortal.

Mon Bel Vezer sal dieus e guar de mal :
Sieus soi de luenh o de pres atretal.

Sol dieus mi dons e mon Bel Vezer sal,
Tot ai quan vuelh, qu'ieu non deman ren al.

XII.

Quan vey la laudeta mover
De joi sas alas contra 'l rai,
Que s'oblida e s laissa cazer
Per la doussor qu'al cor li 'n vai;
Ailas! qual enueia m'en ve,
Cui qu'ieu ne veia jauzion!
Meraveillas m'ai, quar desse
Lo cor de dezirier no m fon.

Ailas! quant cuiava saber
D'amor, e quant petit en sai!
Quar ieu d'amar no m puesc tener
Celleis on ja pro non aurai;
Quar tolt m'a 'l cor, e tolt m'a me,
E si mezeis, e tot lo mon;
E quan si m tolc, no m laisset re
Mas dezirier e cor volon.

Anc pueissas non pogui aver
De me poder, de lor en sai,
Qu'ela m fetz a mos huels vezer
En un miralh que molt mi plai.
Miralhs! pois me mirei en te,
M'an mort li sospir de preon
Qu'aissi m perdei, cum perdet se
Lo bels Narcezis en la fon.

De las domnas mi dezesper;
Jamais en lor no m fiarai :
Qu'aissi cum las suelh captener,
En aissi las descaptenrai;
Quar vey que nulha pro no m te
Ves lieis que m'auci e m cofon,
Totas las dopt e las mescre,
Quar sai que atretal se son.

Pus ab mi dons no m pot valer
Precs, ni merces, ni 'l dregz qu'ieu ai,
Ni a leys no ven a plazer
Qu'ieu l'am, jamais non lo i dirai :
Aissi m part d'amor e m recre;
Mort m'a, e per mort li respon,
E vau m'en, pus ilh no m rete,
Caitius en yssilh, non sai on.

D'aisso s fai ben femna parer
Ma domna, per qu'ieu l'o retrai,
Que so qu'om vol non vol voler,
E so qu'om li deveda fai :
Cazutz soi en mala merce,
Et ai ben fag cum fol en pon;
E sai be tot dire per que,
Quar cugei puiar contra 'l mon.

Merces es perduda per ver,
Et ieu non o saubi ancmai,

Que sil que plus en degra aver
Non a ges, doncs on la querrai?
Ai! quant mal sembl'a qui la ve
Que aquest caitiu deziron,
Que ja ses lieis non aura be,
Laisse morir, que non l'aon.

Tristans, ges non aures de me,
Qu'ieu m'en vau caitius no sai on :
De chantar mi tuoill e m recre,
E de joy e d'amor m'escon.

XIII.

Tuit sels que m pregan qu'ieu chan,
Volgra 'n saubesson lo ver,
S'ieu n'ai aize ni lezer;
Chantes qui chantar volria!
Qu'ieu non sap ni cap ni via,
Pus perdei ma benenansa,
Per ma mala destinansa.

Ailas! cum muer de talan,
Qu'ieu non dorm mati ni ser,
Que la nueg, quan vau jazer,
Lo rossinhols chant e cria;
Et ieu, qui chantar solia,
Muer d'enuey e de pezansa,
Quan vey joy ni alegransa.

D'amor vos puesc dir aitan,
Qui ben la pogues aver,
Res non la pogra valer :
Per dieu molt fo bona 'l mia,
Mas no m duret mas un dia;
Per qu'es fols qui ses fermansa
Met en amor s'esperansa.

Amors m'a m'es en soan,
E tornat a non chaler;
E s'ieu la pogues tener,
Per christ, ben feira feunia;
Mas dieus no vol qu'amors sia
So don hom prenda venjansa
Ab espaza ni ab lansa.

Amors, be us prec, a mon dan,
Qu'autre pro no i puesc aver;
Jamais blandir ni temer
No us vuelh, qu'adoncs vos perdria;
Ben es fols qu' en vos se fia;
Qu'ab vostra belha semblansa
M'avetz trait ses desfiansa.

Pero, per un bel semblan,
Soi enquer en bon esper;
Mon Conort dei grat saber,
C'ades vol qu'ieu chant' e ria;
E dic vos que s' il podia,

Eu seria reis de Fransa,
Car al plus qu'il pot m'enansa.

Lemosin, a dieu coman
Lieis que no m vol retener,
Hueimais pot ilh ben saber
Que vers es so qu'ilh dizia :
Qu'en altra terra m morria,
Pus dieus, ni fes, ni fermansa,
No mi val, ni acordansa.

No m'o tenc a vilania,
S'ieu m'ai sai bon' esperansa,
Puois elha lai no m'enansa.

Romieu man que per m'amia
E per lui farai semblansa,
Qu'ieu ai sai bon' esperansa.

XIV.

Be m'an perdut lai enves Ventadorn
Tuit mei amic, pus ma domna no m'ama,
Per qu'ieu non ai mais talan que lai torn,
Qu'ades estai ves mi salvatg' e grama
Veus per que m fai semblan irat e morn,
Quar en s'amor me delieit e m sojorn;
Que de ren al no s rancura ni s clama.

Aissi col peis que s'eslaissa el chandorn,
E non sap re tro que s'es pres en l'ama,
M'eslaissei ieu de trop amar un jorn,
Qu'anc no m gardiei, tro fui en miei la flama
Que m'art plus fort no feira fuecs en forn;
E ges per so no m puesc partir un dorn,
Si mi ten pres s'amors e m'enliama!

No m meravilh de s'amor si m ten pres,
Que tan gent cors no cre qu'el mon se mire;
Bels e gens es, coind e guais e cortes,
E totz aitals cum lo vuelh ni 'l dezire:
Non puesc mal dir de lieys, quar no i es ges;
Qu'ie 'l n'agra dig de joy, s'ieu l'i saubes,
Mas non l'i sai; per so m'en lais de dire.

Tos temps volrai e s'onor e sos bes,
E serai li hom, amic, e servire;
E l'amarai, ben li plass' o li pes,
Qu'hom no pot cor destrenher ses aucire;
No sai domna, volgues o non volgues,
S'ieu volia, qu'amar no la pogues;
Mas tota res pot hom en mal escrire.

A las autras sui aissi eschagutz;
Laqual se vol me pot a sos ops traire,
Per tal coven que no sia vendutz
L'onors e 'ls bes que m'an en cor a faire;

Qu'enuios es preiars, pus es perdutz;
Et ieu sai ben que mals m'en es vengutz,
Car trayt m'a la bella de mal aire.

En Proenza tramet joy e salutz,
E mais de joy qu'ieu no vos sap retraire;
E fatz esfortz, miraclas e vertutz,
Car ieu li man aiso don non ai gaire;
Qu'ieu non ai joy mas tan com m'en adutz
Mos Bels Vezers, e 'n fai iratz sos drutz
En Alvergna lo senher de Belcaire.

Mos Bels Vezers, per vos fai dieus vertutz
Tals, c'om no s ve que no si' ereubutz
De bels plazers que sabez dir e faire.

XV.

Ja mos chantars no m'er honors
Encontra 'l ric joy qu'ai conques,
Qu'ades m'agr' ops, sitot s'es bos,
Mos chans fos mielhers que non es
Qu'aissi cum l'amors es sobrana,
Per que mos cors melhur e sana,
Deuri' esser sobriers lo vers qu'ieu fatz
Sobre totz chans e volgutz e chantatz.

Ai dieus! quant bona fora amors
De dos amics s'esser pogues

Que ja us d'aquels enuios
Lor amistat non conogues!
Cortezia es mout vilana,
Quar aquesta falsa gens vana
Fai conoisser semblansa d'amistatz;
Qu'er es cortes lo plus mal ensenhatz.

Per merce prec als amadors
Quasqus per si cossir e pes
Del segle, quom es enueyos,
E quan pauc n'i a de cortes;
Qu'amors, pus hom per tot s'en vana,
Non es ges amors mas ufana;
Et es enueitz, vilani' e foudatz
Qu'om no sapcha cui deu esser privatz.

Si tot m'es vergonha e paors,
Blasmat m'er d'amor, mas be m pes,
Car aquest blasme non es bos;
E pus mos Conort no m val res,
Qu'ieu vey que de nien m'apana
Silh que no m vol esser humana;
E car non puesc aver joy ni solatz,
Chant per Conort cen vetz que soi iratz.

Ben ai chauzit de las melhors,
Al mieu semblan, qu'anc dieus fezes:
Mas tant a 'lh cor van e duptos
Qu'eras l'ai, eras non l'ai ges;

Que m val aitals amors aurana!
Quant hom non pot una setmana
Us bos amicx estar ab autr' en patz,
Ses grans enueitz e ses dezamistatz.

Totz temps sec joy ir' e dolors,
E tos temps ira, jois, e bes:
E ja non crey, s'ira non fos,
Que ja saupes hom jois que s'es;
Qu'ieu pert, per falsa lauz humana,
Tal joy de fin' amor certana;
Que qui m mezes tot lo mon ad un latz,
Ieu penra 'l joy per cui soi enguanatz.

Bella domna, vostre socors
M'agra mestier s'a vos plagues,
Quar mout m'es mala aquist preizos
En c'amors m'a lassat e pres:
Ailas! tan malamen m'afana,
Quar so que m trays e m'engana
M'aven amar, si be m peza o m platz,
Aras sui ieu del tot apoderatz.

Messagiers, vai t'en via plana
A mon Romieu, dreg ves Viana;
E diguas li m que lai for' ieu tornatz,
Si no fos cilh per qui sui enuiatz.

Mas d'aisso fai trop que vilana
Ma domna, quar aissi m soana;

Quar de l'affan no mi val amistatz,
Per qu'ieu disses que mielhs sui sos privatz.

XVI.

Bels m'es qu'ieu chant' en aiselh mes,
Quan flor e fuelha vei parer,
Et aug lo chan, pel bruelh espes,
Del rossinhol mati e ser;
    Adoncx m'atrai
  Qu'ieu aia jauzimen
    D'un joy verai
  En que mon cor s'aten;
Quar ieu sai ben que per amor morrai.

Amors, e quals honors vos es,
Ni quals bes vo' 'n pot eschazer,
S'aucizetz selui qu'avetz pres,
Que vas vos no s'auza mover?
    Mal vos estai,
  Quar de mi dols no us pren;
    Qu'amat aurai
  En perdon lonjamen
Selha on ja merce non trobarai.

Gran mal m'a fag ma bona fes
Que m degra ab mi dons valer,
E s'ieu ai falhit ni m'espres
Per trop amar, ni per temer,

Doncs que farai?
Ailas! caitiu dolen,
Qu'a totz es mai
De bon aculhimen,
E me tot sol azira e dechai.

Guerit m'agra, si m'aucizes,
Qu'aissi n'agra fait son plazer;
Mas lo sieus cors guays e cortes,
E 'l genser qu'om puesca vezer
N'agra esmai,
E penedera s'en :
Ja non creirai
No m'am cubertamen;
Mas ilh o fai, so cre, per plan assai.

Pus vei que preyars, ni merces,
Ni servir pro no m pot tener,
Per amor de dieu mi fezes
Ma dona qualque bon saber;
Que gran be fai
Un pauc de chauzimen
A sel qui trai
Tan greu mal cum ieu sen;
E s'aissi muer, conqueritz li serai.

Del maior tort que ieu l'agues
Vos dirai, si vos platz, lo ver :
Amera la, s'a lieys plagues,

E servira 'l a mon poder;
   Mas no s'eschai
Qu'ilh am tan bassamen;
   Pero ben sai
Qu'assatz fora avinen;
Quar ges amors segon ricor no vai.

El mon non es mas una res
Per qu'ieu gran joy pogues aver,
E d'aquelha non aurai ges,
Ni d'autra non la puesc voler;
   Pero si n'ai
Per lieis valor, e sen,
   E cor plus guai,
En tenh mon cors plus gen
Quar s'ilh no fos, ieu non amera mai.

   Messatgier, vai
E porta mi corren
   Ma chanson lai
Mon Frances, part Mauren;
E diguas li m que breumen lo veirai.

XVII.

Conortz, era sai ieu be
Que ges de mi no pessatz,
Quar salutz, ni amistatz,
Ni messatge no m'en ve;

Trop cug que fas lonc aten,
Et es ben semblans hueymai
Qu'ieu cas so que autre' pren,
Pus no m'en ven aventura.

Bels Conortz, quan me sove
Cum gen fui per vos honratz,
E quant ar vos m'oblidatz,
Per un pauc non muer dese;
Qu'ieu meteis vau enqueren
Qui m met de foudat en plai,
Quant ieu mi dons sobrepren
De la mia forfaitura.

Il m'encolpet de tal re
Don mi degra saber gratz;
Mas fe que dey 'n Alvernhatz
Tot o fis per bona fe;
E, s'ieu en amar mespren,
Tort a qui colpa m'en fai:
Qui que en amor quer sen
Selh non a sen ni mezura.

Per ma colpa s'esdeve
Que ja no sia privatz,
Quar vas lieys no sui tornatz
Per foldat que me rete;
Tant ai estat lonjamen
Que de vergonha qu'ieu ai,

Non aus aver ardimen
Lai, s'ilh no m'asegura.

Tant er gen servitz per me
Son dur cor felh et iratz,
Tro sia totz adoussatz,
Ab ben dir et ab merce :
Qu'ieu ai ben trobat legen,
Que 'l gota d'aigua que chai
Fer en un loc tan soven
Que trauca la peira dura.

Qui ben remira ni ve
Huelhs e gola, front e fatz,
Qu'aissi es fina 'l beutatz,
Res mais ni meins no i cove :
Cors dreit, lonc e covinen,
Gent, afliblat, cueynd e gai,
Hom no 'l pot lauzar tan gen,
Cum la saup formar natura.

Chanzoneta, vai t'en lai
Ves mon Frances l'avinen
Cui pretz enans e meillura.

E diguatz li que be m vai,
Que de mon Conort aten
Enquera bon' aventura.

XVIII.

En abril quan vey verdeyar
Los pratz vertz, e 'ls vergiers florir,
E vey las aiguas esclarzir,
Et aug los auzels alegrar;
  L'odor de l'erba floria,
  E 'l dous chan que l'auzels cria
Mi fan mon joy renovellar.

Adoncs solia ieu pensar
Cum mi pogues d'amor jauzir,
Ab cavalgar et ab garnir,
Et ab servir et ab donar;
  E qui tals mestiers auria,
  D'aisso es amors jauzia,
E pot la 'n hom mielhs conquistar.

Ieu chant, que deuria plorar
D'ira d'amor que m fai languir;
Qu'ab chantar mi cug esbaudir,
E non auzis ancmais parlar
  Qu'om chant quan plorar deuria;
  Pero no m'en desconort mia,
Qu'enquer aurai luec de chantar.

No m dey del tot desesperar
Qu'ieu enquer mi dons non remir;

Qu'aisselh que m'en a fag partir
A ben poder del recobrar;
 E s'ieu era en sa bailia,
 Si jamais era en Suria,
Ja dieus no m'en laisses tornar.

Ben s'en dec dieus meravillar,
Quan mi poc de mi dons partir;
E be m'o dec en grat tenir
Quan per lui la volgui laissar;
 Qu'el sap ben, s'ieu la perdia,
 Qu'ieu jamais joy non auria,
Ni elh no'l me poiri' esmendar.

Chansos, tu m'iras outra mar,
E per dieu, vai m'a mi dons dir
Que non es jorns qu'ieu no sospir
Per un dous semblan que'l vi far,
 Quan me dis : « Ont anaria?
 Que fara la vostr' amia?
Amics, cum la voletz laissar! »

A 'n Guillelme de l'Espia,
 Chansos, vai que t chant' e t dia,
E que man mi dons conortar.

XIX.

Quan la doss' aura venta
Deves vostre pais,
M'es veiaire qu'ieu senta
Odor de paradis,
Per amor de la genta
Ves cui ieu sui aclis,
En cui ai mes m'ententa,
E mon coratge assis;
Quar de totas partis
Per lieis; tan m'atalenta!

Sol lo be que m prezenta,
Sos esguartz, e 'l franc vis,
Que ja plus no m cossenta,
Cre dieu aver conquis:
No sai per que us en menta,
Quar de re no sui fis;
Mas greu m'es que m repenta,
Que una vetz me ditz,
Que pros hom s'afortis,
E malvatz s'espaventa.

Dona, que cuidatz faire
De mi qui vos am tan?
Per que m faitz tan maltraire,
Ni murir de talan?

Ai! franca de bon aire,
Fessetz m'un belh semblan
Tal, don mon cor s'esclaire
Pel mal que trac tan gran;
E no i dei aver dan,
Quar no m'en puesc estraire.

De donas m'es veiaire
Que gran falhimen fan
Per so, quar no son guaire
Amat li fin aman;
Ieu non dei ges retraire
Mas so qu'elas volran :
Mas greu m'es c'uns trichaire
D'amor, aia ab enjan
O plus, o atrestan,
Cum sel qu'es fis amaire.

Si no fos gens vilana,
E lauzengier savai,
Ieu agr' amor certana;
Mas no m'en recreirai :
De solatz m'es umana,
Quan luecs es ni s'eschai,
Per qu'ieu sai que sotz mana
N'aurai enquera mai :
Qu'astrucs sojorn e jai,
E malastrucs s'afana.

Selh sui que no soana
Lo ben que dieus li fai,
Qu'en aquella setmana,
Quant ieu parti de lai,
Me dis, en razon plana,
Que mos chantars li plai :
Tota gen Crestiana
Que es de sotz lo rai,
Volgr' agues tan de jai
Cum ieu, ses fencha vana.

Si d'aisso m'es certana,
Autra vetz la creirai,
O si que non, jamai
No creirai Crestiana.

XX.

Pel dols chant qu'el rossinhols fai
La nueg quan mi soi adurmitz,
Revelh de joi totz esbaitz,
Pensius d'amor, e cossirans;
Qu'aisso es mos mielhers mestiers,
Qu'ancse amei joi voluntiers;
Et ab joi comensa mos chans.

Qui sabia lo joi qu'ieu n'ai,
Ni 'l jois fos tals qu'en fos auzitz,

Totz autres joys fora petitz
Vas que lo mieus jois fora grans.
Tals s'en fai conhtes e parliers,
E cuid esser rics e sobriers
De fin' amor, qu'ieu n'ai dos tans.

Soven li remir son cors guai,
Cum es ben faitz, e ben chauzitz
De cortezia e de bels ditz;
E si de plus mi pren talans,
Ops m'auria us ans entiers,
Si volia esser vertadiers,
Tant es cortez' e benestans.

Domna, vostr' om sui e serai
Al vostre servizi guarnitz;
Vostr' om sui juratz e plevitz,
E vostres m'er adesenans;
E vos etz lo meus jois premiers,
E si seretz vos lo derriers,
Tan quant la vida m'er durans.

Sels que cuion qu'ieu sia sai,
No sabon ges cum l'esperitz
Es de lieis privatz et aizitz,
Sitot lo cors s'en es lonhans :
Sapchatz lo mielhers messatgiers
Qu'ai de lieis, es mos cossiriers
Que m recorda sos belhs semblans.

No sai quoras mais vos veirai,
Pus m'en vau iratz e marritz ;
Per vos me sui del rei partitz,
E prec vos que no m sia dans ;
Qu'ieu serai en cort prezentiers
Entre domnas e cavaliers,
Francs e dous et humilians.

Ugonet, cortes messatgiers,
Cantatz ma canson voluntiers
A la reyna dels Normans.

XXI.

Acossellatz mi, senhor,
Vos qu'avetz saber e sen ;
Una domna m det s'amor,
Qu'ai amada longamen,
Mas aras sai per vertat
Que 'lh a autr' amic privat :
Et anc de nulh companho
Companha tan greus no m fo.

Mas si vol autr' amador
Ma dompa, non lo y defen,
E lais m'en mais per paor
Que per autr' essenhamen :

E s'anc homs dec aver grat
De nul servizi forsat,
Ben dey cobrar guazardo
Ieu que tan gran tort perdo.

D'una ren sui en error,
Et estau en pessamen,
Que loncx temps n'aurai dolor,
S'ieu aquest tort li cossen;
E s'ieu li dic son peccat,
Tenc mi per dezeretat
D'amor; e ja dieus no m do
Pueis faire vers ni chanso.

E s'ieu l'am a deshonor
Aurai 'n blasme de la gen,
E tenran m'en li plusor
Per cornut e per soffren;
E s'aissi 'lh dic mon pensat,
Vei mon damnatge doblat;
Qual qu'ieu fassa o qual que no,
Res no m'en pot esser bo.

Li siei belh huelh traidor,
Que m'esguardavan tan gen,
Aras esguardon alhor,
Per que y fan gran faillimen;
Mas d'aitan m'an gent honrat,
Que s'eron mil ajustat,

Plus guardon lai on ieu so
Qu'a selhs que son d'enviro.

Pus voutz es en la follor,
Ben serai fols, s'ieu no pren
D'aquestz dos mals lo menor;
Quar mais val, mon escien,
En leis aver la meitat,
Que tot perdre per foudat;
Quar anc a nulh drut felho
D'amor no vi far son pro.

De l'aigua que dels huelhs plor
Escriu salutz mais de cen
Que tramet a la gensor
Et a la plus avinen.
Mantas vetz m'es pueis membrat
L'amor que m fetz al comjat,
Qu' ie 'l vi cobrir sa faisso,
Qu'anc no m poc dire razo.

Domna, a present amat
Autrui, e mi a celat,
Si qu' ieu n'aia tot lo pro,
Et el la belha razo.

Garsion, tost e viat
Mon chantar sia portat
A mon messatger que fo,
Que calque conseill mi do.

XXII.

La doussa votz ai auzida
Del rossinholet salvatge,
Et es m'ins el cor salhida,
Si que tot lo cossirier
E 'ls malstraitz qu'amors mi dona
Me levia e m'asazona;
Et auria m be mestier
Autre joy al mien dampnatge.

Ben es totz hom d'avol vida
Qu'en joy non a son estatge,
E qui vas amor non guida
Son cor e son desirier;
Quar tot quant es s'abandona
De joy, e refrin e sona
Pratz, e deves, e vergier,
Combas, e plas, e boscatge.

Ieu las! cui amors oblida,
Que sui fors del dreg viatge,
Agra de joy ma partida;
Mas ira m fai destorbier,
E no sai on me repona,
Pus mos joys mi dessazona;
E no m tenhatz per leugier
S'ieu dic alcun vilanatge.

Una falsa deschauzida,
E raditz de mal linhatge,
M'a trahit, et es trahida,
E cuelh lo ram ab que s fier;
E quant autre la razona,
Deus! lo sieu tort m'ochaizona;
Et an ne mais li derrier
Qu'ieu qu'en ai fag lonc badatge.

Molt l'avia gent servida
Tro qu'ac ves mi cor volatge,
E pus ilh no m'escobida,
Molt sui fols, si mais la sier:
Servirs qu'om no guazardona,
Et esperansa bretona
Fan de senhor escudier,
Per costum' e per usatge.

Dieus li do mal' escarida
Qui porta malvais messatge,
Qu'ieu agra amor jauzida,
Si no fosson lauzengier:
Fols es qu'ab si dons tensona;
Qu'ie 'l perdo s'ella m perdona;
E tug silh son messongier
Que m n'an fag dir vilanatge.

Mas tant es vas mi fallida,
Qu'aissi lais son senhoratge;

E no vuelh que m si' aizida,
Ni jamais parlar non quier;
Mas pero que m'en razona,
La paraula m'en es bona,
E m'en esjau voluntier,
E m n'alegr' e mon coratge.

Lo vers mi porta, Corona,
Lai a mi dons de Narbona,
Que tug sei fag son entier,
Qu'om non pot dir vilanatge.

GEOFFROI RUDEL.

I.

Pro ai del chan essenhadors
Entorn mi, et ensenhairitz,
Pratz e vergiers, albres e flors,
Voutas d'auzelhs, e lays e critz,
Per lo dous termini suau;
Qu'en un petit de joy m'estau,
Don nulhs deportz no m pot jauzir,
Tan cum solatz d'amor valen.

Las pimpas sian als pastors,
Et als enfans bordeitz petitz;
E mias sion tals amors,
Don ieu sia jauzens jauzitz.
Qu'ieu la sai bona tot aitau
Ves son amic en greu loguau;
Per so, suy trop sove 'n marrir,
Quar non ai so qu'al cor n'aten.

Luenh es lo castelhs e la tors,
Ont elha jay e son maritz;
E si, per bos cosselladors
Cosselhan, no suy enantitz,

Qu'autre cosselhs petit m'en vau :
Aitant n'ai fin talan corau,
Al res no y a mais del murir,
S'alqun joy non ai en breumen.

Totz los vezis apel senhors
Del renh, on sos joys fos noyritz;
E crey que m sia grans honors,
Quar ieu dels plus envilanitz
Cug que sion cortes leyau.
Ves l'amor, qu'ins el cor m'enclau,
Ai bon talan e bon albir,
E say qu'ilh n'a bon escien.

Ma voluntat s'en vay lo cors,
La nueit e 'l dia esclarzitz,
Laintz per talant de son cors;
Mas tart mi ve e tart mi ditz:
« Amicx, fas elha, gilos brau
An comensat tal batestau,
Que sera greus a departir,
Tro qu'abduy en siam jauzen.

II.

Belhs m'es l'estius e 'l temps floritz,
Quan l'auzelh chanton sotz la flor;
Mas ieu tenc l'ivern per gensor,

Quar mais de joy mi escobitz.
E quant hom ve son jauzimen,
Es ben razos e d'avinen
Qu'om sia plus coyndes e guays.

Er ai ieu joy e suy jauzitz,
E restauratz en ma valor,
E non iray jamai alhor,
Ni non querrai autruy conquistz:
Qu'eras say ben a escien,
Que selh es savis qui aten,
E selh es fols qui trop s'irays.

Lonc temps ai estat en dolor
E de tot mon afar marritz,
Qu'anc no fuy tan fort endurmitz
Que no m rissides de paor:
Mas aras vey, e pes, e sen
Que passat ai aquelh turmen;
E non hi vuelh tornar jamays.

Mout mi tenon a gran honor,
Totz selhs cuy ieu n'ey obeditz,
Quar a mon joy suy revertitz;
E laus en lieys e dieu e lhor
Qu'er an lur grat e lur prezen;
E, que qu'ieu m'en anes dizen,
Lai mi remanh, e lay m'apays.

Mas per so m'en suy escharzitz,
Ja non creyrai lauzenjador;
Qu'anc no fuy tan lunhatz d'amor
Qu'er non sia sals e gueritz;
Plus savis hom de mi mespren,
Per qu'ieu sai ben a escien
Qu'anc fin' amor hom non trays.

Mielhs mi fora jazer vestitz
Que despollatz sotz cobertor;
E puesc vos en traire auctor
La nueyt, quant ieu fuy assalhitz;
Totz temps n'aurai mon cor dolen;
Quar aissi s n'aneron rizen,
Qu'enquer en sospir en pantays.

III.

No sap chantar qui 'l so non di,
Ni vers trobar qui 'ls motz non fa,
Ni conois de rima, co s va,
Si razos non enten en si:
Pero mos chans comens aissi;
Com plus l'auziretz, mais valra. a. a.

Nuls hom no s meravilh de mi
S'ieu am aque no veirai ja;

Quar nulha res tan mal no m fa
Com so qu'anc de mos huelhs no vi;
Ni no m dis ver, ni no m menti,
Ni no sai si ja so fara. a. a.

Colp de joi me fier que m'auci
Ab poncha d'amor que m sostra
Lo cor, don la crans magrira,
S'en breu merce no 'l pren de mi;
Et anc hom tan gen no mori
Ab tan dous mal, ni non sescha. a. a.

Anc tan suau no m'adormi,
Que mos esperitz no fos la
A la belha, que mon cor a,
On miei voler fan dreg cami:
Mas quant mi reveilh lo mati
Totz mos bos sabers mi desva. a. a.

Peironet, passa riu d'Ili,
Que mos cors a lieis passara;
E si li platz alberguar m'a,
Per qu'el parlamen sera fi.
Mal me faderon mei pairi,
S'amors m'auci per lieis que m'a. a. a.

Bos es lo vers s'ieu no y falhi,
Ni tot so que y es ben esta

E selh que de mi l'apenra
Guart si que res no mi cambi;
Que si l'auzon en Caerci,
Lo coms de Tolza l'entenra. a. a.

Bos es lo vers, e faran hi
Quasque motz que hom chantara. a. a.

IV.

Quan lo rius de la fontana
S'esclarzis, si cum far sol,
E par la flors aiglentina,
E 'l rossinholet el ram
Volt, e refranh, et aplana
Son dous chantar, e l'afina,
Dregz es qu'ieu lo mieu refranha.

Amors, de terra lonhdana,
Per vos tot lo cor mi dol;
E non puesc trobar metzina,
Tro venga 'l vostre reclam,
Ab maltrait d'amor doussana,
Dins vergier, o sotz cortina,
Ab dezirada companha.

Pus tot jorn m'en falh aizina,
No m meravilh s'ieu m'aflam;

Quar anc genser Crestiana
No fo, ni dieus non o vol,
Judea, ni Sarrazina.
Et es ben paisutz de manna
Qui de s'amor ren guazanha.

De dezir mos cors non fina
Vas selha res qu'ieu pus am,
E cre qu'el volers m'enguana
Si cobezeza la m tol.
Quar plus es ponhens d'espina
La dolors que per joy sana;
Don ja no vuelh qu'om mi planha.

Quan pensar m'en fai aizina
Adoncs la bays e l'acol;
Mas pueis torn en revolina,
Per que m n'espert e n'aflam;
Quar so que floris non grana:
Lo joy que mi n'atayna
Tot mos cujatz afaitanha.

Senes breu de parguamina,
Tramet lo vers en chantan,
En plana lengua romana,
A'n Ugo Brun, per Filhol.
E sapcha gens Crestiana
Que totz Peiteus e Viana
S'esjau per lieys, e Guiana.

V.

Lanquan li jorn son lonc en mai,
M'es belhs dous chans d'auzelhs de lonh;
E quan mi sui partitz de lai,
Remembra m' d'un' amor de lonh;
Vau de talan embroncx e clis,
Si que chans, ni flors d'albespis,
No m valon plus qu'yverns gelatz.

Be tenc lo senhor per verai,
Que formet est' amor de lonh;
Mas per un ben que m'en eschai,
N'ai dos mals, quar tant sui de lonh.
Ai! com fora dreitz pelegris,
Si ja mos fustz, ni mos tapis,
Fos pels sieus belhs huelhs remiratz.

Be m parra joi quan li querrai,
Per amor dieu, l'ostal de lonh;
E s'a lieys platz alberguarai
Pres de lieys, si be m sui de lonh:
Qu'aissi es lo parlamens fis,
Quan drutz lonhdas es tan vezis,
Ab bels digz et ab bels solatz.

Iratz e dolens m'en partrai,
S'ieu non vey sest' amor de lonh:

No m sai quora mais la veyrai,
Quar tan son nostras terras lonh,
E tant y a pas e camis;
E per aisso non sui devis,
Mas tot sia cum a lieys platz.

Jamais d'amor no m jauzirai,
Si no m jau d'est' amor de lonh :
Que mielhor ni gensor non sai
Ves nulha part, ni pres ni lonh;
Tant es sos pretz verais e fis,
Que lai, el reng dels Sarrazis,
Fos ieu per lieys chaitius clamatz!

Dieus que fetz tot quan ve ni vai,
E formet est' amor de lonh,
Mi don poder, pos talen n'ai,
Qu'ieu remir sest' amor de lonh
Verayamen en luec aizis,
Si que las cambras, e 'ls jardis,
Mi recemblon novels palatz.

Ver ditz qui m'apella lechai,
E deziran d'amor de lonh :
Que nulhs autres jois tan no m plai,
Cum jauzimen d'amor de lonh.
Mas so qu'ieu vuelh m'es tant ahis,
Qu'en aissi m fadet mos pairis
Qu'ieu ames, e no fos amatz.

Mas so qu'ieu vuelh m'es tant ahis,
Totz sia mauditz lo pairis
Que m fadet, qu'ieu non fos amatz.

AUGIER.

Per vos belha dous' amia
Trag nueg e jorn greu martire,
Que d'als no pens ni cossire,
Ans vai doblan tota via
L'amors e la benvolensa,
 Per qu'ieu ai gran temensa
 Qu'el deziriers m'aucia:
On mais vos bays, doussa res, e vos toc,
Ieu m'en vauc plus prion en aisselh foc.

En plus franca senhoria
No pogra mon cor assire,
Qu'ieu non cre qu'el mon se mire
Don' ab tan de cortezia,
Ni que de beutat vos vensa:
 E non ai ges crezensa,
 Per nulha ren que sia,
Puesca guerir, s'ieu no complisc lo joc,
E visques tan cum Helias et Enoc.

Ai! quantas vetz plor lo dia,
E quantas vetz mi fai rire
L'amors que m vens e 'l dezire,
E m destreing lo cor e m lia;
E 'l vostr' onrada valensa

Fetz en mon cor semensa,
Plus que far non solia.
Ara sai ieu qu'eu ai begut del broc
Don bec Tristan qu'anc pueis garir non poc.

Vostr' hom suy ses tricharia,
E si us platz, podetz m'aucire;
Qu'om non poiria devire
Qui 'l cor del cors no m trazia;
Quar en vos nays e comensa
Beutatz e conoyssensa.
Miels qu'om dir non poiria:
Si m destrenhetz mon fin cor en un loc,
Ben a tres ans qu'anc d'un voler no y s moc.

E ja al jorn de ma via
No serai d'autra jauzire;
Tan vos sui hom e servire
Francx e lials ses bauzia,
Que ses la vostr' atendensa
No volgr' aver Proensa
Ab tota Lombardia:
Quan m'auretz dat so don m'avetz dig d'oc,
Serai plus ricx qu'el senher de Marroc.

A l'Emperaire agensa,
E ten a cortezia,
Quant hom li quer autreyar e ditz d'oc,
Mas ja als faitz no s pren ren qui no 'l loc.

GUILLAUME DE CABESTAING.

I.

Lo jorn qu' ie us vi, domna, primieramen,
Quant a vos plac que us mi laissetz vezer,
Parti mon cor tot d'autre pessamen,
E foron ferm en vos tug mey voler:
Qu'aissi m pauzetz, domna, el cor l'enveia
Ab un dous ris et ab un simpl' esguar,
Que tot quant es mi fezes oblidar.

La gran beutatz, e 'l solas avinen,
E 'l cortes dig e l'amoros parer
Que m saubetz far m'embleron si mon sen
Qu'anc pueis, domna, en mi no 'l puec aver:
A vos l'autrey cui mos fis cors merceia,
Per enantir vostre pretz et honrar,
Tan finamen c'om miels non pot amar.

E car vos am, domna, tan finamen
Que d'autr' amar no m don amors poder;
Mas aissi ai qu'ab autra cortey gen
Don cug de me la gran dolor mover:
Mas quan cossir de vos cui pretz sopleya,
Tot' autr' amor oblit e dezampar,
Ab vos remanc, e us tenc el cor plus car.

E membre vos, si us plai, del bon coven
Que mi fezetz al departir saber,
Don aic mon cor, domna, guay e jauzen:
Per bon respieit en que m mandetz tener,
Mout ai gran joy, si aitals mals me greya,
Qu'el ben aurai quan vos plaira encar,
Belha domna, qu'ieu suy en l'esperar.

E ges maltrait no mi fan espaven,
Sol que ieu pens en ma vida aver
De vos, domna, pauc o gran jauzimen:
Tug li maltrag mi son joy e plazer
Tot per aisso, quar sai qu'amors m'autreya;
Que fis amans deu gran tort perdonar,
E gen sufrir maltrait per guazanhar.

Ai! quan sera l'ora, domna, qu'ieu veya
Que per merce me vulhatz tant honrar,
Que sol amic me denhetz apelhar.

II.

ANCMAIS no m fo semblan
Qu'ieu laisses per amor
Solatz, ni per joi chan,
Ni m plores per dousor.
Be m ten en son coman
Amors, qu'en mi comensa

Mans dolz plazers, e cre
C'ad ops de leis me fe
Deus, e per sa valensa.

Que m vau soven claman
De so don faz lauzor,
E vau leis merceian
Don degra far clamor;
Be non faz per engan.
Mas cel cui amors gensa
Deu soffrir mainta re,
Car en mans luocs s'ave
Q'el mal taing q'el bes vensa.

No s deu plaigner d'afan,
Ni dire sa dolor,
Ni conoisser son dan,
Ni de be far lauzor
Amics, que va camjan
Soven sa captenensa.
Mains ne parlon dese,
E non sabon de que
Mov jois ni malsabensa.

Si m destregnetz pensan,
Que maintas vez quant or
Vos cug esser denan;
Que la fresca color,
E 'l gen cors benestan

Teng en tal sovinensa,
De re als no m sove;
D'aquest dous pes me ve
Franqueza e benvolensa.

III.

Ar vey qu'em vengut als jorns loncs
Que flors s'arenga sus els troncx,
Et aug d'auzelhs chans e refrims
Pels playssatz qu'a tengutz enbroncs
Lo fregz, mas eras pels soms sims,
Entre las flors e 'ls brondels prims,
S' alegra quascus a son for.

Per qu'eu m'esjauzisc e m demor
D'un joy d'amor que m ven al cor,
Don m'es dous deziriers taizitz;
Que plus que serps de sicomor
M'en deslong per un fals fraiditz;
E m n'es totz autres joys oblitz
Per l'amor don paucs bes aiust.

Anc pus n Adam culhic del fust
Lo pom don tug em en tabust,
Tan belha non aspiret Crist,
Cors gent format e car e just,
Blanc e lis plus q'us almatist;

Tant es belha, per qu'ieu 'n sui trist,
Quar de me no 'lh pren mais de sonh.

E jamais non serai tan lonh,
Que l'amors, que m'aflama e m ponh,
Si parta de lieys ni s'esquis:
Mas a las vetz quan si dejonh
Que s'espan defors e dedis,
Adoncx sui claus, cubertz e sis
D'amor, plus que de flor ysops.

Et am tan qu'ab menhs n'a mortz trops,
E crey qu'el jorns mi sia props,
Qu'amors m'es cara et ie 'l sui vils,
E ges aissi no m fora ops:
Qu'el fuecs que m'art es tals que Nils
No 'l tudaria, plus q' us fils
Delguatz sostendria una tor.

Mas ieu las! que suefri l'ardor
E la pena que m ven d'amor
Ab grans afans et ab destricx,
E m n'espalezis ma color;
Pero eu serai veill anticx,
E tot blancs aissi com es nicx,
Anz que de ma dona m clames.

Quar domna fai valer ades
Los desvalens e 'ls fels engres;

Que tals es pros et agradius
Que si ja domna non ames,
Vas tot lo mon fora esquius :
Qu'ieu 'n sui als pros plus humilius,
E plus orgulhos als savais.

Joglar, vai, e prec te no t tricx,
E chanta 'l vers a mos amicx,
Et a 'n Raimon, car en val mais.

Que mal m'es dolz e saborius,
E 'l pauc ben mana don mi pais.

IV.

Aissi cum selh que laissa 'l fuelh
E pren de las flors la gensor,
Ai eu chauzit en un aut bruelh
Sobre totas la belhazor :
 Qu'elh eis dieus, senes falhida,
La fetz de sa eissa beutat,
E mandet qu'ab humilitat
 Fos sa grans valors grazida.

Ab dous esguart siei cortes huelh
M'an fait guai e fin amador,
Et anc l'amors, per qu'ieu me muelh
Ab l'aigua del cor ma color,

No fon per mi espandida.
Mas era m fai chantar de grat
De tal on an mayns cundeyat,
Q'us no la tenc devestida.

Non dic fenchas ni laus cum suelh,
Mas ver on me son mil auctor,
Q'usquecx dezira so qu'ieu vuelh,
Qu'als plus guays es lansa d'amor
Que fer al cor ses guandida;
Ab plazer plazen d'amistat :
Mas ieu qu'ai 'l colp assaborat,
Cum plus dorm mielhs me ressida.

Chauzimen fara, si m'acuelh,
E merce, contra sa ricor;
Qu'ieu li mostr' el mal de que m duelh,
E que m'aleuge ma dolor
Qu'es dins mon cor espandida.
Amor e Cossirier m'a dat,
Que del mielhs m'a enamorat
Qu'es del Pueg tro en Lerida.

Sos rics pretz es en l'aut capduelh
De mi dons, et es la gensor
Qu'el mon se viesta ni s despuelh :
Gen la saup far nostre senhor;
Qu'aissi es pels pros chauzida
Lai on mostra sa gran beutat,

E son fin pretz tant esmerat,
Qu'a las pros n'estai guarnida.

Tant es genta e de belh escuelh,
Qu'enveia m tol d'autra s'amor;
Qu'ab ensenhamen, ses jangluelh,
L'es dada beutat ab valor,
Cortezia non oblida;
Q'us de corteza voluntat
La fai, ses ginh d'enemistat,
Guardar, o autra es brugida.

V.

Lo dous cossire
Que m don amors soven,
Domna, m fai dire
De vos mainh vers plazen:
Pessan remire
Vostre cors covinen
Qu'am e dezire
Mais qu'ieu no fas parven;
E sitot me desley,
Ges per so no us abney,
Qu'ades vas vos sopley
Ab franca benvolensa.
Domna, cui beutatz gensa,
Mainthas vetz oblit mey
Que laus vos, e mercey.

Tos temps m'azire
Amors que us mi defen,
S' ieu ja 'l cor vire
Ves autra, ni m desmen
Tolt m'avetz rire
E donat pessamen;
Pus greu martire
De mi nulhs hom no sen,
Quar vos qu' ieu plus envey
D'autra qu'el mon estey,
Desampar e mescrey,
E dezam en parvensa :
Tot quan fas per temensa
Devetz en bona fey
Penre, neis quan no us vey.

Totz jorns comensa
L'amors, tan m'abelhis
La captenensa
De vos cui suy aclis :
Be m par que m vensa
Vostr' amors, qu'ans que us vis,
Fo m' entendensa
Que us ames, e us servis;
Qu'aissi m sui, ses totz cutz,
De cor a vos rendutz,
Qu'autra joy no m'adutz :
Q' una non porta benda
Qu' ieu 'n prezes per esmenda

Jazer, ni 'n fos sos drutz,
Per las vostras salutz.

En sovinensa
Tenc la cara, e 'l dolz ris,
  Vostra valensa,
E 'l belh cors blanc e lis;
  S' ieu per crezensa
Estes vas dieu tan fis,
  Vius ses falhensa
Intrera en paradis.
Qu' ab vos sui remazutz
Francs, ses autres aiutz,
Ab vos qu' ieu n' ai perdutz
Mains dos, qui s vuelha 'ls prenda!
Qu' a mi platz mais qu' atenda,
Ses totz covens saubutz,
Vos don m' es gaugz vengutz.

  Ans que s' estenda
Sobr' el cor la dolors,
  Merces dissenda
Domn' en vos et amors,
  Que joy mi renda,
E m luenh sospirs e plors :
  No us o defenda
Paratges ni ricors ;
Qu' oblidatz m'es totz bes,
S' ab vos no m val merces.

Ai! belha doussa res,
Molt feyratz gran franqueza,
S'al prim que us aic enqueza
M'amessetz, o non ges;
Qu' eras no sai cum s'es.

Non truep contenda
Contra vostras valors;
Merces vos prenda
De mi, que us si' honors:
Ja no m'entenda
Dieus, entr' els preyadors,
S'ieu vuelh la renda
Dels quatre reys maiors,
Per qu'ab vos no m valgues
Merces e bona fes;
Quar partir no m puesc ges
De vos en cui s'es meza
M'amors, e si fos preza
En baizan, ni us plagues,
Ja no volgra m solves.

Doncx, cum seria
Qu' ieu merce no i trobes,
Ab vos, amia,
La genser qu' anc nasques;
Qu' ieu nueg e dia,
De genolhs e de pes,

Sancta Maria
Prec vostr' amor mi des;
Qu' ieu fui noyritz enfans
Per far vostres comans:
E ja dieus no m' enans,
S' ieu ja m' en vuelh estraire.
Franca res de bon aire,
Suffretz qu' ie us bais los guans,
Que de l' als sui doptans.

Anc res qu' a vos plagues,
Bona domna corteza,
No m' estet tan defeza
Qu' enans no la fezes
Que d' als me sovengues.

En Raimon, la belheza
E 'l pretz qu' en mi dons es
Me ten gai e cortes.

ALFONSE II, ROI D'ARAGON.

Per mantas guizas m'es datz
Joys e deport e solatz;
Que per vergiers e per pratz,
E per fuelhas e per flors,
E pel temps qu'es refrescatz,
Vei alegrar chantadors :
Mas al meu chan neus ni glatz
No m'ajuda, ni estatz,
Ni res, mas dieus et amors.

E pero ges no m desplatz
Lo belh temps, ni la clardatz,
Ni 'l dous chans qu'aug pels playssatz
Dels auzelhs, ni la verdors;
Qu'aissi m suy ab joy lassatz
Ab una de las melhors,
Qu'en lieys es sens e beutatz;
Per qu'ieu li don tot quan fatz,
E joys e pretz et honors.

En trop ricas voluntatz
S'es mos cors ab joy mesclatz;
Mas no sai si s'es foudatz,
O ardimens, o paors,
O grans sens amezuratz,
O si s'es astres d'amors;

Qu'anc, de l'hora qu'ieu fuy natz,
Mais no m destreys amistatz,
Ni m senti mals ni dolors.

Tan mi destrenh sa bontatz,
Sa proeza e sa beutatz,
Qu'ieu n'am mais sofrir en patz
Penas e dans e dolors,
Que d'autra jauzens amatz :
Grans bes faitz e grans secors;
Sos homs plevitz e juratz
Serai ades, s'a lieys platz,
Denan totz autres senhors.

Quan mi membra dels comjatz
Que pres de lieys totz forsatz,
Alegres suy et iratz;
Qu'ab sospirs mesclatz de plors
Me dis : « Belhs amics, tornatz,
Per merce, vas me de cors. »
Per qu'ieu tornaray viatz
Vas lieys, quar autre baysatz
No m'es delietz ni sabors.

PIERRE RAIMOND
DE TOULOUSE.

I.

Pessamen ai e cossir
   D'una chanso faire,
Qu'a lieys denhes abelhir
   Cuy suy fis amaire;
E s'ieu pogues avenir
   En bos digz retraire,
   Far pogra saber
Que ieu plus fin joy esper,
   Que nulhs natz de mayre.

Lo cors e 'l sen e l'albir
   Ai mes, e 'l veiaire,
En lieys honrar e servir,
   Quar es la belhaire
Qu'om pogues el mon chauzir,
   Don no m puesc estraire,
   Ni mon cor mover;
Qu'amors me fai tan temer
   Lieys, qu'als non am guaire.

La fina vera valors
   Plus d'autra valensa,
E 'l pretz, e 'l fresca colors

Me platz e m'agensa;
Que si me valgues amors
 Tan que m'entendensa
 Mi dons abelhis,
Plus ric joy que paradis
 Agra a ma parvensa.

Nulh' autra no m pot secors
 Far, ni dar guirensa;
Et on plus en sen dolors
 Plus n'ai sovinensa;
Mas ges dire mas clamors
 No l'aus per temensa;
 Tan li suy aclis
Qu' on plus vas me s'afortis,
 Mais l'am ses falensa.

E fora li benestan
 Si m des alegransa,
Tan qu'aleuges mon afan,
 Ab douss' acoindansa;
Qu'ieu li suy senes enguan,
 E non ai embransa
 D'als, mas quom fezes
Tot so qu'a mi dons plagues;
 Pero pauc m'enansa.

Qu'ades m'en vauc meluyran
 On plus n'ai pezansa

Vas lieys, e suefri mon dan
　Ab bon' esperansa :
E doblera mon talan
　Sil belha semblansa,
　Gentil cors cortes,
Si t prezes de me merces,
　O qualsque pitansa.

....

II.

Pus vey parer la flor e 'l glay,
E dels auzels m'agrada 'l chans,
De far chanso m'es pres talans
Ab motz plazens et ab so guay ;
E pus de ben amar melhur,
　　Segon razo,
Trop en dey mielhs far motz ab so :
E si per ma domna es grazitz
Mos chans, ben er mielhs enantitz.

Fis e francs, ab fin cor veray,
Suy ves lieys qu'es guaya e prezans,
Bel' e plazens e benestans
Mil tans plus que dire no say,
E te son cors ferm e segur
　　De falhizo ;
Que de nulh preyador fello,

Per cuy fis domneys es delitz,
Non es per lieys sos pretz auzitz.

E pus fin' amors la m' atray,
Per dreyt no m' en deu venir dans,
Qu' ieu li suy tan fizels amans
Que re al cor tan no m'estay;
Per que ja lauzengier tafur,
 Cui dieus mal do,
Non degran neguna sazo
Tener dan, c' usquecx gaba e ditz,
Que per lui es joys desconfitz.

Dona promet, e don' estray,
E mostr' erguelh e bels semblans,
E ditz per guab e per bobans
Mayntas res ab cortes essay,
E siey fait son leyal e pur
 Ses aunit do :
E son mayntas d'aital faisso
En cui pretz entiers es complitz,
E d' autras en cuy es aunitz.

Belha dona, ja no serai
Jauzens ses vos, ni benanans;
Qu' ieu suy selh que vostres comans
Tos temps a mon poder faray :
Aisso vos man per ver, e us jur
 Qu'anc hom no fo

Plus leyals ves amor qu'ieu so;
E fuy per vos servir noyritz,
E suy d'autras amors fayditz.

III.

No m puesc sufrir d'una leu chanso faire,
Pus prec e man n'ai de mon Ereubut;
Qu'apres lo dan e'l mal qu'ieu n'ai agut,
Coven qu'ab joy m'esbaudey' e m'esclaire:
 Quar segon l'afan
 Qu'ai sufert tan gran,
 Non agra razo
 Qu'ieu cantes oguan;
 Mas quar fin' amors
 Mi mostra e m' ensenha
 Qu'els mals no m sovenha,
 E torn' en moh chan,
 Farai derenan
Un nou chantaret prezan.

Anc per ren al de mon maior maltraire,
De tan bon cor non dezirey salut,
Mas sol qu'a lieys cuy amors m'a rendut
Pogues ancar servir petit o guaire;
 Quar tot l'autre dan
 Non prezera un guan,

S'ieu moris o no;
Sol leis pogues tan,
Servir, que l'honors
Ar parra que m fenha;
Per qu'ela m n'estrenha
Que non digua enan;
Mas al sieu coman
Sui e serai on qu'ieu m'an.

Las! que farai, pois non li aus retraire,
Ans quan la vey estau a lei de mut,
E per autrui no vuelh sia saubut
S'aqui mezeis sabi' estr' Emperaire.
A dieu mi coman
Cum vau trebalhan;
Qu'ab la sospeisso
N'aurai atretan,
Quar tan grans ricors
Non cug que m n'avenha;
Mas vas on qu'ieu teinha,
Fis e ses enguan
L'amarai quad an,
De jorn en jorn melluyran.

Qu'el cors e'l cor e'l saber e'l veiayre
E l'ardimen e'l sen e la vertut
Ai mes en lieys, e non ai retengut
Ni pauc ni pro per negun autr' afaire;
Ni als non deman,

　　　　Ni vau deziran,
　　　　Mas que dieus me do
　　　　Vezer l'ora e l'an
　　　　Que sa grans valors
　　　　Tan vas mi s destrenha,
　　　　Qu'en mos bratz la seinha;
　　　　E qu'ieu, en baizan,
　　　　Tot al mieu talan
　　Remir son cors benestan.

Ai! franca res, corteza e de bon aire,
Merce m'aiatz que veus m'aissi vencut;
Qu'aissi vos ren lo basto e l'escut,
Cum selh que plus non pot lansar ni traire:
　　　　Vostr' huelh belh truan
　　　　Que tot mon cor m'an
　　　　Emblat, non sai co,
　　　　No m van confortan.
　　　　Ja castels ni tors
　　　　No us cugetz que s tenha,
　　　　Pus gran forsa 'l venha,
　　　　Si secors non an
　　　　Sylh que dins estan:
　　Mas a mi vai trop tarzan.

Esta chansos vuelh que tot dreg repaire
En Arago, al rey cuy dieus aiut;
Que per lui son tug bon fag mantengut,
Plus que per rey que anc nasquet de maire:

Qu'aissi s'vai trian
Sos pretz, e s'espan
Sobr' autres que so,
Cum sobr' el verjan
Fai la blanca flors :
Per qu'ieu on que m venha
Ades crit sa senha,
E vau razonan
Son pretz, e non blan
Duc ni rey ni amiran.

Et ab ma chanso,
Enans qu'albor an,
M'en vau lai de cors
On jois e pretz renha,
E vuelh que l'aprenha,
Cobletas vuilan,
E puois en chantan
De qual guiza hom la i deman.

IV.

Atressi cum la candela
Que si meteyssa destruy,
Per far clardat ad autruy,
Chant, on plus trac greu martire,
Per plazer de l'autra gen:
E quar a dreg escien,

Sai qu'ieu fatz folhatge;
Qu'a autruy don alegratge,
Et a mi pen' e turmen;
Nulla res, si mal m'en pren,
No m deu planher del dampnatge.

Quar ben conosc, per usatge,
Que lai on amors s'enten
Val foudatz en luec de sen;
Doncx, pus tant am e dezire
La gensor qu'el mon se mir,
Per mal que m dei avenir,
No s tanh que m recreya;
Quar on plus m'auci d'enveya,
Plus li dei ma mort grazir,
S'el dreg d'amor vuelh seguir;
Qu'estiers sa cort non playdeya.

Doncx, pus am so que m guerreya,
Conosc que m'er a blandir;
Ab celar et ab sufrir,
Li serai hom e servire;
E sol, si m vol retener,
Vec li m tot al sieu plazer
Fins, francs, ses bauzia:
E s'ab aital tricharia,
Puesc en sa cort remaner,
El mon non a nul saber
Per qu'ieu cambjes ma folhia.

Lo jorn que sa cortezia
Me mostret, e m fetz parer
Un pauc d'amor ab plazer,
Parec be que m volc aucire;
Qu' ins el cor m'anet sazir,
E m mes el cor lo dezir
  Que m' auci d' enveia;
Et ieu, cum fols que folheia,
Fui leus ad enfolletir,
Quar cugey so, per albir,
Qu' enquers no m pens qu' esser deia.

Si per nulh' autra que seya
Me pogues mais enriquir,
Be m n' agra en cor a partir;
Mas on plus fort m'o cossire,
En tan quan lo mon perpren,
Non sai una tan valen
  De negun paratge:
Per qu' ieu el sieu senhoratge
Remang tot vencudamen,
Quar non truep melhuiramen,
Per fors' o per agradatge.

Chansos, al port d' alegratge
On pretz e valors s' aten,
Al rey que sap et enten
M' iras en Arago dire
Qu' ancmais tan jauzens no fuy

Per fin' amor cum er suy :
  Qu' ab rems et ab vela
Pueia ades so que no s cela ;
E per so non fatz gran bruy,
Ni vuelh sacha hom de cuy
M' o dic, plus que d' un' estela.

Mas ges una pauca mela
No m pretz, quar ab vos no suy
Pero ad ops vos estuy
Que m siatz governs e vela.

V.

ENQUERA m vai recalivan
Lo mals d' amor qu' avi' antan ;
Qu' una dolor mi sent venir
Al cor, d'un angoyssos talan,
E 'l metges que m pogra guerir
Vol me per traitura tenir,
Aissi cum l' autre metge fan.

E pogra m guerir ses afan,
Que ja non traysses pauc ni gran ;
Pero sitot mi fai languir,
En re no 'lh port peior talan ;
Mas si m' alongues de morir,

Ma vida for' al sieu servir,
E ma mort conosc a son dan.

E ja no m desesper per tan,
Qu'anc de re non passei son man,
Ni m vuelf per nulh autre dezir;
De so gart qu'il n'er benestan:
Qu'Ipocras, so ai auzit dir,
Ditz que metges non deu fallir
De nulh cosselh qu'om li deman.

Doncx, pus pres m'a en son coman,
Ja no m'anes plus languian,
Ni no m volgues del tot aucir;
Quar no s cug, si be m ri ni m chan,
Qu'o puesca longuamen sufrir;
Ni no s poira tos temps cubrir
La dolors qu'ins el cor s'espan.

Mas ieu atendrai merceyan,
Sirven e sufren e preyan,
Tro que denh mos precx eyssauzir:
Mas d'una ren vauc trop doptan,
Si m fai trop dieta tenir;
Si m sen lo cor afrevolir
Que paor ai l'arma s'en an.

Mas si m fezes un bel semblan
Que m'anes mon cor adoussan,

Enquer cugera revenir ;
Quar s'ieu muer colpa n'aura gran ;
Per so deu guardar e chauzir.
E s'en cor m'a pro a tenir,
Per dieu, no m'o anes tarzan :

Qu'el febles cors vai sospiran,
Quar conois qu'ieu mezeis m'engan,
E m vey tot dia magrezir ;
Aissi m va'l cors e'l sens camjan,
Cum si l'arma en devia issir ;
Tan fort m'anguoysson li sospir,
Qu'a pauc tro al derrier no m van.

A mon Ereubut prec e man
Qu'a la pro comtessa prezan
Fassa ma chansonet' auzir ;
E si a nulh mot malestan,
No m'o deu hom a mal tenir :
Que tant ai d'ira e de cossir
Que re no sai que m vau parlan.

GUILLAUME DE BÉZIERS.

E<small>RRANSA</small>,
Pezansa,
Me destrenh, e m balansa;
Res no sai on me lansa
Esmansa,
Semblansa
Me tolh ir' e m'enansa;
E m dona alegransa
Un messatgier, que me venc l'autre dia,
Tot en vellan, mon verai cor emblar;
Et anc pueisas no fuy ses gelozia,
E res no sai vas on lo m'an sercar.

Cum fis amaire,
Murrai ses cor vaire,
Ab sol qu'el sieu laire
No m sia fals ni var:
Qu'aissi o deu faire
Tot drut de bon aire;
Per que m'es veiayre
Que ben o deya far.
Per merce us prec, bella dousset'amia,
Si cum ie us am, vos me vulhatz amar;
Quar ie us am mais que nulha res que sia,
Et anc no us vi, mas auzit n'ai parlar.

Als no sai dire,
Mas dat m'avetz cossire
Tal, don planc e sospire :
No puesc esser jauzire
   Tro veya rire
Vos don ieu suy servire;
Aculhetz me, no us tire,
Quar trop sai del dezire
Que cre que m vol aucire.

BERTRAND DE BORN.

Cazutz sui de mal en pena,
Quar vauc lai o'l cors mi mena,
    E jamais
No m descarguarai del fais;
Qu' ilh m'a mes en tal cadena
Don malha no s descadena,
    Quar m'atrais
Ab un dous esguart en biais
Una blanca, fresca Elena.
Fait ai longua quarantena,
    Mas hueymais
Sui al dijous de la Cena.

Tant es d'amorosa mena
Qu' ieu morrai si no m'estrena
    D'un dous bais;
Mas ab trop d'erguelh m'eslais
De tota beutat terrena.
An pres las tres de Tolena
    Fis e gais,
Mas ilh es sobr' ellas mais
Que non es aurs sobr' arena:
Qu' ieu no vuelh aver Ravena,
    Ni Doais,
Ses cuidar qu'ella m retenha.

Jamais non er cortz complia
On hom non guap ni non ria;
  Cortz ses dos
Non es mas parcs de baros :
Que mort m'agra ses faillia
L'enuey e la vilania
  D'Argentos;
Mas lo gens cors amoros,
E la doussa cara pia,
E la bona companhia,
  E'l respos,
De lai Saissa m deffendia.

Ren en beutat no m gualia;
Ni m fai nulha fantaumia
  Lo joios,
Joves, gens cors amoros :
E gensa qui la deslia;
Et on hom plus n'ostaria
  Guarnizos,
Plus en seria enveyos;
Que la nueg fai parer dia
La guola, e qui la vezia
  Plus en jos
Tot lo mons n'agensaria.

Ab que s tanh qu'amors m'aucia
Per la gensor qu'el mon sia
  En perdos;

Quan mir sas belhas faissos,
Conosc que ja non er mia :
Que chauzir pot si s volia
    Dels plus pros
Castelhas, o rics baros;
Qu'en lieys es la senhoria
De pretz e de cortezia,
    De faitz bos;
E deu far que ben l'estia.

Domna, sai en Normandia
Sui per vos la nueit e'l dia
    A pensos;
Qu'el vostre gen cors joyos
Me sembla qu'ades me ria.

II.

Ges de disnar non for' oimais maitis
    Qui agues fort bon ostau,
E fos dedins la carns e'l pans e'l vis,
    E'l focs fos clars e de fau.
Lo plus rics jorns es oi de la setmana,
    E degran estar suau:
C'aitan volgra volgues mon pro NA Laina,
    Com lo seingner de Peitau.

Per saludar, torn entr'els Lemozis,
    Cella que a pretz cabau :

Mos belhs Seingner e mos belhs Sembelis
    Qeiron oimais qui las lau;
Qu'ieu ai trobat del mon la plus certana,
    E la gensor c'om mentau;
Per que s'amors m'es tan cotediana,
    Qu'a las autras mi fai brau.

Gens joves cors, francs e verais e fis,
    D'aut paratge de reiau,
Per vos serai estraitz de mon pais,
    E m mudarai part Anjau;
E car es tan sobr'autras sobeirana
    Vostra valors, e plus au,
C'onrada n'er la corona romana
    Si'l vostre cap s'i enclau.

Al dolz esgar que m fes, et ab clar vis,
    En fes amors son esclau,
Quan mos Seingner m'ac pres de lei assis
    Sobr'un feutre enperiau;
La paraula fon doussa et humana,
    E'l dir cortes e liau,
E de solatz mi semblet Catalana,
    E d'acuillir de son jau.

Al gen parlar que m fetz, et al gen ris
    Quan vi las denz de cristau,
E'l cors dalgat, graile e fresc e lis
    Vi benestan en bliau;

E la colors fo fresca e rosana
   Que tenc mon cor dinz sa clau :
Mais ac de joi que qui m des Corezana,
   Car a son grat m'en esjau.

De tota es na maier sobeirana,
   De tot can mar, terra clau.

III.

Domna, puois de mi no us cal,
E partit m'avetz de vos
Senes totas ochaisos,
   No sai on m'enqueira
      Que jamais
Non er per mi tan rics jais
Cobratz; e si del semblan
Non trob domna, a mon talan,
Que m vailla vos qu'ai perduda,
Jamais non vuoill aver druda.

Puois no us puesc trobar engual,
Tan bella que fos tan pros,
Ni sos rics cors tan joyos,
   De tan bella tieira,
      Ni tan gais,
Ni sos rics pretz tan verais,
Irai per tot acaptan
De chascuna un bel semblan,

Per far domna soicebuda,
Tro vos me siatz renduda.

Fresca color natural
Pren, bels Sembelis, de vos,
E 'l douz esguart amoros;
　E fatz gran sobreira
　　Car re i lais,
Qu'anc res de ben no us sofrais.
A ma domna Elis deman
Son adreg parlar gaban,
Que m don' ab mi dons ajuda,
Pois non er fada ni muda.

De Chales la vescomtal,
Vuoill que m done ad estros
La gola, e 'ls mans amdos.
　Pois tenc ma carrieira,
　　No m biais,
Ves Roca Choart m'eslais
Als pels n'Agnes que m daran,
Qu'Iseus, la domn'a Tristan,
Qu'en fo per totz mentauguda,
No 'ls ac tan bels a saubuda.

N'Audiartz, si be m vol mal,
Voill que m do de sas faissos
Que il estai genliazos;
　E car es enteira,
　　C'anc no s frais

S'amors, ni no l'a en biais.
A mon Miels de Ben deman
Son adreit nou cors prezan,
De que par a la veguda
La fassa bon tener nuda.

De NA Faidida atretal
Voill sas bellas dens en dos,
L'acuillir e'l gen respos
   Don es presenteira
      Dins son ais.
Mos Bels Miraills voill que m lais
Sa gaiesa e son bel gran,
E car sap son benestan
Far don es reconoguda,
E no s'en camja ni s muda.

Bels Seigner, ieu no us quier al,
Mas que fos tan cobeitos
D'aquestas, cum sui de vos:
   C'una lechadeira
      Amors nais,
Don mos cors es tan lecais,
Qu'am mais de vos lo deman,
Que d'autra tener baisan.
Doncs, mi dons per que m refuda,
Pois sap que tan l'ai volguda?

Papiol, mon Aziman
M'anaras dir en chantan,

C'amors es desconoguda
Sai, e d'aut bas cazeguda.

IV.

Ieu m'escondisc, domna, que mal non mi er
De so qu'an dig de mi fals lauzengier;
Per merce us prec que non puescon mesclar
Vostre gent cors adreg e plazentier,
Franc et humil, leyal e drechurier,
Encontra 'l mieu per messonguas comtar.

Al primier lans pert ieu mon esparvier,
E 'l, m'aucion el ponh falcon lanier,
E porton l'en, e qu'ie 'l veya plumar,
S'ieu mais de vos, ont ai mon cossirier,
Non am totz temps aver lo dezirier
Que de nulha s'amor, ni son colguar.

Domna, s'ieu ai mon austor anedier
Bon e volan e prenden e mainier,
Que tot auzelh puesca apoderar,
Singn' e grua et aigron blanc o nier,
Volrai lo donc, mal mudat guallinier,
Gras, debaten, que non puesca volar.

Escut al colh, cavalgu' ieu ab tempier,
E port sallat, capairon traversier,
E regnas breus qu'om non puesc' alonguar,

Et estrueps loncs en caval bas trotier,
Et en ostal truep irat ostalier,
Si no us menti qui us o anet comtar.

S'ieu per joguar m'aseti al taulier,
Ja no i puesca baratar un denier;
Ni ab taula preza non puesc' intrar,
Ans giet' ades lo reir' azar derrier,
S'ieu mais autra domna am ni enquier
Mas vos cui am e dezir e tenc car.

Ma domna m lais per autre cavalier,
E pueis no sai a que m'aia mestier,
E falha m vens quan serai sobre mar,
En cort de rey mi baton li portier,
Et en cocha m vei' hom fugir primier,
S'ieu anc ac cor d'autra domna amar.

Senher sia eu d'un castelh parsonier,
E qu'en la tor siam quatre parcier,
E l'us l'autre non si puesca fizar;
Ans m'aion ops tos temps arbalestier,
Metges, guaitas, e sirvent et arquier,
Si ieu vengui per vos a gualiar.

Autr' escondig vos farai pus sobrier,
E pus no m sai orar mais d'encombrier,
S'ieu anc falhi ves vos neys del pensar,
Quan serem sol dins cambr' o dins vergier

Falha m poders deves mon companhier,
De tal guiza que no m puesc' ajudar.

Fals enueios, fementit lauzengier,
Pois ab mi dons m'avetz mes destorbier,
Be us lauzera que m laissassetz estar.

V.

S'abrils e fuelhas e flors,
E 'l bel matis e 'l clar ser,
E 'l ric joy que ieu esper
No m'alegron, et amors,
E 'l rossinholet qu'aug braire,
E 'l dous temps vertz e grazitz
Que ns adutz jois e doussors,
E 'l cuendes pascors floritz
Mi dons son ardit non creys,
E no 'l merma l'espavens,
Greu m'en venra jauzimens.

Domna, s'ieu quezi secors
Vas vos, non o fi de ver,
E veus m'al vostre plazer
Mi e mos chans e mas tors;
E prenc comjat del repaire
On fui tan gent aculhitz,
On renha pretz e valors:

E selh que mante faiditz
Per honor de si meteys,
Quan fai bos acordamens,
A sol los afizamens.

Vostre reptars m'es sabors
Rics, car cuiatz tan valer
Que, ses be far, ab temer
Volriatz aver lauzors,
E c'om no us auzes retraire
Quant us faitz que deschauzitz :
Mas semblaria m temors,
Si n'era per mi cobritz
Coms, ni vescoms, ducs ni reys ;
Mas faitz vostres faitz tan gens
Que us en seguan ditz valens.

Dos n'i a guerreyadors,
Quar an de mal far lezer,
Que no s sabon captener
Nulh temps ses enginhadors ;
E volon lansar e traire,
E vey los totz jorns guarnitz ;
Com an vezi, an descors,
Per qu'ieu non lur sui aizitz :
Quar anc bon pretz non ateys
Ricx hom, si joys e jovens
E valors no ill fon guirens.

D'autres n'i a bastidors,
Ricx homes de gran poder,
Quar sabon terra tener;
Que fan portals e bestors
De caus e d'arena ab caire;
Fan murs e voutas e vitz;
E car son bos mainadors,
Fan ne lurs dons pus petitz,
Per que lur pretz non lur creys;
Quar aitals captenemens
No val mest las bonas gens.

D'autres n'i a cassadors
Per la costuma tener,
Que s fan ric home parer
Quar amon cans et austors,
E corn e tabor e braire;
E vey los tan feblezitz,
E tan pauca es lurs valors,
E lurs pretz es tan freulitz,
Que res mas bestia o peys
Non lur es obediens,
Ni fai lurs comandamens.

Ges dels ricx torneyadors,
Sitot se guaston l'aver,
Non pot a mon cor plazer,
Tan los truep gualiadors :
Ricx hom que per aver traire,

Sec torneyamen plevitz
Per penre sos vasvassors,
Non l'es honors ni arditz :
Mas elh non estrenh correys;
Sol qu'ab elh s'en an l'argens,
Mal ditz ten om a niens.

Ricx homes vuelh qu'ab amors
Sapchan cavallier aver,
O qu'els sapchon retener
Ab be fag et ab honors;
E qu'els truep hom ses cor vaire,
Francx e cortes e chauzitz
E larcx e bos donadors :
Qu'aissi fon pretz establitz
Qu'om guerreyes ab torneys,
E caresmas et avens
Fes hom soudadiers manens.

Na Tempra, joys m'escobitz,
Qu'ieu n'ai mais que s'era reys;
Que fel mesclat ab eyssens
M'es endevengutz pimens.

Papiols, sias tan arditz,
Pren mon chan, e vai ab eis
A 'n Oc e No, quar prezens
Li fatz de maynhs digs cozens.

Rassa, non sui margeritz,
Anz es tan ferma ma leis,
Que s'anc jorn fui recrezens,
Ara m'en sui reprendens.

FOLQUET DE MARSEILLE.

I.

Tan m'abellis l'amoros pessamens
Que s'es vengutz en mon fin cor assire;
Per que no i pot nuls autres pens caber,
Ni mais negus no m'es dous ni plazens;
Qu'adoncs sui sas quan m'aucizo 'l cossire:
E fin' amors m'aleuza mon martire
Que m promet joy, mas trop lo m dona len,
Qu'ab bel semblan m'a tengut longamen.

Be sai que tot quan fas es dretz niens;
E qu'en puesc mais, s'amors mi vol aucire!
Qu'a escien m'a donat tal voler,
Que ja non er vencutz, ni el no vens:
Vencutz si sui, qu'aucir m'an li sospire
Tot suavet, quar de liey cui dezire
Non ai secors, ni d'aillors no l'aten,
Ni d'autr' amor non puesc aver talen.

Bona domna, si us platz, siatz sufrens
Dels bes qu'ie us vuel, qu'ieu sui dels mals sufrire;
E pueis li mal no m poiran dan tener,
Ans m'er semblan qu'els partam egalmens:
Pero si us platz qu'en autra part me vire,

Partetz de vos la beutat e 'l dous rire.
E 'l gai solas que m'afolleis mos sen,
Pueis partir m'ai de vos, mon escien.

A totz jorns m'etz plus bel' e plus plazens,
Per qu'ieu vuel mal als huelhs ab que us remire,
Quar a mon pro no us pogron anc vezer,
Mas a mon dan vos vezon subtilmens:
Mas dans non es, so sai, quar no m n'azire,
Ans me sap bon, pros domna, quan m'albire,
Si m'aucisetz, que no us estara gen,
Quar lo mieus dans vostres er eissamen.

Per so, domna, no us am saviamens,
Qu'a vos sui fis et a mos ops trayre,
Qu'ie us cug prendre e mi no puesc aver,
Ie us cug nozer et a mi sui nozens:
Per so no us aus mon cor mostrar ni dire,
Mas a l'esgart podetz mon cor devire;
Ar lo us cug dir et aras m'en repren,
E port n'als huelhs vergonha et ardimen.

Dona, 'l fin cor qu'ie us ai no us puesc tot dire,
Mas per merce so qu'ieu lais per non sen
Restauratz vos ab bon entendemen.

Trop vos am mais, dona, qu'ieu no sai dire,
E s'ieu anc jorn aic d'autr' amor desire,
No m'en penet, ans vos am per un cen;
Quar ai proat autrui captenemen.

Vas Nems t'en vai, chansos, qui que s n'azire,
Que gaug n'auran, segon lo mieu albire,
Las tres domnas a cui ieu te prezen,
Car elhas tres valon mais d'autras cen.

II.

Ab pauc ieu d'amar no m recre-
Per enueg dels lauzenjadors,
Mas forsa d'amor mi rete
Que no m laissa virar alhors,
Quar dels benanans sui la flors;
 Qu'aissi m te
 Amors pres el fre,
Que d'autra cauza no m sove
Mas de lieys servir a jornal,
Qu'aissi m pes qu'o fasso 'l leial.

E doncx, s'ieu fas so que s cove,
Be m'en deu eschazer honors,
Quar s'ieu puesc amar Mielhs de Be,
Per dreg m'en eschai la lauzors:
E sap be mi dons et amors
 Qu'ieu de re
 Vas leis no m mal me;
Mas quar li clam humils merce
Que m des so que m'es plus coral;
Pot esser qu'ilh so tenga a mal!

Doncx ben sui folhs, quar no m recre
D'amar lieys, que be m par folhors,
Pus autre bes no m n'esdeve;
Ans vey qu'ades creys ma dolors
Qu'en mi tot sol a fag son cors:
  Per ma fe,
   Vos dic, mielhs m'ave
Que per lieys ieu suefra jasse
Mon dan, sitot a lieys non cal,
Qu'autra m des s'amor per cabal.

E quant elha m parla ni m ve,
Mi sal al cor la resplandors
Dels sieus huelhs, e del dous ale
M'en ve mesclamens la doussors,
Si qu'en la boca m nais sabors;
  Per qu'ieu cre
   E conosc qu'el be
Qu'ieu dic de licys no nais de me,
Ans nais de s'amor natural
Que dins mon cor a pres ostal.

E pus aquest jois mi mante,
Si m volgues far tan de socors
Que m denhes retener ab se,
Guardatz s'ieu fora dels aussors!
Que sos ricx pretz e sa valors,
   Mi reve
    Tan gen e m soste;

E sol qu'ilh agues lo mille
De la dolor fer' e mortal,
Ben agram partit per egual.

Pero s'il clamarai merce
Del dan qu'ilh me fai e del mal,
Pus nulh' autr' amors no mi val.

III.

Sitot me soi a tart aperceubutz,
Aissi com sel qu'a tot perdut, e jura
Que mais no joc, a gran bon' aventura
M'en dei tener, car me soi conogutz
Del grant enjan qu'amors vas mi fazia;
Qu'ab bel semblan m'a tengut en fadia,
Plus de detz ans, a lei de mal deutor
Qu'ades promet, mas re non pagaria.

Ab bel semblan que fals' amors adutz
S'atrai ves leis fols amans e s'atura,
Col parpaillos qu'a tan folla natura
Que s fer el foc per la clardat que lutz:
Per qu'ieu m'en part, e segrai autra via;
Soi mal pagatz qu'estiers no m'en partria,
E segrai l'aip de tot bon sofridor
Que s'irais fort si com fort s'umilia.

Pero no s cuch, si be m soi irascutz,
Ni fas de leis en chantan ma rancura,
Ja 'l diga ren que sia outra mezura;
Mas sapchatz ben qu'a sos ops soi perdutz,
Qu'anc sobre fre no m volc menar un dia.
Ans mi fetz far mon poder tota via :
Mas anc sempre cavals de gran valor
Qui beorda, trop soven cuelh feunia.

Fols for' ieu ben, mas m'en soi retengutz;
Quar q'ab plus fort de si se desmezura
Fai gran foldat, e n'es en aventura
Neis de son par, car pot esser vencutz;
De plus frevol de si, es vilania;
Per c'anc no m plac, ni m plai sobransaria :
Pero en sen deu hom gardar honor,
Car sen aunit no pretz mais que folia.

Pero, amors, me soi eu abstengutz
De vos servir, que mais non aurai cura;
C'aissi com mais prez hom laida peintura
Quant es de luenh que quant es pres vengutz,
Prezava ieu vos mais quan no us conoisia :
E s'anc n'aic pauc, mais n'ai qu'er no volria;
C'aissi m n'es pres com al fol queredor
Que dis qu'aurs fos tot quant el tocaria.

Bels Azimans, s'amors vos destrenhia,
Vos en tos temps, ie us en cosselharia,

Sol que us membres quant ieu n'ai de dolor,
Ni quant de ben jamais no us en calria.

Mon Plus Leial, s'ab los oillz vos vezia,
Aissi com fatz ab lo cor tota via,
So qu'ieu ai dig poiria aver valor;
Qu'ie us quier conseill, e conseill vos daria.

IV.

Ja no volgra qu'hom auzis
Los doutz chans dels auzellos
Mas cill qui son amoros;
Que res tan no m'esbaudis
Co il auzelet per la planha,
E ilh belha cui soi aclis;
Cella m platz mais que chansos,
Volta, ni lais de Bretanha.

Be m'agrada e m'abellis,
Mais no soi aventuros;
Qu'ades es hom cobeitos
D'aisso qu'es plus grieu conquis:
Doncx, que m val ni que m gazainha
S'ieu l'am, et ilh no m grazis!
Amarai doncx en perdos?
Oc ieu, anceis que remanha.

Be m'estera s'ades vis
Lo sieu bel cors gai joios;
E quan no vei sas faissos,
Si be m soi en mon pais,
Cug esser loing en Espanha
Preon entre Sarazis:
Sol lo vezer m'en es bos,
Q'als non aus dir que re m taigna.

Ferms soi eu be, quar soi fis;
Que s'ieu fos fals ni ginhos,
Ieu n'agra pro companhos;
Mais sa beutatz, e'l dolz ris
Mi tolon de lor bargainha:
Car ilh val tan co us plevis,
Que si sol merces i fos
Ren als non es qui m soffrainha.

Ben volgra que Lemozis
Fos plus prop de Mauretainha,
Per so que plus sove vis
Lo senhor qu'es larcx e pros,
E tan de bona compainha.

V.

S'al cor plagues ben for' hueimais sazos
De far canson, per joia mantener;
Mas tan mi fai m'aventura doler,

Quan be m cossir los bes e 'ls mals qu'ieu ai,
Que tug dizon que ricx sui e be m vai;
Mas sel qu'o ditz non sap ges ben lo ver:
Benanansa non pot negus aver
De nulha re, mas d'aquo qu'al cor plai;
Per que n'a mais us paubres s'es joyos,
Q'us ricx ses joy, qu'es tot l'an cossiros.

E s'ieu anc jorn fui gays ni amoros,
Er non ai joy d'amor ni non l'esper,
Ni autres bes no m pot al cor plazer,
Ans mi semblon tug autre joy esmai:
Pero d'amor ló ver vos en dirai;
No m lais del tot, ni no m'en puesc mover,
Ni sus no vau, ni no puesc remaner;
Aissi cum sel qu'en mieg de l'albr'estai,
Qu'es tan poiatz que non pot tornar jos,
Ni sus no vai, tan li par temeros.

Pero no m lais, sitot s'es perillos,
Que sus non pueg ades a mon poder;
E deuria m, domna, fis cors valer,
Que be sabetz que ja no m recreirai,
Qu'ab ardiment apoderisc l'esglai:
E non tem mal que m'en puesca eschazer;
Per que us er gen si m denhatz retener,
E 'l gazardos er aitals com s'eschai;
Que neys lo dos n'es faitz bos gazardos
A sel que sap d'avinen far sos dos.

Si anc merces ac nulh poder en vos,
Traga s'enan, si ja m vol pro tener;
Qu'ieu no m'en fi en precs ni en saber
Ni en chansos, mas ben conosc e sai
Que merces vol so que razos dechai:
Per qu'ieu vos cug ab merce conquerer,
Que m'es escutz contra 'l sobre valer
Qu'eu sai en vos, e m fai metre en assai
De vostr' amor so que m veda razos,
E m fai cuiar aisso qu'auninent fos.

Ara conosc qu'eu sui trop oblidos,
Quar al comensamen me desesper
De mas chansos, pos vuelh merce querer;
Farai o doncs aissi col joglar fai,
Qu'aissi com mov mon chant lo fenirai.
Desesperar m'ai pus non puesc saber
Razo per que'l deia de me chaler;
Mas tot lo mens aitant en retendrai,
Qu'ins en mon cor l'amarai a rescos,
E dirai ben de lieys en mas chansos.

Mentir cugei, mas estra grat dic ver,
Quar m'estava trop miels qu'ara no fai;
E cugei far creire so que no fos
Mas mal mon grat s'auera ma chansos.

Si N'Azimans sabia so qu'ieu sai,
Dir poiria q'una pauca ochaizos
Notz en amor plus que no i val razos.

VI.

En chantan m'aven a membrar
So qu'ieu cug chantan oblidar;
E per so chant qu'oblides la dolor
E'l mal d'amor;
Mas on plus chan plus m'en sove;
Qu'a la boca nulha res no m'ave
Mas de merce:
Per qu'es vertatz, e sembla be
Qu'ins el cor port, domna, vostra faisso
Que m chastia qu'ieu no vir ma razo.

E pois amors mi vol honrar
Tan qu'el cor vos mi fai portar,
Per merce us prec qu'el gardetz de l'ardor;
Qu'ieu ai paor
De vos mout maior que de me:
E pos mos cors, domna, vos a dinz se,
Si mals l'en ve,
Pos dinz etz, sufrir lo us cove;
Empero faitz del cors so que us er bo,
E'l cor gardatz si cum vostra maizo.

Qu'el guarda vos e us ten tan car
Qu'el cors en fai nesci semblar,
Quar el y met l'engienh e la valor,
Si qu'en error

Laissa 'l cor pel sen qu'el rete :
Qu'om mi parla manhtas vetz s'esdeve
   Qu'ieu no sai que,
 E m saluda qu'ieu non aug re;
E ja per so nuls hom no m'occaizo,
Si m saluda, et ieu mot non li so.

 Mas ja lo cors no s deu clamar
   Del cor per ren que 'l puesca far;
Que tornat m'a al plus honrat senhor,
   E tout d'aillor
 On trobava enjan e non fe :
Que dregz torna vas son senhor ancse;
   Mas ieu non cre
 Que m denh, si merces no m mante,
Que 'lh intr'el cor, tant qu'en luec d'un ric do
Denh' escotar ma veraia chanso.

   Quar si la denhatz escotar,
   Dona, merce deurai trobar;
Pero obs m'es qu'oblidetz la ricor
   E la lauzor
 Qu'ieu n'ai dig e dirai jasse :
Pero ben sai mon lausars pro no m te;
   Cum que m mal me,
 La dolors mi creis e m reve;
E 'l fuecx qui 'l mov, sai que creis a bando,
E qui no 'l toc muor en pauc de sazo.

Murir puesc be,
N'Azimans, qu'ieu no m planc de re,
Neis si m doblava 'l mals d'aital faisso,
Com dobla 'l poins del taulier per razo.

VII.

Ai! quant gent vens et ab quant pauc d'afan
Aissel que s laissa venser ab merce!
Quar en aissi vens hom autrui e se,
Et a vencut doas vetz senes dan;
Mas vos, amors, non o faitz ges aissi,
Q'anc jorn vas vos merces no m poc valer;
Ans m'avetz tan mostrat vostre poder
Qu'era no us ai, ni vos non avetz mi.

Per so m par fol qui non sap retener
So qu'a conquis, qu'ieu prez ben atrestan
Qui so rete que a conquist enan
Per son esfors, com fatz lo conquerer :
Qu'aissi m pogratz tener col fols rete
L'esparvier fer, quan tem que se desli,
E l'estrenh tant el poing tro que l'auci;
Mas pus estortz vos sui, viure puesc be.

Tot so que val pot nozer atressi;
Doncs, s'ie us tenc pro, be us poirai dan tener :
Et er merces s'ab eis vostre saber
Que m'avetz dat, don anc jorn non jauzi,

Vos sai nozer ni dir mal en chantan;
Mas non er fach, que chauzimens m'en te :
Mais vuelh sufrir mon dan en patz jasse
Qu'els vostres tortz adrechurers claman.

On trobaretz mais tan de bona fe,
Q'anc negus hom se mezeis non tray
Son escien, si cum ieu que us servi
Tan longamen, qu'anc non jauzi de re.
S'ar quier merce, so us faria parer;
Quar qui trop vai servizi repropchan,
Semblansa fai qu'el guazardon deman;
Mas ja de me no us cugetz qu'el n'esper.

Mas qui'l bon rey Richart, de cui ieu chan,
Blasmet per so quar non passet desse,
Ar l'en defen, si que quascus o ve
Qu'areire s trais per miels salhir enan :
Qu'el era coms ar es ricx reys ses fi,
Quar bon secors fai dieus al bon voler;
E parec ben al crozar qu'ieu dic ver,
Et ar vei hom per qu'adonc no menti.

Ja N'Azimans, tos temps non an cuian
Qu'ieu vas amor aia virat mon fre;
Mas hom pot ben creire aisso que ve,
Et er saubut hueimais d'aissi enan.

ALBERT,
MARQUIS DE MALESPINE.

Dona, a vos me coman,
C'anc res mai non amei tan.
— Amicx, be vos dic e us man
Qu'ieu farai vostre coman.
— Dona, trop mi vai tarzan.
— Amicx, ja no y auretz dan.

Dona, a la mia fe
Murray, s'aisi m gayre te.
— Amicx, membre vos de me
Qu'ie us am de cor e de fe.
— Dona, ayatz en doncx merce!
— Amicx, si aurai ieu be.

Be sui gays et amoros
Dona, per amor de vos.
— Amicx, lo meu cors joyos
Es vostres totas sazos.
— Dona, autreyatz lo m vos.
— O ieu, amicx bels e bos.

Dona, per vos mi cofort,
E'n fas chanson e deport.

—Amicx, jes non avetz tort,
Que be sabetz qu'ie us am fort.
—Dona, co er del conort?
—Amicx, bona fe vos port.

Be soy gueritz ab aitan,
Dona, de pen'e d'afan.
—Amicx, sufren, merceyan
Conqueron li fin aman.
—Dona, trop ai greu al dan.
—Amicx, ie us retenc baysan.

Dona, doncx a vos mi ven
De mas jonchas humilmen.
—Marques, en trop d'onramen
Cuiatz puiar veramen.
—Dona, qu'ie us am finamen!
—Marques, e tu fas no sen.

Dona, mot ai gran talan
Qu'ie us tengues a mon coman.
—Marques, ben m'iray gardan,
E dizetz folia gran.
—Dona, ja no y agras dan.
—Marques, no m'en plieu en tan.

GAVAUDAN LE VIEUX.

I.

L'autre dia per un mati
Trespassava per un simmelh,
E vi dejos un albespi,
Encontra 'l prim rai del solelh,
Una toza que m ressemblet
  Silh cui ieu vezer solia;
  E destolgui m de la via
Vas lieys rizen, me saludet.

Totz jauzions, de mon rossi
Dessendey jos sobr' el gravelh;
E pres me pel ponh, josta si
Assec me a l'ombra d'un telh;
Et anc novas no m demandet:
  No sai si me conoissia;
  Ilh, oc : per que us o mentria,
Qu'els huelhs e la boca m baizet.

Per pauc de joy no m'endurmi,
Quan mi toqueron siey cabelh.
« Bella, fi m' ieu, cum etz aissi!
  D'ombre dieus crei que m'o parelh. »

« Senher, oc, quar nos ajustet;
  Qu'al re no vuelh ni queria,
  E si us platz a mi plairia
  So don hom pus me castiet. »

« Amiga, segon qu'ieu devi,
  Tort n'ey, si jamais m'en querelh;
  Pus tan privada etz de mi,
  Dir vos ey mon privat cosselh :
  Amors m'a tout so que m donet
    Selha que mout m'abellia;
    Ar no sey vas on se sia,
  Per qu'anc res pueis no m conortet. »

« Senher, tan sui d'aquest lati,
  Per que la nuech cossir e velh;
  Anc pueis pus de vos me parti,
  Li mey huelh no preiron sonelh.
  Mal o fey qui tan vos lonhet,
    E res sos faitz non l'enbuia,
    Que la vostra companhia
  Estara mielhs qu'anc non estet. »

« Amiga, per bon endesti
  Crey que m det dieus aquest parelh
  Joy de cambra en pastori,
  Que m'es dous, don me meravelh;
  Et ancmais tan be no ns anet
    Vostra merce e la mia;

Yssit em d'autra baylia,
Et amors en mi no s pecquet. »

« Senher, na Eva trespasset
Los mendamens que tenia,
E qui de vos me castia
Aitan se muza en bavet. »

II.

Crezens, fis, verays et entiers
Fui vas mi dons tos temps senhor,
Et ilh portava m tan d'onor,
Qu'anc un jorn son joy no m'estrais;
Desaventur' aras lo m trais
Que sap tot lo mon escarnir.
Falsa mortz, que ns a faitz partir
Mi e mi dons, dieus lieys ampar!

Mielhs fora qu'ieu muris primiers
Que ses joy viure ab dolor;
Que perdud ay la bellazor
Dona, qu'anc fos ni er jamais;
Per qu'ay ira, dols e pantais.
Mortz, cum pogues mi dons aussir!
Que totz lo mons degra jauzir
Sas beutatz, e'l joys remirar.

Dona, per vos mos deziriers
M'aportava de joy sabor,
Ara no m val joi ni m soccor;
Qu'ira m met al cor tan gran fais,
Quan suy en pes cazer mi lais,
E no m puesc nafrar ni delir;
Dona, mais volgr' ab vos murir
Ab joi, qu'ab ira forsenar.

Tant estranhs es mos cossiriers,
Nuech e jorn planc, sospir e plor,
Caitius, desheretatz d'amor,
Ses joy, dolens que d'ira m pais;
E par ben al front et al cais:
Jove saur vielh encanezir,
Cazer, levar e tressalhir,
Me fai ira vius mortz anar.

Jamais no serai prezentiers,
Que perdut ey pretz e valor;
Estar ses joy a deshonor!
Ja d'ombre dieus viure no m lais:
Quec jorn afenisc et abais,
Qu'ira no m pot del cor yssir;
Quan pes de joy per esbaudir,
Tot lo sen pert e m desampar.

Totz autres joys m'es encombriers,
Tant ai lo cor plen de tristor;

Perdud ai vergonha e paor,
Ybres auras vau ybriais;
Ja dieus no m do per qu'ieu engrais,
Ni m lais mais ad amor servir;
Mais vuelh mon cor pessan blezir:
Tos temps serai tortres ses par.

Domna, grans joys, grans alegriers
Vos met' al renc del cel aussor,
Ab los angels que fan lauzor,
Aissi cum sanhs Johans retrais;
Qu'anc fals lauzengiers brus ni sais
Non poc un sol de vos mal dir;
Ni eu no sabria issernir
Los vostres bos aibs ni comtar.

Jehus vos fassa 'l sieu servir
El cel clar paradis remplir,
Entre las verjes coronar.

Quar Gavaudas no pot fenir
Lo planch, ni 'l dol qu'el fa martir,
Jamais res no 'l pot conortar.

PONS DE CAPDUEIL.

I.

Leials amicx, cui amors ten joyos,
Deu ben esser alegres e jauzens,
Larcx et adregz, arditz et amoros,
Aras quan par lo guais termenis gens
Que fai la flor espandir per la planha,
E 'l rossinhol chantar justa 'l vert fuelh;
Mas ieu non am son dous chan tan quan suelh,
Pus mi dons vol que totz bes mi sofranha.

Pero be sai que dregz es e razos
Que selh qu'es francx, amoros e plazens,
Sia plus braus d'autr'om e plus felos,
Quan no li val merces ni chauzimens;
E pus mi dons m'es salvaia et estranha,
Leu pot trobar en me mal et orguelh :
Mas lieys non cal si m pert, per qu'ieu no m duelh
Plus de s'amor, ni ai cor que m'en planha.

Non dic ieu ges que totz temps sieus no fos,
E no fezes totz sos comandamens,
Sol que no m fos sos cors tant orgulhos;
Mas sitot s'es bona e belha plazens,

Franca e gentils e d'avinen companha,
Ja no m'aura si no vol so qu'ieu vuelh:
Ailas! que m val si l'am o si m'en tuelh,
Qu'ilh fai semblan que res de mi no 'l tanha!

Totz mal menatz for' ieu fizels e bos,
Francx et humils e celans e temens,
Ses trop parlar, e de totz enjans blos;
E saubra ben entr' els desconoissens
Cobrir mon joi, qu'els fals cui dieus contranha
De nostr'amor non poiran far janguelh:
S'aissi m volgues la genser que s despuelh,
Ja no 'l feira fenha ni gronh ni lanha.

Per so n'estauc marritz e cossiros,
Quar anc l'amiey, ni m falhic tan mos sens.
Que per un joy don no sui poderos
Soan alhors totz autres jauzimens;
Aissi no sai cosselh a que m remanha,
Qu'autra no m platz et ilh mi dezacuelh:
Fols es qui cre tot quan vezon siey huelh,
Ni qui pert trop per so que non guazanha.

Amors, lonc temps ai estat de Bretanha,
E faitz peccat, quar mi mostratz orguelh;
S'ieu plus que tuit l'autr' amador vos vuelh,
Ni mais vos am, es doncx dregz que m'en planha.

II.

Si totz los gaugz e 'ls bes,
E las finas lauzors,
E 'ls faitz e 'ls digz cortes
De totas las melhors,
Volgues dieus totz complir
En una solamen,
Saber cug veramen
Que selha cui dezir
N'agra mais per un cen.

E pos de totas es
Caps e mirals e flors,
Sitot no m'en ven bes,
Si m'es lo gratz honors
Fassa m viure o murir :
Mas plus l'er avinen,
Si m te guay e jauzen;
Com mais me fai languir,
Ieu plus l'am finamen.

Quar el mon non es res,
Sia sens o folhors,
Que m penses que 'l plagues,
No m fos gaugz e dossors;
So qu'ilh vol mal azir,
Et am selhs bonamen
Qui son siei benvolen :

Al mielhs que pot chauzir,
Sui al sieu mandamen.

En aissi m'a conques;
E si no m val amors,
Valha m ma bona fes
E la sua valors :
S'amors no vol venir
El sieu belh cors plazen,
Lo verai pretz valen
Deu garar de falhir,
Quar s'ieu muer, no l'er gen.

Gentils cors, ben apres,
Sobre totz amadors
Agras mon fin cor mes
Ab un pauc de socors;
Que mort m'an li sospir :
E vos, per chauzimen
No sufratz mon turmen,
Ni vulhatz fals auzir
Cui er mal si be m pren.

Na Beatritz, grazir
Vos faitz a tota gen;
Et avetz pretz valen,
Si que qui 'n vol ver dir
Del belh semblan no y men.

III.

Humils e fis e francs soplei vas vos,
Ab leial cor, bona dona e valens,
Quar etz mielher del mon, e plus valens
E plus gentils e plus franch' e plus pros
    E genser e plus guaya;
Per qu'ieu vos am, ja autre pro non aya,
Tan finamen que d'al re no m' sove,
Neis quan prec dieu, don oblit per vos me.

Nulh' autr' amors no m pot faire joyos
Si m preyavon d'autras domnas cinc cens,
Quar ab vos son fadas las conoissens;
Tan son cortes li semblan e 'l respos,
    Que tan quan lo sols raya,
Non a domna cui tan ricx faigz s'eschaia,
Ni mielhs fassa so qu'a bon pretz cove;
Doncx sui astrucx, quar vos am e vos cre.

Adregz cors gens, benestans, amoros,
No m'aucizatz, valha m francx chauzimens
E leyaltatz e fin' amors que m vens,
E 'l bes qu'ieu dic, e merces e perdos :
    No vulhatz qu'ieu dechaya,
Qu'el loncs espers e 'l deziriers m'esglaya.
Bona domna, sol qu'endreg bona fe
Mi vulhatz be, con piegz trac, no m recre.

Sivals d'aitan sui ben aventuros,
Quar s'ieu en muer, autre non er jauzens;
Ans fatz mentir lo brug dels mals dizens,
E reman fis vostre pretz cabalos :
    Malgrat de gent savaya,
A totz jorns creis vostra valors veraya
Sobre totas, e sai vos dir per que,
Quar valetz mais e no falhetz en re.

Doncx, pus al cor vei en totas sazos
La vostra boca, e 'ls buelhs clars e rizens,
E 'l guays solatz, e 'ls belhs digz avinens,
E 'l vostre cors qu'es tan cars e tan bos,
    No crezatz qu'ieu m n'estraya;
Q'us dous dezirs mi ten guay e m'apaya,
E non ai plus, ni d'als non truep merce;
Mas tan valetz qu'el mals val autre be.

    Vostr' hom sui, domna guaya,
Et am vos mais que l'Andrix non fetz Aya;
E sobre totz port la clau d'amar be;
Per qu'ieu alhors no pues virar mon fre.

IV.

Astrucx es selh cui amors ten joyos,
Qu'amors es caps de trastotz autres bes,
E per amor es hom guays e cortes,

Francs e gentils, humils et orgulhos;
Aqui om-tanh, en fai hom mielhs mil tans
Guerras e cortz don naisson faitz prezans:
Per qu'ieu ai mes tot mon cor en amor;
E quar ai bon respieit que m fassa ric,
No planc l'afan qu'ieu trac ni la dolor.

Ric m'agra fait e ben aventuros,
Sol ab mi dons, que tan val, mi valgues;
E pueys en lieys no falh neguna res
De tot quan tanh a ric pretz cabalos,
Be m deu valer s'amors, quar fis amans
Li sui trop mielhs no fon d'Izeutz Tristans:
E pus tan l'am e ponh en sa honor,
Non deu creire bruich ni malvais castic,
Qu'en manhs bos luecs fas auzir sa lauzor.

Ja non creirai desmenta sas faissos
Mi dons cui sui litges, quar semblans es
Qu'en lieys sia franqueza e merces,
Qui ve 'ls belhs huelhs plazens et amoros,
E la boca qu'es belha e gen parlans,
E 'l cors adregz ab avinens semblans:
Ben saup chauzir de totas la melhor;
Ges mos sabers aquel jorn no m falic,
Ans m'esmendet, s'anc pris dan per folhor.

Que vilas fai qui m'es contrarios;
E si negus lauzengiers mal apres

M'a dig enuey, mais volgra qu'en prezes
Mas rezempsos, qu'aitan pauc col peissos
Viu ses l'aigua viurai, s'il platz mos dans
Mi dons cui sui per far totz sos comans.
Guardatz s'ieu l'am ses tot cor trichador!
Qu'el mon non ai tan mortal enemic,
Si 'l n'aug ben dir, no 'l n'aya per senhor.

Si cum es plus renoviers cobeitos
On plus a d'aur e d'argent a se mes,
Sui plus cobes de lieys que m'a conques,
On plus remir las autras, tant es pros :
Vezer non l'aus, que vas lieys sui doptans,
Ni 'l man mon cor mas per un qu'es truans,
E fals vas mi, quar non ditz ma clamor.
Las! si merces no m val contra 'l destric,
Ma bona fes m'a mes en gran error.

Chanso, vai t'en lai on es joys e chans,
Beutatz e sens, jovens e guais semblans,
Dir a mi dons cui sopley et azor
Que tan conosc sos bos ayps, per qu'ieu dic
Que retener mi deu per servidor.

V.

Ben es folhs selh que renha
Per lonc temps ab senhor,
Don ja bes no li 'n venha

Ses mil tans de dolor;
E qui per ben mal pren,
Tanh que joys li sofranha,
E nulhs bes no 'lh remanha,
Saber pot veramen
Qu'assatz a de que s planha.

Per so m planc e 'n mov lanha,
Quar falh nesciamen
Amors, que m fon estranha,
E m trazic malamen;
Sabetz per que l'azir?
Qu'el ben que fag m'avia
Mi tolc, e m fes bauzia:
Qu'om no deu enriquir
Lo sieu, e pueis l'aucia.

Amors a gran falsia,
Quar amar e servir
Et onrar la sabia,
Mielhs qu'autr'om obezir,
E celar ses enjan;
Mas mal vi s'amistansa,
Qu'anc non aic benanansa
No m tornes pueis a dan;
Per que m part m'esperansa.

Tant pauc vuelh s'acordansa,
Qu'ieu endreg lieys no m blan;

Domna gentils qu'enansa
Son valen pretz prezan,
Ont es fina beutatz
E gran bon' aventura,
Si qu'a totz jorns melhura;
Et ab tot so no m platz
S'amor, ni non ai cura.

Tant es grans la rancura
Per qu'ieu en sui iratz,
Que bons pretz en peiura
E guaiez' e solatz :
Pero ades esper,
Sitot mos cors s'esmaya,
Qu'apres l'ira m'eschaya
Tals joys que m denh plazer;
Sol fin' amors no m traya.

VI.

TANT m'a donat e fin e ferm voler
Leyals amors, que ja no m partrai mais
De vos, dona, on ai mon bon esper;
Tant etz valens, cortez' ab digz verais,
Franch' e gentils, guay' ab humil semblan,
Belh' e plazens, si que non es a dire
Negus bos ayps qu'om puesc' en domn' eslire;
E pus tant es vostre ricx pretz puiatz,
Suffretz qu'ie us am, qu'ieu vuelh tot quan vos platz.

Bona domna, tant m'avetz en poder
Que, si m faitz be, anc hom non fo plus guays;
E si m faitz mal, e no m voletz aver
Franc chauzimen, ges per so no m'irais;
Qu'on plus mi duelh, mais vos am ses enjan:
Sabetz per que vos sui hom e servire?
Qu'ades cossir quant valetz, e m'albire
Que venir deu lo guazardos e'l gratz,
Tant ai suffert lonc temps l'afan en patz.

Pauc a de sen, e cuia mout saber
Selh que m blasma quar d'amar vos no m lais;
Qu'ieu on plus vau d'autras domnas vezer,
E m luenh de vos, mens ai cor que m biays:
Per qu'ieu non puesc mon cor partir ab tan,
Ja no m partrai de vos mon dous dezire;
Qu'anc non amet, be l'en puesc escondire,
Ans es nescis, dezamoros proatz,
Qui ditz que so qu'om plus vol es foudatz.

Anc pueys no fe'l segles mais deschazer,
Pus hom blasmet amor, ni'l dis tal ays
Per las donas que solon mais valer,
Pels cavaliers qu'an tornat a savays
Fals noirimens; et es trop malestan
Que l'un fenho, l'autre volon mal dire
De las melhors, per qu'es dregz qu'ieu m'azire;
Qu'a totas sui bos e francx e privatz
Per vos, dona, a cui mi sui donatz.

Totas las vuelh honrar e car tener,
Quar per vos valh en totz valens assays;
E ges per so, dona, no us cal temer
En dreg d'amor, qu'ieu vas autra m'apays,
Quar vos mi faitz amar deport e chan,
Cortz e domneys, joy e solatz e rire,
Quar de ren al non son miei dous cossire :
Per que m degra, si 'n fos a dreg jutjatz,
Valer merces e franc' humilitatz.

A vos mi ren per far vostre coman,
Bona domna, sitot non sui jauzire;
Faitz me joyos, o pessatz tost d'aucire :
Que si l'una non faitz, be vuelh sapchatz
Que qu'aia dig no sui enamoratz.

VII.

Per joy d'amor e de fis amadors,
E de finas amairitz ses enjan
Comens chanso, que nulhs autres pascors,
Ni nulhs estius no mi ten pro ni dan,
Mas d'un ric joy que m te guai e prezan,
Fis sobr' els fis, e valens sobr' els bos,
Que m fai estar jauzen et-amoros.

E s'ieu n'ai joy mi ten jauzen amors,
Eschai de mi si m te 'l joys en afan;

No m'en lau ges, ans m'en ve la dolors
Daz autras partz e'l dezir e l'afan;
Mielhs fora dregz e razos per semblan
Qu'els mals e'ls bes partissem entr' amdos,
Ensems ab joy e'ls autres cossiros.

Si ma dona s'a d'autres preyadors,
No m'en rancur, ni non fauc mal semblan,
Ans m'en val mais lo bes per las paors;
Que dels melhors a hom mais de talan,
Sol que d'aisso sia eu guardatz de dan;
Que lauzengier no m tenguon dan ab vos,
Ni tals que s fai amicx qu'er enueyos.

Tot atressi col salvatges austors
Que s rescon plus que l'autr' auzelh no fan,
Rescon e cel mon joy als jangladors,
Als fals fenhens que faitz anar torban:
E si vos, don', acsetz lo mieu talan,
Tant esteram rescondut a rescos,
Tro 'ls lauzengiers agron mortz los gelos.

Trompas ni corns, ni viulas, ni tambors,
Guerras, ni cortz, ni estevas, ni chan,
No valon re contra 'l vostre socors,
Si vos lo m fagz, dona, quan lo us deman;
Qu'el mon non es don puesc aver joy gran,
Mas quan de vos don sui guays e joyos,
Quar ieu vos am e trac greu mal per vos.

Dona n'Auda, balladas ni chansos,
No vuelh faire que no y parle de vos.

VIII.

S'anc fis ni dis nulha sazo
Ves vos erguelh ni falhimen,
Ni passei vostre mandamen,
Ab franc cor et humil e bo
Vos mi ren, belha douss' amia,
E m part de l'autrui senhoria,
E reman en vostra merce,
Qual que m fassatz o mal o be.

Per aital coven vos mi do,
Qu'ieu non ai poder ni talen
Qu'ieu m'en parta de mon viven;
Qu'amors m'a en vostra preizo
Mes, quar etz la mielher que sia,
Et avetz mais de cortezia;
Qu'el plus vilans es quan vos ve
Cortes, e us porta bona fe.

Be m pogratz trobar ochaizo,
Mas tan vos sai, domna, valen,
Franch' et humil e conoissen,
Per qu'ie us quier franchamen perdo,
E tem vos tan qu'als no us querria;

Mas ses enjan e ses bauzia
Vos am, e us amarai jasse,
E tot quan vos plai vuelh e cre.

Doncx, pus no us aus querre mon pro,
E sui vostre sers leyalmen,
Be faretz mais de chauzimen,
E doblaretz lo guazardo,
Si m donatz so qu'ieu plus volria
Ses preyar; qu'aitals companhia
No s part, quan ses precx s'esdeve
Qu'us fis cors ab autre s'ave.

A penas sai dir oc ni no,
Quan no vey vostre guay cors gen,
E la fresca cara rizen;
S'ieu n'espert molt, n'ai ben razo,
Que totz l'autre mons no m poiria
Tener nulh pro s'ieu no us vezia;
Ni ses vos no puesc aver be,
Per que us er gen si us en sove.

Beutatz e valors e cueindia,
Dona, creis en vos quascun dia;
E prec dieu que do malastre
Totz selhs qu'an lunhat vos de me.

De n'Odiartz on que sia
Vuelh sa coindans' e sa paria,

Qu'ab rics faitz enans e mante
Tot so qu'a valen pretz cove.

IX.

Qui per nesci cuidar
Fai trop gran falhimen
A dan li deu tornar;
E s'a mi mal en pren
Ni ma domna m deschai,
Be s tanh, que tal folhia
Ai fait, per qu'ieu deuria
Morir d'ira e d'esmai.

E s'ieu per sobr' amar,
Ai renhat folhamen,
Ni per mi dons proar
Si n'agra 'l cor jauzen,
Si 'l ferm voler qu'ieu n'ai
De lieys servir partia,
Ar conosc que 'l plairia,
Per qu'ai fait folh assai.

No m'en puesc razonar,
E sai que no m'es gen;
E si m vol perdonar,
Gratz e merces li 'n ren,
E totz temps o farai :

Qu'estiers qui m'auciria,
Mon fin cor non partria
Del ric luec on estai.

Per so no m cal duptar
Son ric cor covinen,
Ni m'en degra lonhar
Pel bruit don quascun men;
Qu'ieu sui be selh que sai
Que mielhs hom non poiria
Aver per drudaria,
Mas quan lo solatz guai.

En aissi m fai trobar
Nesci lo cor e'l sen,
Que quan cug orguelh far,
Ilh m'o torn en nien;
E re de be no m fai,
Quan mos cors s'umelia;
Amors ni cortezia
De leys joi no m'atrai.

Domna, 'l genser qu'ieu sai,
Mais vos am ses bauzia
No fes Tristans s'amia,
E nuill pro non y ai.

X.

Aissi cum selh qu'a pro de valedors,
E'l falhon tug, ja tan non er amatz
En la sazon qu'es desaventuratz,
Mi failh mi dons, sol car conois qu'amors
Mi fai murir per lieys ab gran turmen;
E s'ill pogues faire nul falhimen
Vas mi'l fera; mas mens en val, so cre,
Bars qui deschai selhui que vencut ve.

Per so conosc qu'es dan e deshonors
Qui non a cor als dezapoderatz;
Que ja castelhs frevols qu'es assetjatz
Ab gran poder, no s tenra ses secors;
E si'l senher de cui es no'l defen,
En sa colpa lo pert pueys longamen:
Aissi perdra ma don' al sieu tort me,
Pus no m socor on plus li clam merce.

Perdre no m pot per so que m vir alhors;
Pero si m sui de lieys lonc temps lunhatz,
Qu'ai fait semblan qu'alhors m'era viratz
Per esproar si'l plagra ma dolors;
E s'agues mes en autra mon enten,
Ar ai proat qu'ilh n'agra'l cor jauzen,
S'ieu mi partis de lieys; mas no'lh val re,
Que no m pot ges mon cor partir de se.

Belha domna, vailla m vostra valors,
Qu'anc nulhs caitius destregz ni mal menatz
Non saup son dan tan gen suffrir en patz :
E pus lo mals m'es delieitz e sabors,
Per amor dieu, e quar vos fora gen,
Trobes ab vos qualaquom chauzimen,
Que vostr' om suy; e si m denhatz far be,
Vos i faretz franquez' e bona fe.

Vostre belh huelh, vostra fresca colors,
Vostre dous ris, vostras finas beutatz,
Vos fan aver vas me pus dur solatz;
Ja no m'agr' ops fos faitz lo miradors
On vos miratz vostre cors covinen,
Guay e joyos, amoros e plazen,
Qu'erguelh me faitz; e qui bon pretz mante,
Erguelh no'l tanh vas los sieus ni'l cove.

Mon Plus Leial, s'ieu vos vi plus soven,
Mielhs n'anera mi e vos eissamen;
Qu'ieu saubra vos conseilhar, e vos me;
Pero negus non sap a sos ops re.

XI.

Ges per la coindeta sazon
Que fai pratz e vergiers florir,
No fara ogan mon chan auzir,
Mas bonamen m'a fait perdon

Silh que m'es dolz' e de bella compaingna,
Per qu'eu en deu aver lo cor jauzen;
Que non es jorn qu'en sospiran non plaingna,
Car no m manda venir celadamen.

    De bon cor l'am, et ai razon,
    Qu'el mon non puos gensor chauzir;
    E car plus soven no remir
    Son cors e sa bella faisson,
S'eu per enjan m'en lais, dieus m'en contraingna:
Mas lauzengier me fan tal espaven,
Per merce ill prec que, ses bruit e ses laingna,
Sueffra qu'ill serf a rescos humilmen.

    Mout m'a rendut gen guierdon
    Amors, per qu'eu lo ill dei grazir
    Del gran mal que m'a fai suffrir,
    Per mon bon talen n'ai, qu'en fon
Loncs temps ves me mal' e brau et estraingna;
Mas no m ten dan, que miels val per un cen
Sela que vol que sos litges remaingna;
Per que autra no voill ni me enten.

XII.

De totz caitius sui ieu aisselh que plus·
Ai gran dolor, e suefre greu turmen;
Per qu'ieu volgra murir, e fora m gen
Qui m'aucizes, pois tan sui esperdutz;

Que viures m'es marrimens et esglais,
Pus morta es ma dona n'Azalais;
Greu sofrir fai l'ira ni'l dol ni'l dan.
Mortz trahiritz! be vos puesc en ver dire,
Que non poguetz el mon melhor aucire.

Ai! cum' fora gueritz et ereubutz,
S'a dieu plagues qu'ieu fos primieramen
Mortz; las! caitius no vuelh mais longamen
Viur' apres lieis : reis perdona 'l Jhesus,
Dieus poderos, dreituriers e verais,
Salva la Crist, nomnatz sobre totz gais,
E'n ren l'arma sanh Peire, sanh Joan;
Que totz los bes y son qu'om puesca dire,
E de totz mals la'n pot hom escondire.

Senher, ben la devem planher quascus,
Qu'anc dieus non fes el mon tant avinen :
Qui aura mais tan bel captenemen!
Que val beutatz ni bon pretz mentengutz!
Ni que val sens, honors, ni solatz guais,
Gent aculhirs, ni nuls cortes essais!
Ni que valon franc dig, ni fag prezan!
Segles dolens! de bon cor vos azire,
Mout valetz pauc, pus lo mielhs n'es a dire.

E podem be saber que l'angel sus
Son de sa mort alegre e jauzen;
Qu'auzit ai dir, e trobam ho ligen :

« Cui lauza pobles lauza Dominus. »
Per que sai be qu'ilh es el ric palais,
En flors de lis, en rozas et en glais;
La lauzon l'angel ab joy et ab chan :
Selha deu ben, qui anc no fo mentire,
En paradis sobre totas assire.

Joys es delitz, e jovens es perdutz,
E totz lo mons es tornatz en nien,
Quar comte, duc e man baron valen
N'eran plus pros, er non la ve negus,
E mil domnas valion per lieys mais.
Mais er podem saber qu'ab nos s'irais
Nostre senher, qui la fes valer tan;
Qu'en lieys nos a tolt chan, solatz e rire,
E ns a dat mais d'afan e de cossire.

Ai! quals dans es de mi dons N'Azalais!
Non puesc als far, mas de totz jois me lais,
E pren comjat de chantar derenan;
Que planh e plor, e manh coral sospire
M'an mes per lieys en angoissos martire.

Amics N Andrieu, camjat son mei dezire,
Ni ja d'amor non serai mais jauzire.

GUILLAUME ADHÉMAR.

I.

El temps d'estiu quan par la flors el bruelh,
E son braidiu li auzelhet d'erguelh,
Ai pessamen d'amor que m dezacuelh,
Que nulha re tan no dezir ni vuelh.
  Ai! douss' amia,
  Mala us viron mey huelh,
  Si chauzimens no m guia.

Veiaire m'es qu'ieu no sui selh que suelh,
Si m'a sospris us grans mals don mi duelh,
Don ieu murrai, si la dolor no m tuelh
Ab un dous bais dins cambra o sotz fuelh.
  Ai! douss' amia,
  Mala us viron mey huelh,
  Si chauzimens no m guia.

Membre us, domna, quan me detz senhoriu,
De vos servir m'autrei tan cum ieu viu;
Tortz es si us prec, qu'anc ren no vos forfiu;
Ja no m poscan dan tener enemiu.
  Ai! douss' amia,
  Qu'a son coral amiu
  Non deu hom far guandia.

Neguna res non es tan fort esquiu
Cum es d'amor lauzenjador braidiu
Qu'aya poder que menta so que pliu,
Mas fos verais e tengues so que diu.
  Ai! douss' amia,
 Qu'a son coral amiu
 Non deu hom far guandia.

Ieu ai ja vist home que conoys fort,
Et a legit nigromansi' e sort,
Trahit per femn' a peccat et a tort;
Et ieu lasset no m'en tenc per estort.
  Ai! douss' amia,
 Guidatz me a bon port;
 Si dieus vos benezia.

Jamais no vuelh chant ni ris ni deport
S'eras no m fai la belh' ab si acort;
Pres n'ai lo mal don cug qu'aurai la mort,
Si 'n breu de temps no fai de que m cofort.
  Ai! douss' amia,
 Guidatz me a bon port;
 Si dieus vos benezia.

II.

S'ieu conogues que m fos enans
Vas l'amor mi dons vers ni sos,
Mout en fora plus volentos

De far que non es mos talans :
E pero no m'en vuelh gequir,
Ans am mais en perdo chantar
De lieys, qu'autr' amor conquistar.

D'aquesta sui fizels amans,
E no 'l serai fals ni ginhos;
Quar non estai de cel en jos
Negun' ab belhazors semblans,
A cui dieus donet lo chauzir
Del mon, per que 'l fai leu triar;
Lieys prec e tot l'als lays estar.

Ben say que ja non er mos dans,
Quar l'am mais d'autra re qu'anc fos;
Qu'elha es tan ensenhada e pros
Que del tot m'er guazardonans;
E 'l guazardo non puesc falhir,
Quar ab un ris me pot payar,
S'ieu n'era estatz pres oltra mar.

Q'us paucs de ben m'es de lieys grans,
Quan l'en ai, mout en sui joyos;
E greus trebalhs e perilhos
Quan m'en ve, ges no m sembl' afans :
Doncx, quon o sai? quar o aug dir;
Amicx ai que m volon jurar
Que pen' aisso que leu me par.

Tant es cortez' e benestans,
E riqu' e de belhas faissos,
Qu'ieu n'ay estat mout cossiros
Loncs temps, e mos cors sospirans;
Quar ja de lieys non pot mentir
Nuls hom que la vuelha lauzar,
Ni ver dir, si la vol blasmar.

Quoras qu'ieu fos grieus ni pezans,
Ni abruzitz, ni nualhos,
Eras suy bautz e delechos,
E vau ves lieys far sos comans :
E si 'lha me vol obezir,
No m lays dieus de lieys tan lonhar
Que no m trobe ses trop sercar.

Per lieys m'en perdra 'l reys Ferrans
E las cortz e 'ls dos e 'ls baros,
Non per aver, ni per mancos,
Ni per cavalhs, ni per bezans :
Que res tan cum lieys non dezir;
E no m pot nulhs hom estancar,
Si no m fai penre o liar.

E prec mi dons, al vers fenir,
Cui sui hom per vendr' e per dar,
Que pes d'EN•Guillem Ademar.

III.

Non pot esser suffert ni atendut
Qu'ades non chan, pus estius vey tornat,
E li vergier cum si eron canut
Pareysson blanc, e verdeyon li prat.
Adoncx m'a si conquistat un'amors,
Sol per respieg d'un covinen que m fe;
Guardatz que feira s'agues del fag re,
Qu'a penas denh' ab autr' aver solatz.

Al sieu ops m'a de bon cor retengut
Selha que m'a per amic conquistat;
Qu'assatz m'a mielhs en breu temps conogut
Que tals on ai lonc termini ponhat;
Q'us reproviers me ditz dels ancessors:
Qui temps espera e no fai quan temps ve,
S'el temps li falh, ben estai e cove;
Que loncs espers a manhs plagz destorbatz.

Ab aisso m'a joy e deport rendut,
E mon saber tenc endreg meluyrat;
Qu'en aquest mot cug aver entendut,
Que m. vol en breu far ric de s'amistat.
Aisso conosc ben dels lauzenjadors
Quan mi cugeron far mal, m'an fait be,
E grazisc lor de la mala merce,
Quar suy de lieys estortz et escapatz.

Anc non auzis son par plag avengut
Ad home viu, auiatz cum es anat:
Qu'a doble m'an miey enemic valgut
Que no feiron, si m'aguesson amat:
E fon ancmais en aissi valedors,
Qu'ieu lor vuelh mal de mort, et ilh a me;
Pero trag m'an de tal loc on jasse
Suffrira afan, e fora perilhatz.

Eras ai ieu a bon port de salut,
Fe qu'ieu vos dei, mon navei aribat,
Et ai lo plom e l'estanh recrezut,
E per fin aur mon argent cambiat;
Qu'autreiat m'a una de las gensors
Donas del mon, e ges no m dessove
Que m don s'amor, e d'un baizar m'estre;
Et es tant pros q'tis reys en for' honratz.

E per aisso tenc me per ereubut,
E non envei el mon nulh home nat,
Si m vol mi dons tener vestit o nut,
Baizan lonc se, en luec de mollerat:
Anc no fon fag al mieu par tals honors
Cum er a mi, s'en aissi s'esdeve;
Qu'el sieu cors blanc, gras e chauzit e le
Remir baizan, ni m tenc entre mos bratz.

Si'l reys n Amfos cui dopton li Masmut,
E'l mielher coms de la crestiantat

Mandesson ost, pus be son remazut,
Al nom de dieu farian gran bontat,
Sobr' els Paians Sarrazins trahidors;
Ab que l'us d'els menes ensems ab se
Marit gelos qu'inclau e sera e te,
Non an peccat non lur fos perdonatz.

Ieu remanrai e non irai alhors,
Ni virarai vas autra part mon fre;
E ja negus no m demande per que,
Quar ja per elhs non serai descelatz.

ARNAUD DE MARUEIL.

I.

Dona, genser qu'ieu no sai dir,
Per que soven planh e sospir,
Est vostre amicx fis et leials,
Assaz podetz entendre cals,
Mand e tramet salutz a vos;
Mas a sos obs n'es sofraitos:
Jamais salutz ni autre be
Non aura, si de vos no'l ve.
Dona, loncx temps a qu'ieu cossir
Co us disses o vos fezes dir
Mon pessamen e mon coratge,
Per mi meteys o per messatge;
Mas per messatge non aus ges,
Tal paor ai no us desplagues;
Ans o dissera ieu metes,
Mas tan soi d'amor entrepres,
Quan remir la vostra beutat,
Tot m'oblida quant m'ai pensat:
Messatge trametrai fizel,
Breu sagelat de mon anel;
No sai messatge tan cortes
Ni que mielhs seles totas res.

Cest cosselh m'a donat amors
A cui deman tot jorn secors;
Amors m'a comandat escriure
So que'l boca non ausa dire,
E no puesc far esdig ni garda
En so que amors me comanda.
Ar auiatz, dona, s'a vos plai,
So que mos breus vos dira lai:
Corteza domn' e conoissens,
E de bon grat à totas gens,
Apreza de totz benestars
En fatz, en ditz et en pessars,
La cortezi' e la beutatz,
E'l gen parlars e'l bels solatz,
L'ensenhamentz e la valors,
Li bel ris, l'esgartz amoros,
E l'autre benestan de vos,
Li bon fait e'l dig agradiu,
Mi fan la nueg e'l jorn pensiu;
Quan non ai loc de vos vezer,
Joi ni deport non puesc aver;
Non puesc aver joi ni deport.
Peritz soi si non venc al port;
Qu'el loncs espers e'l greus sospirs,
E'l trop velhar e'l pauc dormirs,
E'l deziriers de vezer vos,
Mi tenon si'l cor angoissos,
Cen vetz prec dieu la nueg e'l jor,
Que m do la mort o vostr' amor :

Dona, si m don vostr' amor dieus,
Cen tantz soi mielz vostres que mieus,
Car de vos sai, dona, que m ve
Tot quant ieu fas ni dic de be.
Lo premier jorn qu'ieu anc vos vi,
M'intret el cor vostr' amor si
Qu'un fuec m'avetz lainz assis,
Qu'anc no mermet, pus fo enpris;
Fuecx d'amor escart e destreing,
Que vins ni l'aiga no l'esteing;
Pus fon enpris, pueys no s'esteys,
De jorn en autre dobl' e creys.
E quan me soi de vos lonhatz
Creys e dobla pus l'amistatz :
Mas quan se pot esdevenir
Qu'ieu vos vey, dona, ni us remir,
Soi aissi que mais res no m sen;
Per que sai be qu'es falhimen
Lo reprochiers c'om dire sol,
Que huelhs no vezo cors ne dol;
Lo cors m'en dol, dona, per ver
Quan no us podon miei huelh vezer;
Mas del vezer cosselh no i sai :
Pero mon cor que remas lai,
Lo premier jorn que anc vos vi,
Anc pueis de vos no si parti;
Non si parti de vos un torn :
Ab vos sojorna nueg e jorn
Ab vos esta on qu'ieu m'esteia,

La nueg e 'l jorn ab vos domneia;
Per que m'esdeven mantas vetz,
Qu'en autr' afar pessar no m letz,
Quan cug pensar en autra res.
De vos ai messatge cortes,
Mon cor, qu'es lai vostr' ostaliers,
M'en ven de vos sai messatgiers,
Me ditz e m remembr' e m retray
Vostre gen cors cuendet e gay,
La vostra bella saura cris,
E 'l vostre fron pus blanc que lis,
Los vostres huelhs vairs e rizens,
E 'l naz qu'es dreitz e be sezens,
La fassa fresca de colors
Blanca, vermelha pus que flors,
Petita boca, bellas dens
Pus blancas qu'esmeratz argens,
Mento e gola e peitrina
Blanca com neus e flors d'espina,
Las vostras bellas blancas mas
E 'ls vostres detz grailes e plas,
Pueis la vostra bella faisso
On non a ren de mespreiso,
Los vostres gaps plazens e bos,
E 'l gen solatz e 'l franc respos,
E 'l ben semblan que m fetz al prim
Quan s'esdevenc qu'amdui nos vim;
Quan so m remembr' al cor ni m ditz,
Adoncx remanc si esbaitz

No sai on vauc ni don mi venc,
Meravilh me car me sostenc,
Qu'el cor me falh e la colors.
Si m destrenh, dona, vostr' amors
Tot jorn suefri aital batalha :
Mas la nueg trac peior trebalha;
Que quan me soi anatz jazer,
E cug alcun repaus aver,
E 'l compaigno dormon trestuit,
Que res non fai n'auia ni bruit,
Adoncx me torn e m volv e m vir,
Pens e repens, e pueis sospir;
Soven mi levi en sezens,
Apres m'en retorn en jazens,
E colgui me sobr' el bras destre,
E pueis me vire el senestre;
Descobre mi soptozamen,
Pueis me recobri bellamen;
E quan me soi pro trebalhatz
Ieu get defor amdos mos bratz,
E tenc lo cor e 'ls huelhs aclis,
Mas juntas, deves lo pais
On ieu sai, dona, que vos es ;
Tot aiso fas c'auzir podes.
Ai! bona dona benestans,
Si veira ja est fis amans
A son viven lo jorn ni 'l ser
Que, a selat o per lezer;
Vostre gen cors cuend e prezan

Entre mos bras remir baizan,
Huelhs e boca tan doussamen!
Que sol un bais fassa m dels cen,
Et ieu pel joi blasmar m'en lais;
Er ai trop dig, mas no puesc mais,
S'una vetz sola ai parlat
So qu'el cor a mil vetz pensat;
Quant aiso dic, non puesc pus dir,
Clauzi mos huelhs, fas un sospir,
En sospiran vau endormitz;
Adoncx s'en vai mos esperitz
Tot dreitamen, dona, ves vos
De cui vezer es cobeitos;
Tot en aisi con ieu dezir
La nueg e'l jorn quan m'o cossir,
A son talan ab vos domneya,
Embrass' e baiza e maneya;
Ab que dures aisi mos soms
No volria esser reis ni coms:
Mais volria jauzens dormir
Que velhan deziran languir.
E Rodocesta, ni Biblis,
Blancaflors, ni Semiramis,
Tibes, ni Leyda, ni Elena,
Ni Antigona, ni Esmena,
Ni 'l bel' Ysseulz ab lo pel bloy,
Non agro la meitat de joy
Ni d'alegrier ab lurs amis,
Cum ieu ab vos, so m'es avis.

Per la douzor fas un sospir,
Pueis mi trasail al resperir,
Obri mos huelhs isnelamen,
Gart sai e lai tot belamen,
Trobar vos cug, domna, latz mei,
Mas no vos truep ni no vos vei;
Clauzi mos huelhs e torn ma cara,
Las mas juntas, d'eissa maneira
Vezer si poiria durmir,
Mas ges no i puesc esdevenir;
Ans torn en eyssa la batalha
D'amor que m'aussi e m trebalha.
Dona, no us puesc lo cente dir
De las penas, ni del martir,
Del pantays, ni de la dolor
Qu'ieu trac, dona, per vostr' amor;
Per vostr' amor totz vieus aflam,
Mas per merce, dona, reclam
Que m perdones s'ieu falh ni pec;
Auiatz et entendetz est prec,
Dona, la genser creatura
Que anc formes el mon natura,
Genser qu'ieu non puesc dir ni say,
Pus bela que bels jorns de may,
Solelhs de mars, umbra d'estieu,
Roza de may, pluia d'abrieu,
Flors de beutat, miralhs d'amor,
Claus de bon pretz e crinz d'onor,
Mas de do, capdels de joven,

Sim e razitz d'ensenhamen,
Cambra de joi, loc de domnei,
Dona, mas juntas vos soplei;
E pos sui vostres leialmentz,
Venza us merces e chauzimentz
Que m retengas a servidor,
E prometes mi vostr' amor.
Del plus no us prec, ni no s cove,
Mas tot si' en vostra merce;
C'aissi lais dieus d'amor jauzir :
Mais am de vos sol un dezir,
E l'esperanz' e'l lonc esper
Que de nuilh' altra son jazer;
E pos de mi vos fas ligansa,
Prometes mi bon' esperansa;
De la promess' aurai confort,
E bon respieg tro a la mort.
Mais vuelh en bon esper morir,
No vuelh dezesperatz languir.
Dona, no us aus de pus preyar,
Mas dieus vos sal e dieus vos gar;
Si us platz, rendetz mi ma salut :
Pus amors m'a per vos vencut,
Vensa us per mi cortesamentz
Amors, que totas causas ventz,
  Dompna !

II.

Si cum li peis an en l'aigua lor vida,
L'ai ieu en joy e totz temps la i aurai,
Qu'amors m'a fait en tal domna chauzir
Don viu jauzens sol del respieit qu'ieu n'ai;
Tant es valens que, quan ben m'o cossir,
M'en nays erguelhs e'n creys humilitatz;
Si s tenon joinz amors e jois amdos
Que ren no i pert mezura ni razos.

Tot autre joy desconois et oblida
Qui ve'l sieu cors gent e cortes e guay,
Que tan gen sap avinen far e dir
Ab pur plazer tot so que ben estay,
Que hom non pot mal dire ses mentir;
Qu'en lieis es sens, honors, pretz e beutatz:
E se no m val sos gens cors amoros,
Amors n'a tort qui m'en fai enveyos.

Belha domna, cui joys e jovens guida,
Ja no m'ametz, totz temps vos amarai,
Qu'amors o vol ves cui no m puesc guandir;
E quar conois qu'ieu am ab cor verai,
Mostra m de vos de tal guiza jauzir:
Pensan vos bais e us maney e us embraz;
Aquest domneis m'es dous e cars e bos,
E no'l me pot vedar negus gelos.

Bona domna, de totz bos aips complida,
Tant etz valens part las melhors qu'ieu sai,
Mais am de vos lo talant e'l dezir
Que d'autr' aver tot so qu'a drut s'eschai;
D'aisso n'ai pro, quar tem el plus falhir,
Pero non sui del tot dezesperatz,
Qu'en ricas cortz ai vist mantas sazos
Paubr' enrequir e recebre grans dos.

Vas lo pays, pros domna issernida,
Vire mos huelhs on vostre cors estai,
E quan de vos plus pres no m puesc aizir,
Ten vos el cor ades, e cossir sai
Vostre gen cors cortes que m fai languir,
Lo bel semblant e'l deport e'l solatz,
Lo pretz e'l sen e las beutatz de vos
Don, pois que us vi, no fui anc oblidos.

Mos Gens Conquis, jois e pretz e solatz
Vos tenon guai vostre pretz e joyos,
Per qu'om no us vei que no s'azaut de vos.

Ves mon Frances vuelh que s n'an ma chansos,
Quar es adregz e francs e larcs e pros.

III.

Belh m'es quan lo vens m'alena
En abril ans qu'intre mays,

E tota la nuegz serena
Chanta 'l rossinhols e 'l jays;
Quecx auzel en son lenguatge,
Per la frescor del mati,
Van menan joy d'agradatge;
Com quecx ab sa par s'aizi!

E pus tota res terrena
S'alegra, quan fuelha nays,
No m puesc mudar no m sovena
D'un' amor don ieu sui jays;
Per natur' e per uzatge
M'aven qu'ieu vas joy m'acli
Lai, quant fai lo dous auratge
Que m reven lo cor aissi.

Pus blanca es que Elena,
Belhazors que flors que nays,
E de cortezia plena,
Blancas dens ab motz verays,
Ab cor franc ses vilanatge,
Color fresca ab sauras cri :
Dieus que 'l det lo senhoratge
La sal, qu'anc gensor no vi.

Merce fara, si no m mena
D'aissi enan per loncs plays,
E don m'en un bais d'estrena,
E, segon servizi, 'l mays;

E pueys farem breu viatge
Sovendet, e breu cami,
Qu'el sieu belh cors d'alegratge
M'a mes en aquest trahi.

IV.

Belh m'es lo dous temps amoros,
Lanquan lo mons reverdezis,
Per qu'ieu m'alegr' e m'esbaudis
Ab joy de las novellas flors,
E chant d'amor jauzens pel bon esper;
Qu'aissi m'estai mos cors mati e ser
Que d'als no m ve pessamen ni cossires.

En tal domna qu'es belh' e pros
Ai mon entendemen assis,
E sos pretz es tan bos e fis
Qu'en sa beutat gensa valors :
Aisso la m fai plus duptar e temer;
Et on mielhs vey que no m deu eschazer,
M'en creys magers voluntatz e dezires.

Ges no puesc esser oblidos,
Qu'el mon ren tant no m'abelis;
Be m mal menet e be m'aucis,
Quar anc l'a m fes amar amors.
Si m'an li mal abaissat a plazer

Que totz jorns muer e no m'en puesc mover,
Ans m'es sojorns lo solas e'l martires.

 E pero, si'l bel mals m'es bos,
 Grans ops m'auria qu'en gueris,
 E silh vas cui ieu sui aclis
 Fezes m'ajuda e secors.
Amors! faras ja ren al mieu voler?
Per so, t'en prec, tu qu'o as en poder,
Qu'un pauc ves mi lo sieu coratge vires.

 E s'ieu auzes dir quar mi fos
 Un ser lai on se desvestis,
 Sol que'l plagues qu'ieu la servis,
 No volgra guazardos maiors:
E s'a present, per proar de saber,
Non l'auzava solatz adoncx tener,
Mans jocs y a que valon mais que rires.

 Contra'ls lauzengiers enueyos,
 Mal parlans, per qui jois delis,
 Volgra que celes e cobris
 Son cor quasqus dels amadors;
Que tals es fals lo segles a tener,
E ges ades non deu hom dire ver;
Soven val mais mentirs et escondires.

Lo vers tramet a mi dons per plazer:
Mal o fas, cors, car te potz abstener,
Quant te parli de lieys, que non sospires.

V.

L'ensenhamentz e 'l pretz e la valors
De vos, domna, cui sopley nueyt e dia,
M'an si mon cor duit de belha paria,
On plus me duelh ieu chant e m'esbaudei,
E quar amors mostra totz sos poders
Vas me tot sol que troba plus leyal,
No m val esfors contra lieys ni sabers.

E doncs, domna, valha m vostre secors,
E vensa vos merces e cortezia,
Ans qu'el talans ni l deziriers m'aucia
Del vostre cors gensor qu'el mon estei;
Als vostres laus dir mi sofranh lezers,
Quar tant es rics vostre pretz e tan val,
Sobr'els melhors es eyssausatz et ers.

Domna valens, don dic veras lauzors,
Ren de mon cor non ai mas la bailia,
De vos lo tenc don tot lo mon seria,
S'elh era mieus; e quar soven no us vei,
Lai on vos etz contrasta m mos temers;
Qu'ins en mon cor ieu vos faisson aital
Com ieu vos vi als prims plazens vezers.

Domna, 'ls plazers grazisc e las honors,
E us grazirai totz temps, si tan vivia,
Quar me sufretz qu'en bon esper estia,

E, s'a vos plai, conosc que far o dei;
Doncs, s'aissi muer, que m val mos bos espers?
S'en breu de me pus coralmen no us cal,
Dezesperar me fara 'l non chalers.

Domna, nos tres vos et ieu et amors
Sabem totz sols, ses autra guerentia,
Quals fo 'l covens; no s tanh qu'ieu plus en dia,
Quar vostres suy e per vostre m'autrei;
Si es mos cors en vos joinhz et aders
De fin'amor e de dezir coral,
Qu'en autra part non es ferms mon volers.

D'aisso sai grat als autres trobadors
Que quascus pliu en sos digz, et afia
Que sa domna es la genser que sia;
Sitot s'es fals lurs digz, laus e mercei,
Qu'entre lurs guaps passa segurs mos vers,
Q'us no l'enten ni no so ten a mal,
Quar atressi s cuion sia plazers.

Plus fora ricx de totz entendedors,
Si ieu agues lo joi que plus volria,
De proeza ja par no trobaria,
Ni nulha res non fora contra mei;
E pel gran cor qu'auri' e dels sabers,
De paradis foran mieu li portal,
E mais d'honor no i poiria avers.

VI.

Aissi cum selh qu'ama e non es amatz,
O ai ieu fag qu'ai amat longamen
En un sol luec don ges no m'en repen,
Qu'ans la vuelh mais servir dezesperatz
Que d'autr' aver totas mas voluntatz;
E quar ieu l'am leyalmen, ses engan,
Crei qu'ilh val tan que ja no i aurai dan.

Auzit ai dir, per que m sui conortatz,
Que qui ben sier bon guazardon aten,
Ab qu'el servirs sia en luec jauzen,
Qu'en aissi es trop miels guazardonatz;
Per qu'ieu me sui del tot a vos donatz,
Belha domna, qu'ieu d'als non ai talan
Mas de servir vostre cors benestan.

Mielhs qu'ieu no dic, dona, prec m'entendatz,
Qu'ieu vos am mais mil tans no fatz parven,
E no m'en lais mas per dreg espaven;
Qu'ieu me feira molt de vos plus privatz,
Mas diria hom qu'ieu sui enamoratz;
Pero vers es qu'anc re non amiei tan,
Mas endreg vos eu non aus far semblan.

Vos valetz tan qu'ieu crei que conoscatz
Que mielhs ama selh que pregua temen,
Que no fai selh que pregua ardidamen;

Bona domna, ja aisel non crezatz
Qu'ab engan vai e si es enganatz;
Mas ieu sui selhs que muer temen aman,
Per que no us aus preyar mas en chantan.

Soven m'aven la nueg, quan sui colgatz,
Qu'ieu sui ab vos per semblan en durmen;
Adoncs estauc en tan ric jauzimen,
Qu'ieu non volgra ja esser rissidatz,
Tan cum dures aquel plazenz pensatz;
E quan m'esvelh, cug murir deziran,
Per qu'ieu volgra aissi dormir tot l'an.

Chascun que us ve, domna, sap qu'es vertatz
Que totz bons aibs avetz complidamen;
En vos pot hom trobar beutat e sen,
Pretz e valor, e totz bons faitz onratz :
Per so, en dreit d'amor, vos er peccatz
Del mal qu'eu ai; e per vos muor aman,
Que non fora, se non valgues aitan.

Bona domna, soven sui acordatz
Qu'ie us an vezer, e soven vau duptan
Que no us plagues, per qu'ieu n'ai estat tan.

Seinher Frances, cal que si' abaissatz,
De totz bos pretz vos anatz meilluran
Per dir e far trestot faich benestan.

VII.

Anc vas amor no m puesc re contradire,
Pus anc hi volc son poder demostrar;
Per qu'ieu non puesc sa guerra sols atendre,
A sa merce me ren sos domengiers,
E ja mos cors vas lieys non er leugiers;
Qu'anc nulhs amans pus lo premier conquis,
Ni aquelh eys no fo de cor pus fis.

D'amor no m fenh, ni'n sui del plus jauzire,
Mas sol d'aitan qu'ab ferm cor et ab clar,
A lei d'aman, mi fai en tal entendre,
De cuy es pretz fis e cars et entiers;
E non er ja per me conquiza estiers,
Si fin' amors, que a mon cor assis,
Lo sieu bel cors per forsa non languis.

Si dieus volgues lo sieu ric pretz devire,
Gran ren pogra d'autras donas honrar;
Tan cum mars clau ni terra pot estendre,
Es lo sieu pretz de totz bos aips premiers;
Et agra m'ops lo jorn, vilas portiers,
Qu'aniei ves lieis, e qu'ieu tan prim no vis;
Que mon saber ai paor que m'aucis.

Bona domna, li plazer e'l dous rire
E l'avinens respos que sabetz far,

M'an si conquis qu'ad autra no m puesc rendre;
Partira m'en si pogues voluntiers,
Que vostre pretz cre que m'es sobransiers;
Mas en aisso m conort e m'afortis,
Que paratges es vas amor aclis.

Al ferm voler don vos am e us dezire,
Dona, m jutgatz, e si mezura us par
Que us en denha merces al cor deyssendre,
No m'o tuelha paors de lauzengiers,
Que ja negus non er tan plazentiers
Al prim saber, ni lunhdas ni vezis,
Que ja sia de mos afars devis.

Aitan se pert qui cuia plazers dire
Ni lauzenguas per mon cor devinar,
Q'atressi ben e mielhs m'en sai defendre.
Qu'ieu sai mentir e remanc vertadiers :
Tal ver y a qu'es fals e messongiers;
Car qui dis so per qu'amor avilzis,
Vas si dons ment e si mezeis trahis.

Chansoneta, selh cuy es Monpesliers,
Qu'es guays e pros volgra ben que t'auzis,
Mas enans vai lai a mon Gen Conquis.

VIII.

Aissi cum selh que anc non ac cossire
Ni voluntat ni cor ni pessamen
De nulha re, pueis vos vi, mas de vos
Ai ieu estat, domna, tan cossiros
Co us pogues tans de plazers far e dire,
Que una vetz, en trastot mon viven,
Vos fos d'aquo qu'ieu plus dezir servire.

Vas qualque part qu'ieu an ni m vuelf ni m vire,
Bona domna, tan vos am finamen,
Mos cors no s pot per ren partir de vos,
Ans en durmen me vir mantas sazos,
Qu'ieu joc e ri ab vos, e 'n sui jauzire;
Pueis, quan reissit, vey e conosc e sen
Que res non es, torn en plorar lo rire.

E doncx, domna, genser qu'el mon se mire,
Pus aissi sui vostre serf leialmen,
Per chauzimen e per honor de vos
Vulhatz, si us play, qu'el vostre belhs respos
Tengua 'l mieu cor plazen en tal albire,
Que 'l voluntatz qu'ai del vostre cors gen
No l'estengua, ni l'angoissos martire.

Pero plazen e dous, senes devire,
M'en son li mal per los bens qu'ieu n'aten;
E si us plagues qu'ieu agues ren de vos,
Ans qu'om saubes per me que res en fos,

Sapchatz, domna, que m laissari' aucire :
Ja dieus no m do pueis viure lonjamen,
Pus ja serai en re vas vos trayre.

Mais vuelh estar totz temps francx e suffrire,
Quan pus non puesc aver de jauzimen,
Qu'aia 'l solatz e l'aculhir de vos
Qu'anes preyan sai e lai a rescos,
Que ges no m puesc mon coratge devire :
Qu'al mieu albir, qui en dos luecs s'aten
Vas quascun es enganaire e trahire.

De las domnas non s'eschai ges a dire,
Que mainh n'i a que s camjon tan soven
Que dan hi a selh qu'es ses mal cossire.

Domna, lo jorn m'aucietz mantenen
Que ja m trobetz ves vos mas en ben dire.

IX.

Tot quant ieu fauc ni dic que m sia honrat
Me mostr' amors que m'es al cor assiza,
E lai on vey plus ferma voluntat
De pretz conquerr' e de joy mantener,
Esforsi m mais de far e dir plazers ;
Quar mezura es e sabers et honors
Qu'om puesc' esser plus plazens als melhors.

Mout fora greus, mas quar ven tant en grat,
Lo mals d'amor franh per si e us e briza,
E'l gaug que son ab la dolor mesclat
Fan la pena e la fan leu parer :
Qu'ieu fora mortz, mas us jauzens espers
M'a enrequit, gent conortat e sors;
E si 'n trac mal, ieu n'aten gen secors.

Qu'aissi m'a tot amors vout e virat
D'autres afars, e tornat a sa guiza;
Tug silh qu'ieu veg mi semblon folh e fat,
Qu'ab lor non puesc solatz d'amor aver
Per vos, dona, don no part mon volers :
E s'ieu ja'l cor vir per amar alhors,
No m valha dieus ni merces ni amors.

Mout estai gent franquez' ab gran beutat;
Doncx, si cum etz la genser qu'anc fos viza,
Dona, si us platz aiatz humilitat
De mi que sui totz el vostre poder;
Valha m'ab vos merces e car teners,
Qu'en breu seran mey ris tornat en plors,
Si'l mieu fin cor no vens vostra valors.

D'amor no m par qu'om puesca far meitat,
Quar, segon dreg, pus es per locx deviza,
D'aqui enan deu aver nom camjat;
Per so no us cal, bona dona, temer
Que ja vas vos-tan falha mon sabers.

Qu'els vostres man· no m tenha per senhors,
Neus amaray, si us platz, mos nozedors.

X.

Ses joy non es valors,
Ni ses valors honors,
Quar joy adutz amors,
Et amor domna guaya,
E gayeza solatz,
E solatz cortezia;
Per qu'ieu non vuelh un dia
Viure desconortatz,
Ans on pus suy iratz
Ieu chant e m'asolatz,
Quoras qu'avinen sia.

En joy ai mon esper,
Fin cor, e ferm voler,
E joy no m puesc aver,
Domna, tro qu'a vos playa
Cui me suy autreyatz,
Per aital aventura
Qu'amors m'en assegura,
E vos m'en esfreidatz;
Mas una re sapchatz,
S'amor e mi forsatz,
Mout etz salvatg' e dura.

Chauzimen e merce
Podetz aver de me,
Qu'ie us amarai jasse,
E tot so que m n'eschaya,
Domna, penrai en patz
Aissi cum bos sufrire;
Qu'ie us am tant e us dezire,
Mais m'en platz us somnjatz
De vos, quan sui colguatz,
Que us tengues en mos bratz,
Que d'autra esser jauzire.

Domna, merce vos clam,
Que totz ard et afflam,
Tan de bon cor vos am :
Ai! doussa res veraya,
Quar es tant alt puiatz
Lo dezirs que m turmenta,
Merce us clam, domna genta,
Colors d'autras beutatz,
Que s'ieu orguelh y fatz,
La vostr' humilitatz
Per merce m'o cossenta.

El cor vos mir ades,
E quar vos sui plus pres,
La genser qu'anc nasques,
Prec vos que dan no i aia :
Belha domna, si us platz

Vuelh vostre pretz retraire,
Si qu'ab fin joi s'esclaire
Per vos ma voluntatz;
Qu'en nuls autres pensatz
No fui alezeratz,
Des que ieu vos vi guaire.

XI.

Si m destrenhetz, dona, vos et amors
Qu'amar no us aus, ni no m'en puesc estraire;
L'us m'encaussa, l'autre m fai remaner,
L'us m'enardis, e l'autre m fai temer;
Preyar no us aus per enten de jauzir,
Aissi cum selh qu'es nafratz per murir,
Sap que mortz es, e pero si s combat,
Vos clam merce ab cor dezesperat.

Bona domna, paratges ni ricors,
On plus autz es e de maior afaire,
Deu mais en se d'umilitat aver,
Quar ab erguelh non pot bos pretz caber,
Qui gen no'l sap ab chauzimen cobrir;
E puois no m puesc de vos amar suffrir,
Per merce us prec e per humilitat
Qu'ab vos trobes qualaquom pietat.

No mi nogua vostra rica valors,
Qu'anc non la puec un jorn plus enans traire;

De pus vos vi, aic lo sen e 'l saber
De vostre pretz creysser a mon poder,
Qu'en manhs bons locs l'ai dig e fag auzir:
E si us plagues que m denhessetz grazir,
No quezira plus de vostr'amistat,
Ans prezera per guazardon lo grat.

Totz los forfaitz e totas las clamors,
En que m podetz acuzar ni retraire,
Son quar m'auzatz abelhir ni plazer
Plus d'autra re qu'ieu anc pogues vezer;
Qu'autr' ochaizo, dona, no m sabetz dir,
Mas quar vos sai conoisser e chauzir
Per la melhor et ab mais de beutat;
Vens tot lo tort en que m'avetz trobat.

Vostre gen cors, vostra fresca colors,
E 'l dous esguartz plazens que m sabetz faire
Vos mi fan tan dezirar e voler,
Qu'ades vos am on plus m'en dezesper;
E si folhei, quar no m'en sai partir:
Mas quant me pens quals etz que m faitz languir,
Cossir l'onor, et oblid la foudat,
E fug mon sen, e sec ma voluntat.

Belhs Carboucles, no us puosc plus de ben dir;
Mas qui 'l marques mentau de Monferrat,
Ja plus no 'l laus qu'assatz l'aura lauzat.

XII.

A guiza de fin amador,
Ab franc cor humil e verai,
Viu sol del bon respieg d'amor
Jauzens, ab greu pena qu'en trai
Mos cors, per que la m fetz chauzir,
Dont hom non pot lauzan mentir,
Ni del be que y es dir el tertz.

Ges no l'aus mostrar ma dolor
Estiers adhorar, quan s'eschai
Qu'ieu la vey, li dic ab temor
Semblans per que sap be cum vai;
E s'ieu en re mensprenc el dir,
Sobretemers me fai falhir,
Qué fai humils los plus espertz.

Ailas! qu'en er si no m socor?
Non als, mas deziran morrai;
E doncx aura hi gran honor,
Si per so quar l'am mi dechai!
Ilh en pot ben son cor complir,
Mas non l'er, segon mon albir,
Apres me nulhs amics tan sertz.

Tot ades sopley et azor
Al pays on ma don' estai;
E 'n tenria neys per senhor

Un pastor que vengues de lai
Empero negus no s cossir
Qu'el castelh, on se fai servir,
Ja sia per me descubertz.

Chanso, vai t'en a la melhor,
E di'l qu'ieu 'l clam merce, s'il plai;
Quan cossir ara sa valor,
Li membre del fin cor qu'ieu l'ai :
Que, si m lais dieus s'amor jauzir,
Semblaria m, tan la dezir,
Ab lieys paradis us dezertz.

Pueys diguas a mon Ben S'Eschai
Qu'en tal son pauzat mei dezir,
S'il puesc a son plazer servir,
De ric guizardon serai sertz.

PISTOLÉTA.

I.

Sens e sabers, auzirs e fin' amors
Mi fan amar leialmen ses falsura
Mi dons, on ai mes de bon cor ma cura :
Cum posca far e dir qu'ilh sia honors!
Car sens la m mostra per la plus valen
Domna del mon; vezers, ab cor plus gen;
Auzirs, mi fai auzir son pretz prezat;
Amors, m'a 'l cor plen et enamorat.

Tot quan eu dic entr' els fins amadors
Posc ben proar qu' es vertatz e mezura,
Car sos bels cors on bes non fai fraichura,
E siei bel oill, e sa fresca colors,
E tuit bon aip m'en son d'aisso guiren :
Et ai proat per pretz e per joven
Que 'l meiller es, et ab mais de beutat
D'autra domna, et es a dreit jujat.

Per qu'eu, quan venc vas vos, en vau de cors
Tost e viatz, e non fatz de mezura;
E quan m'en part, vau meins que d'ambladura,
Pensan de vos qual es vostra valors;

Pois regart me lai on vos es soven,
E dic vos mais en ver per sagramen
Que, quant ab vos ai tot un jorn estat,
Lo premiers motz m'es pres del comiat.

Bona domna, meiller de las meillors,
E la genser, qual sera m'aventura,
Pois de tos bes mos cors ses vos endura!
Que res ses vos no m'es gaugs ni sabors,
Pois fui vostres aissi tot leialmen :
Que mais mi platz far vostre mandamen
Qu'autra fezes del tot ma voluntat;
Aissi m'avetz conquist e gazaignat.

Domna, mei oill que us vezon tan soven
Mostran al cor la beutat e'l joven,
E 'l cor fai dir a la lenga de grat
So que mei oill el cor fan acordat.

II.

Manta gent fas meravelhar
De mi, quar no chant pus soven;
Pero quascus sap son afar,
Et ieu sai lo mieu eissamen.
Qui jais non es, com chantara!
E si chanta, qui l'auzira!
Car perdutz es joys ni solatz;

PISTOLÉTA.

Qu'el plus jauzens mi par iratz,
E'l plus ricx escas e marritz,
Per que mos chans s'es adormitz.

Pauc se fai rire ab plorar,
Ni paubres d'aver ab manen,
E nueitz escura ab jorn clar,
E qui ren no val ab valen,
E pauc cavalier ab vila,
Ni us malautz ab autre sa,
Et erguelh ab humilitat,
E largueza ab escassedat,
E cortes entr'els descauzitz,
Plus qu'austors mudatz ab soritz.

Tals tolh que deuria donar,
E tals cuia dir ver que men;
Tals cuia autrui enganar
Que si mezeis lassa e repren;
E tals se fia en lendema,
Que ges no sap si'l se veira;
E tals es savis apellatz
Que fai e ditz de grans foldatz;
E tals es apellatz petitz
Qu'es, quan s'eschai, pros et arditz.

No vuelh en cort ses joi estar,
Ni ab baron desconoissen;
Ni no m'azaut de trop guabar,

Ni de companha d'avol gen;
Mas lo coms de Savoya m'a
Per amic, e tos temps m'aura,
Car el es pros e gent onratz,
Et mante proez' e solatz,
Et es de tos bos aips complitz:
Ben aya huey aital razitz.

De tal suy homs que non a par
De beutat ni d'ensenhamen;
Mas no m'en puesc gaire lauzar,
Ans en planc e 'n sospir soven:
E domna, si merce non a
Del sieu, diga.m de cui l'aura!
Qu'amada l'aurai dezamatz
Tan qu'autre s'en for' enuiatz;
Et ieu, on pieitz mi falh e m ditz
De mal, en sui plus afortitz.

Domna, estortz for' e gueritz,
Si 'l ben que us vuelh mi fos grazitz.

BÉRENGER DE PALASOL

I.

S'ieu sabi' aver guizardo
 De chanso, si la fazia,
 Ades la comensaria
Cunhdeta de motz e de so;
Que perdut n'ai mon belh chantar,
Per qu'eras m'en pren espavens;
E si n'ai estat alques lens,
No m'en deu hom ochaizonar.

Qu'amada us auray en perdo
 Longamen en aital guia;
 A! ma belha douss' amia,
Qu'anc res no us plac no m saupes bo,
Ni anc res no saupi pensar
Qu'a vos fos pretz ni honramens,
Qu'al tost far no fos pus correns
Que si 'n degues m'arma salvar.

E ja dieus a me be non do,
 S'en lieys mos cors se fadia;
 La flor de la cortezia
Elha m'aura, o autra no;

Qu'a sola lieys m'estug e m guar,
E suy aissi sieus solamens,
Qu'autre solas m'es eyssamens
Cum qui m fazia sols estar.

E no farai pus lonc sermo;
  Quar on pus la lauzaria,
  Del laus sol qu'en remanria,
Cent domnas ne aurian pro,
Qui sabria ben devizar
Las beutatz e'ls ensenhamens,
E la cortezia e'l sens,
Aissi cum s'eschairi' a far.

Aissi finira ma chanso,
  E no vuelh pus longa sia,
  Que pus greu la'n apenria
Mo senher, e siey companho,
Lo coms Jaufres, que dieus ampar.
Quar es adreitz e conoissens,
E fai tans de ricx faitz valens,
Lauzengiers no'l pot encolpar.

II.

DE la gensor qu'om vey, al mieu semblan,
On nueg e jorn velh e pens e cossir,
Mi vuelh lunhar, si'l cor mi vol seguir,

Ab tal acort que mais no 'l torn denan ;
Quar longamen m' a tengut deziron
Ab belh semblan, mas tan dur me respon
Qu' anc jorn no m volc precx ni demans sofrir.

Jamais miey huelh ab los sieus no s veyran,
S' a lieys no platz que m man a se venir :
Cum plus la vey plus m' auci de dezir,
Et on mais l' am, mais y fatz de mon dan ;
E 'l non vezer me languis e m cofon ;
E pus no m plai ren als que sia 'l mon,
Ab pauc no m lays de vezer e d' auzir.

Ai ! belha domna, ab belh cors benestan,
De belh semblan e de gent aculhir,
A penas sai de vos mon mielhs chauzir,
Si us vey o no, o si m torn, o si m'an :
Non ai saber ni sen que mi aon ;
Tan suy intratz en vostr' amor prion,
Qu' ieu non conosc per on m' en puesc issir.

Pero, dona, si us vis cor ni talan
Que m denhessetz l' amor qu' ie us ai grazir,
So es us mals don no volgra guerir ;
Mas, pus no us plai, al ver dieu me coman ;
De vos mi tuelh, e non ab cor volon,
Quar res ses vos no m pot far jauzion :
Veiatz si m puesc ab gaug de vos partir !

Quar conoissetz que no us am ab engan,
E quar vos sui plus fis qu'ieu no sai dir,
E quar ab vos m'aven viur' e murir,
Vos afranquis merces vas me d'aitan,
Dona, qu'el cor que m falh e m fug e m fon
Me sostenguatz, quar ieu no sai vas on
Mi serc secor, si vos mi faitz falhir.

Senher Bernard, no ns partrem viu del mon,
Mas la belha que m destrenh e m cofon
Tem que m fassa per mort de vos partir.

III.

Totz temeros e doptans
Cais qui s laiss' a non chaler;
Sol puesc' entr' els bos caber,
Vuelh que si' auzitz mos chans;
Pero no m n'entremetria,
Si mon voler en seguia :
Mas francamen m'en somo
Tals cui non aus dir de no.

Domna, cui sui fis amans,
Vos mi faitz viur' e voler;
E quan peza 'n mon lezer
El guais amoros semblans
Que m'a mes de joy en via.

Dic vos que no m camjaria
A la belha sospeisso,
Per nulh autr' oc vostre no.

Tant etz belha e benestans,
Era mi vengr' a plazer
Qu'en pogues un oc aver;
Qu'ades, sitot m'es afans,
N'am mais la belha fadia
Qu'el don d'autra no faria :
De vos aurai aquelh do
Que plus vuelh que d'autra no.

Franca res, conhda e prezans,
Veus mi al vostre plazer;
E si us plai mi retener,
Sui vostres, senes enjans,
E vostres, si no us plazia ;
Et en vostra senhoria
Remanh e serai e so,
Ab que m retenguatz o no.

Pueis qu'anc no us vi ni davans,
No pogui dels huelhs vezer
Re que m pogues tan plazer;
Sia mos pros o mos dans,
Pus qu'ieu vos vi, belh' amia,
E quar m'en lais per feunia,

O per un pauc d'ochaizo,
Guerrey mi eys e vos no.

Domna, no sai si us plairia
Qu'ie us vis, o si us pezaria.
En tan gran doptansa so
No sai s'ie us veya o no.

IV.

Tan m'abelis jois et amors e chans,
Et alegrier, deport e cortezia
Qu'el mon non a ricor ni manentia
Don mielhs d'aisso m tengues per benanans;
Doncs, sai ieu ben que mi dons ten las claus
De totz los bes qu'ieu aten ni esper,
E ren d'aisso ses lieys non puesc aver.

Sa grans valors e sos humils semblans,
Son gen parlar e sa belha paria,
M'an fait ancse voler sa senhoria
Plus que d'autra qu'ieu vis pueis ni dabans;
E si 'l sieus cors amoros e suaus,
E sa merce no m denha retener,
Ja d'als amors no m pot far mon plazer.

Tant ai volgut sos bes e sos enans,
E dezirat lieys e sa companhia,

Que ja no cre, si lonhar m'en volia,
Que ja partir s'en pogues mos talans;
E s'ieu n'ai dic honor ni be ni laus
No m'en fas ges per messongier tener,
Qu'ab sa valor sap ben proar mon ver.

Belha domna, corteza, benestans,
Ab segur sen, ses blasm' e ses folhia,
Sitot no us vey tan soven cum volria
Mos pessamens aleuja mos afans,
E delieyt me, e m sojorn, e m repaus;
E quan no us puesc estiers dels huelhs vezer,
Vey vos ades en pessan jorn e ser.

Sabetz per que no m vir ni no m' balans
De vos amar, ma belha douss' amia,
Quar ja no m cal doptar si ie us avia
Que mesclessetz falsia ni enjans;
Per qu'ieu am mais, quar sol albirar n'aus,
Que vos puscatz a mos ops eschazer,
Qu'autra baizar, embrassar ni tener.

Doncs, s'ieu ja m vey dins vostres bras enclaus,
Si qu'ambeduy nos semblem d'un voler,
Meravil me on poiria 'l joy caber.

V.

Mais ai de talan que no suelh,
Quo fezes auzir en chantan
D'amor co m ten en son coman,
Ni quo fai de mi so que 'l plai;
Qu'ara m fai chantar aitan be,
Ab lo brau temps et ab la gran freydor,
Cum si eram el belh temps de pascor.

On plus vau, mielhs am e mais vuelh,
De bon cor e de fin talan,
La belha que m compret baizan;
Qu'eras l'am tan que non puesc mai,
E no sai cossi m'esdeve
Que, quan li play que m fai be ni honor,
Ades l'am mais, no sai don mov l'amor.

E quan mi fai semblan d'erguelh,
Ges l'amor no s baissa per tan,
Ans es ver, e no m tengua dan
Que non la puesc per ren ni sai
Dezamar per neguna re;
Ni vuelh esser en luec d'emperador,
Qu'ieu per autra vires mon cor alhor.

Ja no s lassarian miey huelh
D'esguardar los sieus belhs semblan,
Neys si durava 'l jorn un an;

Tan m'es belh tot quan ditz ni fai
Que de nulh maltrach no m sove;
Que 'l sieu belh huelh e la fresca color
M'aluma 'l cor en joy et en bauzor.

Li maltrach don ieu pus mi duelh
Son quar ades no 'l sui denan;
E si la vey pro en pensan,
Qu'el cor e 'ls huelhs tenh ades lai;
Mas li dezir son sai ab me
Que m'agran mort lonc temps a de dolor,
S'aquest dous pens no fos que mi secor.

Li lauzengier son d'un escuelh
Ab aquels que van devinan
L'autrui joy, et es enuetz gran
Quar ja 'ls pros s'en meton en plai;
Et on mais val meyns y cove,
Quar aver deu de si meyns de paor
Selh qui d'autrui ditz enueg ni folhor.

VI.

Bona domna, cui ricx pretz fai valer
Sobre las plus valens, al mieu veiaire,
Avetz razo per que m deiatz estraire
Lo belh solatz ni l'amoros parer,
Sinon quar vos auziey anc far saber

Qu'ie us amava mil aitans mais que me;
En aquest tort me trobaretz jasse,
Quar non es tortz que ja us pogues desfaire.

Si 'l belh semblan que m solias aver
De clar que m fo, dona, tornatz en vaire,
Quar conoissetz qu'ieu no m'en puesc estraire.
Mielhs me fora ja no us pogues vezer;
Quar ges pauzar no us puesc a non chaler :
Tals es l'envey' e 'l dezir que m'en ve
Manthas sazos que de vos me sove,
E vir mos huelh devas vostre repaire.

E si de vos dizetz que m dezesper,
Dona, no sai de qui m sia esperaire;
Si m'avetz fait d'autras amar estraire
Q'una non vey ab cui dezir jazer :
Sens totz covens vuelh ab vos remaner,
E sia en vos que m fassatz mal o be;
Pero guaratz qual mielhs vos en cove,
Que no us deman oltra grat pauc ni guaire.

De bon talan, ab cor leyal e ver,
M'autrey a vos per vostres comans faire,
Sol no m mandetz de vos amar estraire,
Quar ja, dona, non auria lezer;
E no m'en cal per messongier tener,
C'aissi mi soi enpres per bona fe,

Ja dezamar no us poiria per re,
Ni fin non vuelh, s'aman no la 'n puesc traire.

Trop mi podetz longamen mal voler,
Si m dezamatz, quar ieu vos suy amaire,
E volgues m'en mon essien estraire,
Ja de mon cor non auria poder;
E doncs, dona, pus no m'en puesc mover,
Ni m'abelhis autre joys ni m soste,
S'ab vos no truep chauzimen e merce,
Vostre belh cors n'er vas amor peccaire.

Amors n'a tort quar enveyos me te
Del vostre cors graile, gras, blanc e le,
S'enquer no m faitz mielhs que no m soletz faire.

PIERRE DE BARJAC.

Tot francamen, domna, venh denan vos
Penre comjat per tos temps a lezer;
E grans merces, quar anc denhetz voler
Qu'ieu mi tengues per vostr'amor plus guai,
Tan quan vos plac; mas aras, pus no us plai,
Es ben razos que, si voletz aver
Drut d'autra part que us puesca mais valer,
Ieu 'l vos autrey; ja pueis no us en volrai,
Ans n'aurem pueis bon solas entre nos,
Et estarem cum si anc res no fos.

Et a la fin totz temps serai clamos
Del vostr'afar, qu'aisso 'n vuelh retener
Qu'ieu non lo puesc gitar a non chaler;
Enans sapchatz tos temps vos servirai,
Fors que jamais vostres drutz no serai,
Si be m devetz encaras lo jazer
Que m promezetz quan n'auriatz lezer;
E non o dic mas quar ieu soing non ai,
Ans s'ieu n'agues estat tan poderos,
Tal hora vi qu'en fora plus joyos.

Mas vos cuiatz qu'en sia aziros,
Qu'aissi del tot non vos o dic de ver,

Mas derenant vos o farài parer;
Qu'ieu ai chauzit en lieys cuy amarai,
E vos avetz chauzit, qu'ieu ben o sai,
En un tal drut que us fara dechazer,
Et ieu en tal que vol pretz mantener,
En cui jovens s'apropcha e de vos vai;
Sitot non es de luec tan paratjos,
Ilh es sivals plus belha e plus pros.

E si 'l jurars e 'l plevirs de nos dos
Pot al partir de l'amor dan tener,
Anem nos en en las mans d'un prever,
E solvetz mi et ieu vos solverai;
E pueis poirem quascus d'aqui en lai
Plus leyalmen autr' amor mantener;
E s'anc vos fis re que us deya doler
Perdonas mi, qu'ieu vos perdonarai
Tot francamen; qu'estiers non er ja bos,
Si de bon cor non es faitz lo perdos.

Mala domna, tro que m fezest gelos
Non fezi ren mas al vostre plazer;
Mas anc gelos non ac sen ni saber,
Ni ren non sap gelos que s ditz ni s fai,
Ni hom non sap los mals que gelos trai,
Ni patz non a gelos mati ni ser,
Ni en nulh loc gelos non pot caber,
Per que vos deu plazer quar m'en partrai :

Qu'assatz val mais a sellui qu'es lebros
Que ges, sivals tug non son enueyos.

Fe que m devetz, si be us sui aziros,
Prendetz comjat de mi qu'ieu 'l pren de vos.

CADENET.

I.

Longa sazo ai estat vas amor
Humils e francs, et ai fait son coman
En tot quan puec; qu'anc per negun afan
Qu'ieu en sofris, ni per nulha dolor,
De lieys amar non parti mon coratge
Vas qui m'era rendutz de bon talen,
Tro qu'ieu conoisc en lieys un fol usatge
De que m dechay, e m'a camjat mon sen.

Agut m'aura per leyal servidor,
Mas tan la vey adonar ab enjan,
Per que s'amor no m platz dezerenan,
Ni m pot far be qu'ieu en senta sabor;
Partirai m'en, qu'aissi m'es d'agradatge,
Pus qu'elha s part de bon pretz eyssamen;
E vuelh alors tener autre viatge,
On restaure so que m'a fag perden.

Be sai, si m part de lieys ni m vir alhor,
Que no l'er greus ni so tenra a dan;
E si cug ieu saber e valer tan
Qu'aissi cum suelh enansar sa lauzor,

Qu'il troberan a pro de cassadors;
Mas qui no s mov a pauc d'envazidor.

Si 'l reis frances non fos acosselhatz
D'aquest secors, gran meravilh' auria,
Pus dieus l'a dat tan rica manentia;
E si 'l deu far, fassa 'l secors viatz,
Quar trop val meyns dos quant es trop tarzatz;
E 'l reis engles aia cor de l'acors,
E del valen rei Richart li sovenha,
Que pas la mar a poder, e no s fenha,
Quar hom conoys los amicx fenhedors
E los verays a las coytas maiors.

Dels Alamans, s'ieu fos lur amiratz,
Tot passera la lur cavaillairia;
E 'ls Espanhols ges non encuzaria
Sitot an pretz ves Sarrazis malvatz;
Pero per els no fon ges derrocatz
Lo sepulcre on dieus fon a recors.
Be m meravilh per qu'hom de crotz si senha,
Pus non a cor nulhs hom que la mantenha....

Coms Proensals, tost fora desliuratz
Lo sepulcres, si vostra manentia
Poies tant aut com lo pretz que vos guia,
Car amatz dieu, e bonas gens onratz,
E ses biais en totz afars renhatz....
Mas del passar non ai cor que us destreingna,
C'obs es que sai vostra valors prodeingna
A la gleiza d'aitals guerreiadors,
Ja delai mar non queiratz Turcs peiors.

Apostoli, eu crei que si covenha
Que fassatz patz o guerra qui pro tenha....

Emperaire, del secors vos sovenha;
Dieus lo vos quier per qui quascus reis renha,
E fassatz patz de sai, e lai secors,
Quar ben pot mortz sobr' els emperadors.
Si mos chans.

Nostrad. 133. Crescimbeni, 92. Bastero, 88. Millot, II, 153. P. Occ. 15.

LANTELM. Couplets en réponse à Lanfranc Cigala :

Lanfranc, qu'ill vostres fals ditz coill
 A pauc d'entendenza,
Qu'ill semblon razains preins en troill
 Ples d'avol crecensa....
Plus est enics d'un en orgoill,
 Per que m faiz temensa
E dizes c' amors vos recoill....

Lanfranc, de saber no m destuoill
 Ni de conoissensa,
E blasma vos quar blasmar soill
 Falsa captenensa,
E vostr' amor fug e desvoill,
 Qu'ieu non ai plivensa,
Quar las lez metez en remoill
 Per folla entendensa,
E faullas d'Estort de Vertfoill....
Lanfranc qu' ill.

Une tenson avec Raimond :

Ramond, una dona pros e valens
Ama son druz e 'l fai d'amor secors
Tan qu'el marit sap cal es lor amors....
Tut trei an mal et enoi e temensa.

Ai! de mon cor, quar no ve
De lai on remas antan
Amors, a vos o deman,
Ma domna per qu'el rete,
Vau vezer si'l me rendria;
A l'anar suy ieu cochos,
Mas al tornar cum seria!
Be faria d'un dan dos.
Mais me notz a dieu siatz,
Que dieus vos sal no m'ajuda:
Dona, si no fos comjatz,
Bona fora la venguda.

Tres letras de l'A B C
Aprendetz, plus no us deman:
A, M, T; quar atretan
Volon dire com : am te.
Et ab aitan de clercia
Auriam pro ieu et vos.
Empero mais ieu volria
O e C mantas sazos,
Pueys s'ieu dizia: « diguatz,
Dona, vos faretz m'ajuda? »
Ieu crey que vos seriatz
De dir oc aperceubuda.

Bona domna, tart m'ave
Qu'ieu vos digua mon talan,
Et aquo pauc e duptan,

E per tot so no m recre;
E quar vostra companhia
Es tota d'omes gilos,
Us amicx se tanheria,
Dona, entre me e vos;
Quar ieu tem e vos duptatz,
Per que y aura ops ajuda;
E per que non comensatz,
Bona domna, es perduda.

L'anars, bona domna, m platz
Vas vos per respieg d'ajuda;
Pero quan m'en sui tornatz,
Ieu trob ma pena creguda.

Lauzengier, benastr'aiatz,
Quar m'etz de tan bon'ajuda,
Qu'ab vostre mentir m'onratz,
E vertatz non es saubuda.

III.

Ab leyal cor et ab humil talan,
Venc vas amor per mostrar mos greus mals
Qu'ieu ai sufertz grans e descominals,
Per lo dous ris e l'amoros semblan
Que m fetz mi dons al prim esguardamen,
Quan pres mon cor e mon fin pessamen,
E suy mi mes el sieu ric senhoratge.

A vos, amors, vuelh mostrar en chantan,
Quom pres mi dons, ni per que, ni per quals,
Ni on me mes sos homs fis e leyals;
A pauc de be suy pres e malanan,
On m'a tengut senes tot chauzimen,
Non sol un an, ans crezatz certamen
Seran complit set ans al prim erbatge.

Tot suavet, amors, mi venc denan
Mostran els huelhs guays semblans e cabals,
Et ab merce, quar non es hom carnals
Que ja pogues desviar mon talan,
Per lo sieu ris que m fes tan doussamen,
Que m fon avis merce n'agues breumen;
Quar m'o cugei conosc que fis folhatge.

Qu'ieu la triey, segon lo mieu semblan,
Per la melhor de las autras reyals;
Et a tengut mon cors en sos ostals,
Ab son ric pretz, sobr' els autres prezan:
Si quo 'l solelhs sobr' autr' alumnamen
Nos ren clardat, ben puesc dir eyssamen
Qu'ilh es clardatz, e rent alumenatge.

Lo dous cossir del belh cors benestan,
Agreuia mout mas dolors e mos mals
Que de plorar rendon mos huelhs venals
Per sa beutat que m'es tot jorn denan;
Que per semblan m'auci en pessamen,

Per que conosc qu'aucir m'a planamen
Si 'n breu vas me non domda son coratge.

E doncs, amors, fessetz per me aitan,
Qu'en ben voler siatz ab me enguals,
Que m destrenguatz mi dons d'aitan savals
Que'l sapcha bo, e m'en fassa semblan;
Quar ieu l'am mais de nulha ren viven;
Et avetz mi fag alegr' e jauzen
Quan ieu de lieys aurai pres senhoratge.

A Mon Dezir, t'en vai chanson breumen,
E di 'l, si 'l play, que per son chauzimen
Li sapcha bo que ieu l'am d'agradatge.

IV.

S'anc fui belha ni prezada,
Ar sui d'aut en bas tornada;
Qu'a un vilan sui donada,
Tot per sa gran manentia;
    E murria,
S'ieu fin amic non avia
Cuy disses mo marrimen,
   E guaita plazen
    Que mi fes son d'alba.

Ieu sui tan corteza guaita,
Que no vuelh sia desfaita

Leials amors a dreit faita;
Per qu'ieu sui guarda del dia
  Si venria,
E sel qui jay ab s'amia
Prenda comjat francamen,
  Baizan e tenen,
  Qu'ieu crit quan vey l'alba.

Be m plai longua nuegz escura,
E'l temps d'ivern on plus dura,
E no m'en lays per freidura
Qu'ieu leials guaita no sia
  Tota via;
Per tal que segurs estia
Fins drutz quan pren jauzimen
  De domna valen,
  Del ser tro en l'alba.

S'ieu en un castelh guaitava,
E fals' amors y renhava,
Fals sia ieu si no celava
Lo jorn aitan quan poiria;
  Car volria
Partir falsa drudaria
D'entre la corteza gen;
  Guait ieu leialmen,
  E crit quan vey l'alba.

Ja per guap ni per menassa,
Que mos mals maritz me fassa,

No mudarai qu'ieu no jassa
Ab mon amic tro al dia;
　　Quar seria
Desconoissens vilania,
Qui s partria malamen
　Son amic valen
　De si, tro en l'alba.

　Anc no vi jauzen
　Drut que'l plagues l'alba.

　Per so no m'es gen,
　Ni m plai quan vey l'alba.

SAÏL DE SCOLA.

De ben gran joy chantera
S'eu agues razon de que,
Mas d'amor no m lau de re;
Ni blasmar no m n'ausaria,
Tan dopti ma douss' amia :
E doncs, de que chantarai,
Pois mal ni ben non dirai?

Per Crist, non o sai enquera,
Si razos no m n'esdeve,
Que clams non esta ges be;
Lauzar! com m'en lauzaria
S'om lo per que no m fasia?
Dir o puesc eu, mas ben sai
Que nuil pro d'amor non ai.

Anceis m'es esquiv' e fera,
On eu plus li clam merce;
E sai ben per que n'abste
Mos cors, que non di follia :
Que meinz val us ans d'un dia;
Per que m sui mes en assai,
Si ja 'l bon jorn trobarai.

E ja no m'en penedera,
S'amors no fos tan ab me;
E donc, quar no tir mon fre?
Que fols es qui no s chastia;
Oimais, que m castigaria!
Que totz morrai o l'aurai,
Que ja no m'en partirai.

Car a tot dia s'esmera
Cella qui reten ab se;
Et ella, de que m rete
Mas de sa bella paria?
O ill, mas plus en volria,
Non ai pro; e qu'en voill mai,
Pois son bel semblan mi fai?

eu prec e sainta Maria,
On que NA Biatritz sia
De Narbona, que ill don jai,
E ill cresca son pretz verai.

RAMBAUD DE VAQUEIRAS.

I.

Savis e folhs, humils et orgulhos,
Cobes et larcx e volpils et arditz
Sui, quan s'eschai, e jauzens e marritz,
E sai esser plazens et enoios,
E vils e cars e vilas e cortes,
Avols e pros, e conosc mals e bes,
Et ai de totz bos ayps cor e saber,
E s'en re faill, fatz o per non poder.

En totz afars sui savis e ginhos,
Mas mi dons am tan qu'en sui enfolhitz,
E'l sui humils on piegz mi fai e m ditz,
E n'ai erguelh, quar es tan belha e pros,
E sui cobes qu'ab son belh cors jagues
Tan que plus larcx en suy e mielhs apres,
E sui volpils, quar no l'aus enquerer,
E trop arditz, quar tan ric joy esper.

Belha domna, tal gaug mi ven de vos
Que marritz sui, quar no vos sui aizitz;
Qu'ieu sui per vos als pros tant abelhitz,
Qu'enuian s'en li malvat enuios;

Be m tenrai vil s'ab vos no m val merces,
Qu'ieu m tenh tan car per vos en totas res
Que per vilan m'en fatz als croys tener,
E per cortes als pros tan sai valer.

D'amor ditz mal en mas autras chansos,
Per mal que m fetz la belha enganairitz;
Mas vos, domna, ab totz bos ayps complitz
Mi faitz tan be qu'esmenda m'es e dos;
Qu'amors e vos m'avetz tal re promes
Que val cent dos qu'autra domna m fezes;
Tan valetz mais, per qu'ie us vuelh plus aver,
E us tem perdre, e us vuelh mais conquerer.

Jois e jovens et avinens faissos,
Domna, e 'l gens cors d'ensenhamens noyritz
Vos an pretz dat qu'es pels melhors chauzitz;
E per ma fe, si m'aventura fos
Qu'ieu ni m'amors ni mos chans vos plagues,
Lo mielhs del pretz auria en vos conques,
E de beutat, o puesc ben dir en ver,
Que per auzir o sai e per vezer.

Belhs Cavaliers, chauzimens ni merces,
E fin' amors, e sobrebona fes,
Qu'ie us tenc e us port, mi deuria valer
Endreg d'amor, qu'autre joy non esper.

Na Beatritz, vostre belh cors cortes,
E las beutatz, e 'l fin pretz qu'en vos es,

Fai gent mon chant sobr'els melhors valer,
Quar es dauratz del vostre ric pretz ver.

II.

Era m requier sa costum' e son us,
Amors, per cui planh e sospir e velh,
Qu'a la gensor del mon ai quis cosselh,
E ditz qu'ieu am tan aut cum puesc en sus
La melhor domna, e m met en sa fiansa;
Qu'onors e pros e pretz m'er, e non dans;
E quar ilh es del mon la plus prezans,
Ai mes en lieys mon cor e m'esperansa.

Anc non amet tant aut cum ieu negus,
Ni tan pros domna, e quar no i truep parelh,
M'enten en lieys, e l'am al sieu cosselh
Mais que Tysbe non amet Piramus;
Quar jois e pretz sobre totas l'enansa,
Qu'ilh es als pros plazens et acoindans,
Et als avols es d'ergulhos semblans;
Largu' es d'aver, e d'onrad' acoindansa.

Anc Persavals, quant en la cort d'Artus
Tolc las armas al cavalier vermelh,
Non ac tal gaug cum ieu del sieu cosselh;
E fa m murir si cum mor Tantalus,

Qu'aisso m veda de que m don aondansa
Mi dons, qu'es pros, cortez' e benestans,
Riqu' e gentils, joves e gen parlans,
E de bon sen e de belha semblansa.

Bona domna, aitan arditz o plus
Fui, quan vos quis la joya del cabelh,
E que m dessetz de vostr' amor cosselh,
Non fon del saut de Tyr Emenidus :
Mas a mi tanh mais de pretz e d'onransa,
Qu'endreg d'amor fon l'ardimens pus grans;
Mas ben deu far tan d'ardit vostr' amans
Qu'el ne morra, o n'aura benanansa.

Ja mos Engles no m blasme ni m'acus
Si m luenh per lieys d'Aureng' e de Montelh,
Qu'aissi m don dieus del sieu belh cors cosselh;
Que plus valen de lieys nulhs hom non jus;
Que s'era reys d'Engleterr' o de Fransa,
Lonhera m'en per far totz sos comans;
Qu'en lieys es totz mos cors e mos talans,
Et es la res on ai mais de fizansa.

Belhs Cavaliers, en vos ai m'esperansa;
E quar vos etz del mon la plus prezans
E la plus pros, no mi deu esser dans,
Quar vos mi detz cosselh, e m fotz fermansa.

Na Beatritz de Monferrat s'enansa,
Quar totz bos faitz li van ades denans;
Per qu'ieu lauzi ab sas lauzors mos chans,
E 'ls enantisc ab sa belha semblansa.

III.

Truan, mala guerra
Sai volon comensar
Donas d'esta terra,
E vilas contrafar;
En plan' o en serra
Volon ciutat levar
    Ab tors;
Quar tan pueia l'onors
De lieys que sotzterra
Lor pretz, e 'l sieu ten car,
    Qu' es flors
De totas las melhors
Na Biatritz; car tan lur es sobreyra
Qu'encontra lieys volon levar senhieyra,
Guerra e foc e fum e polverieyra.

La ciutatz s'ajosta
Per far murs e fossatz;
Domnas ses semosta
Y venon de totz latz,
Si que pretz lor costa

E jovens e beutatz;
   E m pes
Qu' ilh filha del marques
 N'aura dura josta,
Car a conques en patz
    Totz bes,
E totz bos aibs cortes :
E quar es pros e franch' e de bon aire,
Non vol estar plus en patz que sos paire
Que tornatz es al lansar et al traire.

  Donas de Versilha
 Volon venir en l'ost,
  Sebeli e Guilha
E na Rixenda tost;
 La mair' e la filha
D'Amsiza, quan que cost;
    Ades
Ven de Lenta n'Agnes,
 E de Ventamilha
Gilbelina rescost;
    Apres
Er la ciutatz en pes;
De totas partz y venon a gran joya;
Fag an ciutat, et an li mes nom Troya,
E fan Poestat de mi dons de Savoya.

 N'Aud' e na Brelanda,
 Na Palmier e n'Auditz,

Engles e Guarcenda,
N'Agnes e n'Eloitz,
Volon que lor renda
Joven na Biatritz;
Sino,
Las domnas de Ponso
Li 'n queran esmenda;
E lai part Mont Senis
Somo
La ciutatz comtenso,
Qu'ades guerrey lieys qu'es tan bon' e belha
Que lor beutat tolh, a la damizella
De las autras colors fresqu' e novella.

La Poestat se vana
De far ost en arrenc,
E sona 'l campana,
E lo vielhs comuns venc;
E dis per ufana
Que chascuna desrenc;
Pueis ditz,
Que 'l bella Biatritz
Estai sobirana
De so qu'el comuns tenc;
C'aunitz
N'es mans e desconfitz.
Las trompas van e la Poestat cria:
« Demandem li jovent e cortezia,
« Pres e valor! » E totas cridon : Sia!

Maria la Sarda
E 'l dona de san Jortz,
 Berta e Bastarda,
Mandon tot lor esfortz
 Que joves Lombarda
No rest de sai los portz;
 Car say
Qu' a n'a Biatritz play,
 Que lur reiregarda
Non pot esser tan fortz,
 Qu' esglay
Lo sieu fin pretz veray.
De Canaver y ven molt gran compainha,
De Toscana e domnas de Romainha,
Na Tomazina, e 'l domna de Surainha.

La ciutatz se vueia,
E movon lor carros,
 E 'l vielhs comuns pueia;
E gieton en lor dos
 Cuirassas de trueia
Ab que cobron lor os;
 Gambais
An et arcs e carcais;
 E non temon plueia,
Ni mals temps no lur notz;
 Hueymais
Faran de grans assais.
De totas partz comenson a combatre,

Na Biatritz cuion de pretz abatre;
Mas non lur val, s'eron per una quatre.

Per lors murs afendre
Fan engenhs e carels,
E trabuquetz tendre,
Gossas e manganels,
Fuec grezesc acendre,
Fan volar e cairels;
De jos
Trauquon murs ab bossos;
Per tal no s vol rendre
Lo sieus joves cors bels
Joyos,
Ples de belhas faissos.
Totas cridon, aiuda tras l'esponda,
L'un' a l'autra; la tersa ten la fronda,
E trazon tug li genh a la redonda.

Na Biatritz monta,
E s va de pretz garnir;
Ausberc ni porponta
Non vol, e vai ferir;
Cell' ab cui s'afronta
Es serta de morir;
E jonh,
Et abat prop e lonh;
E fai tanta jonta

Que l'ost fai descofir;
   Pueis ponh,
Si qu'el carros desjonh.
Tantas n'a prez e derocad' e morta,
Qu'el vielhs comuns s'esmay e s desconorta,
Si qu'a Troya l'enclaus dedins la porta.

Na Biatritz, be m platz, quar est estorta
A las vielhas, qu'el vostres gens cors porta
Pretz e jovens qu'a lor proeza morta.

Bels Cavalhiers, vostr' amor me coforta,
E m dona joy, e m'alegr' e m deporta,
Quan l'autra gen s'esmay e s desconorta.

PONS DE LA GARDA.

Sitot non ai al cor gran alegransa,
Si dey chantar e far bella semblansa;
E per so m platz cobrir ma malanansa,
Qu'ieu no vuelh dar gaug a mos enemis;
E si 'n dirai alques de mos talans,
E 'n laissarai per paor moutz a dire.

Eras no sai deves qual part me vire,
Pus miey amic ponhon en mi aucire;
Que tals m'a fach so don planc e sospire,
Qu' ie us jur ma fe, qu'ieu cuiav' esser fis
Qu'el me serques mos pros e mos enans;
Mas aissi falh hom en mantha fazenda.

Non dirai tan que negus hom m'entenda,
Car d'aquest tort no vuelh aver esmenda;
Si mals m'es pres no vuelh que piegz m'en prenda.
Ai! cum fora gueritz, s'ieu ja no vis
Lo jorn qu'ieu vi ni conuc los enjans
Que m'a fag silh don no vuelh mantenensa.

Mas ieu sai ben qu'ilh a tal conoyssensa
Mais per si eys que per autra temensa,
Que s laissara enves mi far valensa,

E qui m sera leyals amicx e fis;
Mas ja nulh temps, si vivia mil ans,
No lo y dirai, s'ilh non o vol entendre.

Soen mi fai amors ab se contendre:
Quan cug poiar, l'om ave a deissendre.
Mal aia 'l jorns qu'amors mi fetz emprendre;
Quar, s'ieu ames si cum fan mos vezis,
Non sofrira las penas ni 'ls afans
Que m fai sufrir amors la nueg e 'l dia.

En aisso fai amors gran vilania,
Menhs fai de be a selh que mais s'i fia;
Qu'ieu mi rancur d'amor e de m'amia
A cuy aurai loncx temps estat aclis;
E 'l guizardos no m'es res mas afans,
Mas ieu 'lh servi tos temps de bon coratge.

Dieus prec que m fes vezer, ans qu'ieu moris,
Cum fos mos pros, e ja no fos mos dans
De vostr'amor, domna de bon linhatge.

PEYROLS.

I.

Quora qu'amors vuelha,
    Ieu chan,
Qu'autra flors ni fuelha
No y vau gardan;
Dregz es qu'ieu m'en duelha
    Aman,
Pus vas me s'orguelha
Silh cui me coman:
   Perdut ai,
   E cobrarai;
Ges no m recre per tan,
Qu'aissi s va'l segles camjan.

Dieus m'aiut, e m valha!
    Qu'antan
Aic d'amor ses falha,
Mas non ai oguan,
Quar me mov baralha
    Tan gran
Al cor, e m trebalha
Durmen e velhan,
   Per qu'eu fai

Qu'al mielhs qu'ieu sai
La serv e la reblan :
Per so vei qu'ieu mi ay dan.

Mos cors salh e trembla
 Soven,
M'amia lo m'embla
Si qu'ieu non o sen;
Qu'ilh m'aima, so m sembla,
 Quomen
Lo sieus digz ressembla
Lo mieu pessamen;
 Don dirai,
 Que mout mi plai
Suffrir aital turmen
Don ieu tan ric joi aten.

Nulhs hom be non ama
 Ni gen,
Que d'amor si clama
Sitot mal li 'n pren.
Cum plus m'enliama
 Greumen,
E m'art e m'aflama,
N'ai melhor talen;
 Qu'aissi m trai
 Mos volers lai,
E'l fol chaptenemen
Don m'es mantas vetz parven.

Mout bas fora meza
   Valors,
Deportz e guayeza,
Si no fos amors,
Quar mante proeza
   Totz jors,
E fai que corteza,
Quar pren los melhors,
   No s'eschai
   D'ome savai,
Que aia tan d'onors
Que d'amor senta dolors.

Era us quier, amia,
   Socors,
Qu'enansas morria
Qu'en queris alhors,
Assatz trobaria
   D'aussors;
Vos etz ses fadia
Caps de las melhors.
   Mos cors jay
   En gran esmay
Entre sospirs e plors,
Mas tot m'es jois e doussors.

   Peyrols fai
   Fin e verai

Lo sonet per amors,
On sos cors estai totz jors.

II.

Atressi col signes fai,
 Quan dey murir, chan,
Quar sai que plus gen murrai,
 Et ab meynhs d'afan;
Qu'amors m'a tengut en sos latz,
E maynhs trebalhs n'ai sufertatz;
Mas pel mal qu'aoras m'en ve
Conosc qu'ancmai non amiey re.

Dieus! e qual cosselh penrai,
 S'aissi muer aman,
Ni secors no m ve de lai
 On mei sospir van?
Pero non part mas voluntatz,
Sitot m'en sui desesperatz;
Pessius e cossiros mi te
La belha de cui mi sove.

Ges melhor dona no sai,
 Veus per que l'am tan;
Qu'ieu jamais non l'auzarai
 Dire mon talan;
Gen m'acuelh e m'a belh solatz,

E del plus sui acosselhatz,
Que s'ieu la preyava de re,
Tem que pueis si guardes de me.

Preguar, las! quan no s'eschai,
 Torna a enuey gran :
Ses parlar la preguarai;
 E cum? per semblan,
Et ilh entenra o s'il platz :
Qu'en aissi dobla 'l jois e 'l gratz,
Quan l'us cors ab l'autre s'ave,
E dona ses querre fai be.

Francheza ab fin cor veray
 Trai amor enan,
Mas paratges la dechai,
 Que 'l ric son truan;
Et a n'i d'aquels malvatz
Per qu'el segles es sordciatz;
E domna, que bon pretz maute,
Non am per ricor, s'als no y ve.

Chansos, vas la belha vai,
 Non ges qu'ieu re 'l man,
Mas ben li potz mon esmai
 Mostrar ses mon dan;
E diguas li m qu'a lieys s'es datz
Mos cors ligges et autreyatz;

Sieus sui e sieus serai jasse,
Murir puesc per ma bona fe.

Domna del mon que plus mi platz,
Jois sia ab vos on que siatz,
Qu'estiers no us aus preguar de re,
Mas sivals pessar m'o puesc be.

III.

Ben dei chantar pus amors m'o ensenha,
E m dona gienh cum sapcha bos motz faire,
Quar s'ilh no fos, ja non fora chantaire
Ni conogutz per tanta bona gen;
Mas aras sai e conosc veramen
Que totz los bes qu'anc mi fes mi vol vendre.

Que farai doncs! giquirai me d'atendre?
Non ges, mais am tot en perdo maltraire;
Qu'ieu no vuelh reis esser ni emperaire,
Sol que de lieys partis mon pessamen;
Non soi pro ricx sol qu'ieu l'am finamen?
Grans honors m'es que s'amors me destrenha.

Bona domna, qualque fals' entressenha
Me fatz, si us platz, don m'alegr' e m'esclaire,
Pus conoissetz que no m'en puesc estraire;
Ab bel semblan baissatz lo mal qu'ieu sen,

Qu'aissi m podetz traynar longamen,
E de mon cor, qu'avetz tot, un pauc rendre.

Bona domna, be o devetz entendre,
Qu'ieu vos am tan no us aus preyar de guaire,
Mas vos etz tan francha e de bon aire,
Per que n'auretz merce, mon escien;
Lo mieu fin cor gardatz e 'l bon talen,
Ja de vostra riqueza no us sovenha.

Esfortz de me non aten que m revenha,
E pot esser, mas mi non es veiaire,
Qu'ilh es tan belha e de tan ric afaire,
Pros e corteza en faich et en parven,
Per qu'ieu sai ben, si ma razon enten,
Qu'ilh non deu ges vas me tan bas dissendre.

S'ieu no sui drutz res no m'en pot defendre
Qu'a tot lo menhs no sia fis amaire,
Francs e sufrens, humils e merceyaire,
Ses trop parlar, e de bon celamen;
Per aital guiza e per aital coven
M'autrey a lieys que retener no m denha.

Lo vers a fait Peirols, e no i enten
Mot mal adrech ni ren que y descovenha.

Vai messagier, lai a Mercoill lo m ren
A 'l comtessa cui jois e pretz manteigna.

IV.

Quoras que m fezes doler
Amors, ni m dones esmai,
Era m ten jauzen e gai
Per qu'ieu chant a mon plazer,
Quar plus ric joy ai conquis
   Qu'a mi no s tanhia;
E quan ricors s'umilia,
Humilitatz s'enriquis.

Mi dons mercey e grazis
La benanansa qu'ieu n'ai,
E ja non oblidarai
Los plazers que m fes ni m dis;
Qu'en mi non a mais poder
   Lieys qu'amar solia,
Qu'en plus franca senhoria
Vuelh ses engan remaner.

Soven l'anera vezer
La plus avinen qu'ieu sai,
Si 'ls devinamens qu'om fai
No m'avengues a temer;
Pero mos cors es aclis
   Vas lieys on qu'ieu sia,
Que fin' amors jonh e lia
Dos cors de lonhdan pais.

Molt m'agrada e m'abelhis
De dos amicx, quan s'eschai
Que s'amon de cor verai,
E l'us l'autre non trais,
E sabon luec e lezer
  Gardar tota via,
Qu'en lur bona companhia
Non puesca enuios caber.

Derenan me vuelh tener
Al reprovier qu'om retrai:
No s mova qui ben estai.
No farai ieu ja per ver,
Que'l flama qu'amors noyris
  M'art la nueg e'l dia,
Per qu'ieu devenh tota via
Cum fai l'aurs el fuec plus fis.

S'era part la crotz del ris,
Don nuls hom non tornet sai,
No crezatz que m pogues lai
Retener nulhs paradis;
Tant ai assis mon voler
  En ma douss'amia,
Que ses lieys ges non poiria
Negus autres joys plazer.

Chansos, hueimais potz tener
  Vas mi dons ta via,

Qu'ieu sai ben qu'ella volria
Te auzir e me vezer.

Dalfis, s'auzes mon voler
　Dir a ren que sia,
Tant am vostra companhia
Que vos en saubratz lo ver.

V.

Manta gens me mal razona
Quar ieu non chant plus soven,
E qui d'aisso m'ocaizona
Non sap ges quant longamen
M'a tengut en greu pessamen
　Cill que mos cors empreisona,
Per qu'en pert tot jauzimen,
　Tal desconort mi dona.

Pero si m fo douss' e bona
Ma domn' al comensamen,
Ara no m'acuelh ni m sona
Plus que fai a l'autra gen,
Quar conois qu'ieu l'am finamen;
　E s'aital mi guazardona,
Amors fara falhimen,
　S'aquest tort li perdona.

De tota joia m deslonja
Ma dona, e non l'es honors,
Qu'ab calque plazen messonja
Mi pogra far gen socors :
Ar vei que non es mas folhors
Aquesta entendensa lonja,
Dont ai fag tantas clamors
Qu'anta n'ai e vergonja.

Partirai m'en donc ieu? Non ja;
Que sos pretz e sa valors
M'o defen e m'o calonja;
Quant ieu cuit amar alhors
Per tot lo cors m'intra s'amors,
Si cum fai l'aigua en l'esponja.
Tos temps mi plaira 'l dolors,
Cum que m destrenh' e m ponja.

E vuelh be qu'amors m'asalha,
E m guerrei matin e ser;
Contra la sua batalha
No vuelh ja repaus aver :
E s'ieu non ai tot mon voler,
Tals es silh qu'aissi m trebalha,
Qu'en est mon non a plazer
Qu'el mieu maltraire valha.

Lauzenga ni devinalha
D'enuios no m cal temer;

Sol pessar de lieys no m falha,
Res no m'en pot dan tener;
Qu'el consirs don ieu m'alezer
Me pais mais qu'autra vitalha;
Per ren que n'aia en poder
Mos cors no s'anualha.

Chansos, a totz potz dir en ver
Que mon chan non agra falha,
Si m volgues d'amor valer
La belha cui dieus valha.

VI.

Quant amors trobet partit
Mon cor de son pessamen,
D'una tenson m'asalhit,
E podetz auzir comen :
« Amicx Peyrols, malamen
Vos anatz de mi lunhan,
E pus en mi ni en chan
Non er vostr' entencios,
Diguatz pueis que valretz vos? »

« Amors, tant vos ai servit,
E pietatz no us en pren,
Cum vos sabetz quan petit
N'ai aiut de jauzimen;

No us ochaizon de nien,
Sol que m fassatz derenan
Bona patz, qu'als no us deman,
Que nulhs autres guazardos
No m'en pot esser tan bos. »

« Peyrols, metetz en oblit
La bona domna valen
Qui tan gen vos aculhit
E tant amorosamen,
Tot per mon comandamen;
Trop avetz leugier talan,
E non era ges semblan,
Tant guays e tant amoros
Eratz en vostras chansos. »

« Amors, mi dons, pos la vit,
Ai amada lonjamen;
Enquer l'am, tant m'abelit
E m plac al comensamen,
Mas folia no i enten :
Pero maint amic partan
De lor amigas ploran,
Que, s'גן Saladis no fos,
Sai remanseran joyos. »

« Peyrols, Turc ni Arabit
Ja pel vostr' envazimen
No laisseron tor Davit.

Bon cosselh vos don e gen,
Amatz e cantatz soven;
Iretz vos, e 'l rey no van!
Veiatz las guerras que fan,
Et esguardatz dels baros
Cossi trobon ochaizos ! »

« Amors, ancmais no falhit,
Mas ar falh forsadamen,
E prec dieu que m sia guit,
E que trameta breumen
Entr' els reys acordamen,
Qu'el socors vai trop tarzan,
Et auria mestier gran
Qu'el marques valens e pros
N'agues mais de companhos. »

« Peyrols, molt amic partran
De lurs amiguas ploran,
Que, si Saladis no fos,
Sai remanseran ab nos. »

« Amors, si li rey no van,
Del Dalfin vos dic aitan,
Que per guerra ni per vos
No remanra, tant es pros. »

GAUCELM FAIDIT.

I.

Lo rossinholet salvatge
Ai auzit que s'esbaudeya
Per amor en son lenguatge,
E m fai si murir d'enveya,
  Quar lieys cui dezir
  Non vey ni remir,
Ni no m volc ongan auzir;
  Pero pel dous chan
  Qu'ilh e sa par fan
Esfortz un pauc mon coratge,
  E m vau conortan
  Mon cor en chantan,
So qu'ieu no cugei far oguan.

Empero nulh alegratge
No m don al cor ren qu'ieu veya,
Per qu'ieu conosc mon follatge;
Et es dreitz qu'aissi m'esteya:
  E deu m'avenir,
  Quar per fol cossir
Laisiey mon joy a chauzir;
  Don sui en afan,
  E n'ai ira e dan,

E conosc en mon coratge
  Qu'ai perdut est an,
  Qu'anc no i aic joi gran
Ni re que m vengues a talan.

E sitot planh mon dampnatge,
Mon cor aclin e sopleya
Vas lieys que a 'l senhoratge
En mi, tant com esser deya;
  Car no m poc plus dir
  Quan venc al partir,
Mas sa cara 'l vi cobrir,
  E m dis sospiran:
  « A dieu vos coman! »
E quan pens en mon coratge
  L'amor e 'l semblan,
  Per pauc en ploran
No m'auci, quar no ill sui denan.

Anc non falsiei mon viatge
Vas lieys cui mos cors s'autreya
Pus l'agui fait homenatge,
E non ai cor que m recreya
  Ja del sieu servir;
  Cui qu'enuey ni tir,
Sieus sui, e no m puesc giquir
  De lieys tan ni quan;
  Qu'autra non deman,
Ni non es en mon coratge

Res qu'ieu vuelha tan,
Per que la reblan
Mas mas juntas humilian.

Mi dons m'a per heretatge
Acli, cum selh que merceya,
Que no m'aia cor salvatge,
Ni fals lauzengiers non creya
 De mi, ni s'albir
 Que vas autra m vir;
Que per bona fe sospir,
 E l'am ses enguan
 E ses cor truan;
Qu'ieu non ai ges tal coratge,
 Cum li fals drut an
 Que van gualian,
Per qu'amors torna en soan.

Chansos, de te fatz messatge,
E vai ades e despleya
Lai on jois a son estatge,
A mi dons que tan me greya;
 E poiras li dir
 Qu'ieu muer de dezir;
E s'ilh te denh' aculhir,
 Vai li remembran,
 E non t'ans tarzan,
Lo mieu deziros coratge
 E l'amor tan gran

Don muer deziran,
Quar non la remir en baizan.

Na Maria, tan
Avetz de pretz gran,
Per que son tuich d'agradatge
Mei dich e mei chan,
Per la lauzor gran
Que ieu dic de vos en chantan.

II.

Ab cossirier plang,
En chantan, mon dampnatge
D'un joy que m sofrang
Per mon mezeis follatge,
Qu'en pays estrang
Sui, e no i vey messatge
De lieys cui sopley,
Don ges no m recrey;
Qu'ades on qu'estey
L'aclin ses cor volatge,
Sitot non la vey.

Mout fi belh guazang,
Quan pres mon homenatge,
Per qu'ieu non remang
En autrui senhoratge,
Ni a mi no s tang
Qu'ieu segua autre viatge,

Ni que ja desrey
En autrui domney,
Ans sos sers m'autrey
Humils ab fin coratge,
Qu'autra non envey.

Mi dons sui aclis
Vas on qu'ieu an ni venha,
Et al dous pays
On ilh estai e renha
Suavet m'aucis
Ab sa falsa entresenha;
E no sai per que
M'a destreg ancse,
Qu'ieu l'asegur be
Que ja d'autra no m fenha;
Mas ilh no m'en cre.

Mielhs fora m sofris
De lieys, cui jois mantenha,
Qu'ieu ja non la vis,
Qu'aitals maltraitz m'en venha.
Sola m'a conquis
La belha que no m denha,
Pus per sa merce
Mi retenc ab se;
Ar no l'en sove,
Quar m'es ops que m revenha,
Ni'l membra de me.

Amors, que farai
S'aissi m dezasegura
  Lo mals qu'ieu en trai,
E de mi non a cura?
  Quar gelos savai,
Et avols gens tafura,
  E croy lauzengier
  Son d'amor guerrier;
  Per que Jhesu quier
Que los met' en rancura
  Et en encombrier.

Joyos, ben s'eschai
Qu'aya de joy fraitura
  Qui ab joy estai
Et ab joy non s'atura;
  E mos cors es sai
Lueng de bon' aventura
  En greu cossirier;
  E mon Santongier
  Vey d'amor primier,
E si sa joya 'l dura
  Be 'l vai a sobrier.

E tu, messatgier,
Porta 'l chant leugier
N Agout, on pretz s'atura,
  Lai part Monpeslier.

Ja de mos jorns no m metrai en afan
Que ja per mi si' autra domn' enqueza.

Enqueza non, qu'en un loc solamen
Amiey ancse, e ja a dieu non playa
Que ja vas me fas' aital falhimen
Qu'autra m deman e que de lieys m'estraya;
Tos temps l'aurai fin' amor e veraya,
E son d'aitan el sieu bon chauzimen
Que, si per lieys non cobre jauzimen,
Ie us pleu per me que jamais joy non aya.

Joy aurai ieu, s'a lui plai en breumen
Qu'ieu cug e crey qu'ilh no vol qu'ieu dechaya,
Que per aisso mia no m'espaven
Qu'auzit ai dir que mal fai qui s'esmaya.
A ! doussa res, cuenda, cortez' e guaya,
Per vos sospir e plor e planc soven,
Quar no sentetz la gran dolor qu'ieu sen,
Ni ges non ai amic que la us retraya....

Dampnatge m'es, quar no sui poderos
De lieys vezer que ten mon cor en guatge.
Et estau sai don totas mas chansos
Tramet ades quar las vol per uzatge ;
Ab tot mi platz la belha d'aut paratge
E plagra m pauc chans, si per lui no fos,
Mas qui lieys ve ni sas plazens faissos,
No s pot tener de joy ni d'alegratge.
Be m cujava que.

Ja no creirai qu'ieu no l'agues conqueza,
S'ieu valgues tant qu'il amar mi degues,
Doncs be sui fols quar l'am, pus a lieis peza:

Partirai m'en ieu? Non, que no puesc ges;
  Mas per merce la preyaria
  Que no 'l pezes, si no 'l plazia,
Que nulha res no m pot del cor mover
Lo desirier ni 'l talan ni 'l voler....

La grans beutatz de lieis e la drecheza
Non es lunhs hom que trop lauzar pogues,
E qual pro y ai, s'il es guay' e corteza,
Qu'ieu muer per licis e no li 'n pren merces;
  Doncs be sui fols, qu'ieu trobaria
  Autra domna que m'amaria,
Mas ar sai eu qu'el reprovier ditz ver :
Tos temps vol hom so c'om no pot aver.

Emperairitz volgra fos o marqueza
O reyna selha que me ten pres,
O tot l'aver del mon e la riqueza
Volgra ieu, plus qu'ieu no sai dir, agues,
  Que per aitan no m'auciria;
  Mas sa beutatz m'auci e m lia,
Quar es tan grans e tan se fai plazer
Son belh semblan, quan se laissa vezer.

D'amor mi clam e de nostra marqueza,
Mout m'es de greu quar la ns tolh Vianes,
Per lieis es jois mantengutz e guayeza;
Gensor domna no cre qu'anc dieus fezes,
  Ni eu no cug tan belha 'n sia
  Ni tan sapcha de cortezia,
Qu'a penas pot sos pretz el mon caber,
Qu'a totz jorns creis e no y s laissa chazer.

M' ENTENCIO AI.

Bastero, 90. Crescimbeni, 113, 203. Hist. gén. de Langued. III, 97. Millot.
I, 322. P. Occ 88. Hist. Litt. XV, 454.

Belh' es e pros, franch' e de bon usatge,
Et a m mandat per un cortes messatge
Q'un pauc auzel en mon punh, que no s n'an,
Am mais qu'al cel una grua volan.

Mon Santongier m'ane mon sobregatge,
Quar ai conquist gran sen ab gran follatge,
E sai chauzir d'amor lo pro e'l dan,
E jamais jorn no m'aucirai preyan.

IV.

Sitot ai tarzat mon chan
E n'ai fag trop lonc estatge,
Ar ai ben cor e talan
Qu'ie'n torn la perd'e'l dampnatge,
Que'l belha m met el viatge,
E m ditz qu'ieu mostr' en chantan
Lo joy e la valor gran
Que m donet, e l'alegratge,
Lo jorn que m retenc baizan.

Adoncs l'estei tan denan,
Mas jontas, de bon coratge,
De genolhos, en ploran,
Tro m pres en son senhoratge;
Mas al prim li fo salvatge,
Quar m'auzei enhardir tan;

Pueis vi mon humil semblan,
E receup mon homenatge,
Quar mi conoc ses enjan.

Amicx, quan se vol partir
De si dons, fai gran efansa,
Sitot no vol aculhir
Sos precx a la comensansa;
Qu'amors s'abriva e s'enansa
Ab honrar et ab servir;
E qui vol de lieys jauzir,
Sia de belha semblansa,
E sapch'amar e sofrir.

Mi dons am tant e dezir
Que, qui m mezes en eguansa
Vas lieys tot quant hom pot dir,
Non penria eu acordansa
Qu'ieu ja 'n partis m'esperansa,
Ni s camjesson mei cossir;
Ni no vuelh esdevenir
Senes lieys senher de Fransa;
Guardatz si vuelh qu'ilh m'azir!

Manthas sazos s'esdeve
Que pens tan fort e cossire
Qu'ieu non aug qui parla ab me,
Ni fatz mas tremblar e frire;
E pens com no volc assire

Dieus en una sola re
La beutat qu'ilh a en se,
E 'l gen parlar e 'l dous rire
Ab que s'amor me rete.

Tot ai per ma bona fe
Conquis so don sui jauzire,
E prec mi dons per merce
Que son cors del mieu no vire,
Quar sos hom e sos servire
Sui, et ai estat ancse;
Et ades pueia e ve
L'amors, e dobla 'l dezire
On ilh plus mi fai de be.

Linhaura, lai vir mon fre
Vas mon senhor cui dezire
E vuelh s'onor e son be.

V.

Si anc nulhs hom per aver fin coratge,
Ni per amar leialmen ses falsura,
Ni per sufrir franchamen son dampnatge,
Ac de si dons nulh' onrada aventura,
    Ben degr'ieu aver
    Alcun covinen plazer,
Qu'el ben e'l mal, quals qu'ieu n'aya,
Sai sufrir, et ai saber

De far tot quan mi dons playa,
Si qu'el cor non puesc mover.

De ben amar sai segr' el dreg viatge,
Si que tant am mi dons outra mezura
Que far en pot tot quan l'es d'agradatge;
Qu'ieu no 'lh deman, tan tem dir forfaitura
    Baizar ni jazer:
    Pero si sai tan valer
    Ad ops d'amar, qui qu'en braya,
    Qu'honrat jorn e plazen ser
    E tot don qu'a drut eschaya
    Sai dezirar e voler.

Sitot la m vuelh, ieu non ai autre gatge,
Ni autre don, ni paraula segura,
Mas ilh es tan franch' e de belh estatge
Que la valors e 'l pretz qu'en lieys s'atura
    Fai a totz parer
    Qu'amors y puesca caber;
    Quar lai on es valors gaya
    Deuria merces valer;
    Veus tot lo joy que m n'apaya,
    E m tolh qu'ieu no m dezesper.

Mas, e que m val? qu'ieu non ai vassalatge
Ni ardimen que l'aus dir ma rancura!
Quar tan dopti s'onor e son paratge,
Son guay semblan e sa belha faitura,

Qu'aisso m fai temer
Qu'a lieys non puesca caler
De mal ni d'afan qu'ieu traya;
Mas, si m volgues retener,
No volgr' esser reys d'Armaya,
Tan com ab lieys remaner.

Ai auzit dir del savi ses folhatge,
C'om honra mal aisel don non a cura
Que ditz que'l do dieus jove senhoratge;
Aquest honrat, sia tortz o drechura,
Ai d'amor per ver,
E s'ieu l'ai, no m deu doler;
Quar de pros domna veraya
Val mais qu'om bel dan esper,
Que tal don d'avol savaya
Qu'om no deu en grat tener.

Qu'ieu 'n sai una qu'es de tan franc usatge
Qu'anc no gardet honor sotz sa sentura;
E 'l tortz es sieus, s'ieu en dic vilanatge,
Quar, senes gienh et a descobertura,
Fai a totz vezer
Cum ponha en se dechazer;
E dona qu'ab tans s'asaya,
No us cugetz qu'ieu m'alezer
Que ja de lieys ben retraya,
Ni vuelh que s puesc' eschazer.

Na Maria, domna guaya,
Vos non etz d'aital saber
Que re no faitz que desplaya,
Ans faitz so que deu plazer.

VI.

Tug cilh que amon valor
Devon saber que d'amor
Mov larguez' e guais solatz,
Franchez' et humilitatz,
Pretz d'amar, servirs d'onor,
Gen teners, jois, cortezia;
Doncs, pois so'n mov, ben deuria
Chascus ponhar, qui bon pretz vol aver,
De fin' amor leialmen mantener.

Qu'aissi fan tut li melhor,
Cil qu'an bon pretz ab sabor;
Mas li fenhedor malvatz
An ab falsas amistatz
Volt pretz en avol color;
E s'ieu ver dir en volia,
Aquela meteissa via
Vezem al plus de las domnas tener,
Per que m sap mal quar en puesc dire ver.

Las falsas e'l trichador
Fan tan que 'l fin preyador
An pois dan en lur baratz;
Qu'aital es preyars tornatz
Tot per doptansa de lor,
Que l'us en l'autre no s fia;
E qui per so s recrezia
Non auria vas amor fin voler,
Qu'amors no vol qu'amics si dezesper.

E sivals segon error
Las falsas e'l fenhedor,
Volgra fosson ad un latz,
E quascus fos enganatz;
E 'l fin lial amador,
E las domnas ses bauzia
Mantenguesson drudaria;
Qu'enueitz es grans, en amor, a vezer
Que fals amans puesc' entr' els fins caber.

Mas una tals sazos cor
Que greu trob om bon senhor,
Ni domna don si' amatz
Totz sols, ses autres peccatz;
E s'ieu ab francha doussor
Trobes leyal senhoria,
Be m'plagra, qu'aissi tanh sia,
Quan fin aman s'acordon d'un voler,
Tot quan l'us vol deu a l'autre plazer.

D'amor agr' ieu cor melhor
Que de re, mas la dolor
Sen don ieu sui galiatz;
E ges per so no m desplatz
Ni m fan li maltrag paor,
Ans sapchatz qu'ieu amaria
Mout voluntiers, si podia
Chauzir bon luec on pogues remaner,
Ni trobava qui m saubes retener.

Cor ses don no m'a sabor,
Ni dona senes amor,
Ni cavaliers dezarmatz,
Ni joves manens senatz,
Ni drutz mas d'una color,
Ni trop gabar ab folhia,
Ni solatz ab vilania,
Ni no m sap bo prometre ses aver,
Ni loncs preyars, quan pro no m pot tener.

Ves Monferat ten ta via
A mon Thesaur on que sia,
E di 'l, chanso, que sapcha miels valer
De nulh autre que hom puesca vezer.

GUILLAUME DE SAINT-DIDIER.

I.

El mon non a neguna creatura
No truep sa part, mas ieu non truep la mia,
Ni ges no sai on ja trobada sia
Qu'aissi ames de lial fe segura;
Qu'ieu am pus fort selieys que mi guerreya,
No fai nulh drutz lieys qu'en baizan s'autreya;
Pus malgrat si eu l'am, per que m fai maltraire?
S'ilh m'ames re, pensatz s'ieu l'ames guaire!

Ho ieu, sapchatz que no fora mezura,
Pus er l'am tan que m'es mala enemia;
E s'ieu l'am sols, est' amor que m'embria?
Si fai sivals, tan cum bos respiegz dura;
Aquest respieg, on hom ren non espleya,
Non es cauza que hom persegre deya,
Ben o conosc, si m'en pogues estraire,
Mas no puesc ges, tan sui lial amaire.

Be m volgra mal, s'il fezes forfaitura,
Ni l'agues dig nulh erguelh ni falsia,
Mas quar enans son ric pretz quascun dia
De mon poder, e platz mi quar melhura,

E fas saber qu'a totas senhoreya;
Quant ieu l'esguar, no fai semblan que m veya;
A totz autres es franqu'e de bon aire,
Mas a mi sol no vol belh semblan faire.

Quar costum' es que domna sia dura,
E port'erguelh selhuy que s'umilia;
Belha res mala, e co us falh cortezia
Ves mi tot sol, qu'autre no s'en rancura!
Voletz mi mal sol quar mi faitz enveya,
E quar vos am mais d'autra res que sia?
Per aquest tort mi podetz los huelhs traire,
Que ieu ni vos non o podem desfaire.

A totz jorns creys e dobla e s'asegura
L'amor qu'ie 'l port, mas los fagz desembria;
E meinhs n'aurai, so cug, a la partia
Qu'al comensar; vey qu'ades se pejura,
Que, s'ieu m'irays, de tot en tot sordeya;
Doncx no sai ieu de qual guiza m'esteya,
S'ira mi notz, e patz no mi val gaire;
Si 'n aissi m vai, be sui doncx encantaire.

Amicx Bertrans, vos que es gualiaire
Es mais amatz qu'ieu que sui fis amaire.

II.

Aissi cum es bella sil de cui chan,
E belhs son nom, sa terra e son castelh,
E belh siey dig, siey fag e siey semblan,
Vuelh mas coblas movon totas en belh;
E dic vos be, si ma chansos valgues
Aitan cum val aiselha de cui es,
Si vensera totas cellas que son,
Cum ilh val mais que neguna del mon.

Tan belhamen m'aucira deziran
Selha cui sui hom liges ses revelh,
Que m fera ric ab un fil de son guan,
O d'un dels pels que'l chai sus son mantelh;
Ab son cuiar, o ab mentir cortes
Me tengra guay tos temps, s'a lieys plagues:
Qu'ab fin talan et ab cor deziron
L'am atrestan on il plus mi confon.

Ai! belha domna, ab gen cors benestan,
Vas cui ieu tot mon coratge capdelh,
S'ieu vos vengues de ginolhos denan,
Mas mans junchas, e us quezes vostr'anel,
Quals franqueza fora e quals merces,
S'aquest caitiu, que no sap que s'es bes,
Restauressetz d'un ric joy jauzion,
Que non es joys que senes vos m'aon!

Belha domna, pus ieu autra non blan
Endreg d'amor, ni n'azor, ni n'apelh,
Qu'una non es en fag ni en semblan
Que contra vos mi valgues un clavelh;
Ara no us ai ni autra non vuelh ges,
Viurai ses joy, qu'amors m'en ten defes;
Un pauc intrey en amor trop preon,
Yssir non puesc quar no i trob gua ni pon.

Us belhs respiegs mi vai recofortan
Qu'en petit d'ora ajuda son fizelh
Gentils amors, qui l'enquier merceyan:
Per que fols drutz torna en fol capdelh;
Mas selh que y a son fin coratge mes,
Si be 'l tarda, no s'en dezesper ges,
Quar bona domn'a tot quant deu respon,
E guarda ben a cui, ni que, ni on.

Trastot m'es belh ont ilh es e m resplan,
Bosc m'en son prat e vergier e rozelh,
E m'agensa a chascun jorn de l'an
Cum la roza, quant ilh nais de novelh;
Qu'el mon non es vilas tan mal apres,
Si parl' ab lieys un mot, non torn cortes,
E no sapcha de tot parlar a fron
Denan siey ditz, e dels autres s'escon.

Amics Bertrans, veiatz s'ai cor volon,
Qu'ilh chant e ri, quant ieu languisc e fon.

Bertrans, la filha al pros comte Raymon
Degra vezer qu'ilh gensa tot lo mon.

III.

Pus tan mi fors' amors que mi fai entremetre
Qu'a la gensor del mon aus ma chanso trametre,
E pus alhors non aus mon fin cor esdemetre,
Ben deuria mos sens subtils en lai esmetre;
E serai ricx, si m vol en son servizi metre
Silh cui hom liges sui ses dar e ses prometre.

El prometre m'es gen, e fos falsa 'l promessa
Mais que s'autra del mon m'agues joya tramessa;
E si neguna s'es de m'amor entremessa,
Entenda s'en autrui, qu'ieu sec dreita endemessa;
Mos ferms volers es tals que, si m sal sanhs ni messa,
Ieu non l'aus far semblan que y aya m'amor messa.

Messa y ai tan m'amor que non m'en puesc estraire,
Ni nulh' autra del mon no m pot nul joy atraire;
Mas si ieu non lo y dic, ni non lo y aus retraire
Estiers qu'en mas chansos, dic aital contrastraire
Don crey qu'ilh o enten; qu'om no m'en pot mot traire
Per paor qu'enueyos no la m puescan sostraire.

Sostrag m'a tot lo cor qu'ieu no sai on me tenha,
Que partir no m'en puesc, ni cug que ja y atenha,

Mas sol d'aitan la prec, s'a lieys plai, mi mantenha;
No l'enueg, si ben dic ni en mal no so tenha;
Qu'ab aitan m'er grans gaugz totz mals que m'en avenha,
Qu'ades aurai respieg que per merce m retenha.

Retener no m puesc ges mon voler ni abatre,
Qu'ades l'am mielhs e mais, e no m puesc escombatre :
Trop m'a fait en fols plais mos fols voler desbatre,
Mas negus homs non pot cor destrenher ni batre;
Que farai doncx, s'ieu l'am e no m'en puesc esbatre?
Languirai deziran, qu'ab lieys no m'aus combatre.

Combatre no s deu hom que'l genser e'l mielhs fayta
Es que sia el mon, e que gensers afaita
Tot quan fai segon pretz, que ren non dezafaita;
Per que sa grans valors non deu esser desfaita :
E s'amors, s'es en loc mespreza ni forfaita,
Sol que lieys fass'amar, es endreyt se refaita.

Refaitz for' en dezir, sol qu'ilh denhes emprenre
Un jorn qu'a lieys vengues que m fezes dezaprenre
Lo mal qu'ieu trac per lieys, e que m laisses aprenre
So que nulhs hom non sap ni s'en laissa reprenre;
Mas tan vei tot lo mon en son ric pretz perprenre,
Qu'en lieys es lo causitz, qu'ilh pot cui se vol prenre.

GIRAUD DE BORNEIL.

I.

Ar ai gran joy quant remembri l'amor
Que ten mon cor ferm en sa fezeutat;
Que l'autr'ier vinc en un vergier de flor
Tot gent cubert ab chan d'auzels mesclat,
E quant estei en aquels bels jardis,
Lai m'aparec la bella flors de lis,
E pres mos huels e sazic mon coratge,
Si que anc pueis remembransa ni sen
Non aic mas quant de lieys en cui m'enten.

Ilh es selha per cui ieu chant e plor;
Tant ai ves lieys mon talant esmerat,
Soven sospir e soplei et azor
Ves lai on vi resplandir sa beutat;
Flors de domnas, c'om acli e grazis,
Es aissella que tan gen m'a conquis,
Dous'e bona, humil, de gran paratge,
En faitz gentils ab solatz avinen,
Agradiva vas tota bona gen.

Ben fora ricx, s'auzes dir sa lauzor,
Qu'a tota gen vengra l'auzirs en grat;
Mas paor ai que fals lauzenjador,

Félh et esquiu, sobredesmezurat
M'entendesson, et ai trops d'enemis :
A mi non play qu'om se fassa devis;
Mas quan veirai home de son linhatge,
Lauzar l'ai tan tro que la boca m fen,
Tan d'amor port al sieu bel cors jauzen.

Ja non laissetz per mi ni per amor
Fals lauzengiers complitz de malvestat,
E demandatz cui ni quals es l'onor,
S'es loing o pres, qu'aisso us ai ben emblat,
Qu'ans fos ieu mortz qu'en aital mot falhis :
Qu'amic non ai ben d'aisso no'l trais;
Quar hom non es non aia per usatge
Us fols vezis que'l vai mal enqueren,
Per q'us no s fi en fil ni en paren.

Ara diran de mi escarnidor :
Ai! ai! fant il, cum ten sos huels en fat
E sa gamba d'orguelh e de ricor!
Qu'ieu non cossir, s'er'en un gran mercat,
Mas quant de lieys on mos cors s'es assis,
E ten los huels viratz vas lo pais
On ilh estai, e parl'en mon coratge
Ades de lieis on mon fin cor s'aten;
Car non ama qui non o fai parven.

II.

Ja m vai revenen
D'un dol e d'un'ira
Mos cors, quar aten
Per sol bon coven
Avinen e jai;
Per qu'ieu chantarai :
Qu'ogan non chantera,
Pos vergiers, ni pratz,
No m'adui solatz,
Ni chans per plaissatz
Que l'auzelet fan
Vas lo torn de l'an.

Ni ja l'avol gen
En patz no sofrira,
Qu'apessadamen
Van ves valor len,
Per que pretz dechai;
Ren als no us en sai,
Mas ja non cuidera
Fos aitan viatz
Joys dezamparatz;
Vos m'en conortatz,
Domna, per cui chan,
E m vau alegran.

E per vos defen
So que plus me tira,
Que no m'espaven
Per bon covinen
Que n'agui e n'ai,
Mas plus no m'eschai;
Qu'assatz miels chantera,
Si 'l gens cors honratz
Mi fos plus privatz;
Empero, si us platz,
No y dei aver dan
Si us repren chantan.

Qu'ab plus d'ardimen
Mos fatz cors no s vira,
Ta fort m'espaven;
Ans me ditz soven
Qu'a mon dan serai,
Quan vos preiarai,
Pos aissi m'es fera,
Quar sol o cuiatz
Ans que ren sapchatz;
Si plus n'auziatz,
Paor mi faitz gran
Que m dobles l'afan.

Mas mon escien
Tot' autra n sufrira
Plus d'envazimen.

Parlem bellamen;
Diguatz, o dirai;
Qual tort vos aurai
Si us am, o enquera
Vos en prec forsatz?
Pois pres o liatz
Sui, ja non crezatz
Que sobretalan
Ja m'ane guaran.

Quar qui 'ls dregz enten
D'amor, ni 'n sospira,
Non pot aver sen
De gran jauzimen,
S'ab foldat no y vai;
Qu'anc drut savi guai
No vi, qu'ans esmera
Lo sen la foudatz;
Pero s'amavatz,
E'l sen creziatz,
Per pauc de semblan
Iriatz doptan.

E per aisso pren
Qui trop no s'albira;
Primiers quar cossen
So qu'autre repren:
Ges ben no us estai,
Si us mespren de lai;

Qu'eissamen m'amera
Cum vos vos amatz
Que guerra m fassatz;
Mas sufretz en patz,
Quar silh venseran
Que miels sufriran.

Qu'en patz e sufren
Vi ja que m jauzira
D'un' amor valen,
Si leugieiramen,
Per fol sen savai,
No m fezes esglai
So que m'ajudera,
Si 'n fos veziatz;
Mas feyssi m'iratz,
Per qu'autre senatz,
Quan m'anei tarzan,
Pois pres ta enan.

E pueys sofertera
Maiors tortz assatz,
Quan m'en sui lunhatz,
E sui 'n esfredatz;
Per qu'ie us prec e us man
Que sufratz aman.

III.

No pues sofrir qu'a la dolor
De la den la lenga no vir,
E 'l cor a la novelha flor,
Lanquan vei los ramels florir,
  Doussa votz pel boscatge
Aug dels auzelhs enamoratz;
E si be m'estau apessatz
  Ni pres per mal usatge,
Quan vey camps e vergiers e pratz,
Eu m renovelh e m'asolatz.

Qu'ieu no m'esfortz d'autre labor
Mas de chantar e d'esbaudir;
L'autr'ier sompniey en pascor
Un somnhe, que m fetz esbaudir,
  D'un esparvier ramatge
Que s'era sus mon pong pauzatz,
E si m semblav' adomesgatz,
  Anc non vi tan salvatge,
Mas pueys fon mainiers e privatz,
E de bons getz apreisonatz.

Lo somnhe dis a mon senhor,
Qu'a son amic lo deu hom dir,
Et el narret lo m'en amor,
E dis me que no m pot falhir
  Que del aussor paratge

Conquerrai tal amigu' en patz,
Quan be m'en serai trebalhatz,
 Qu'anc hom de mon linhatge
Ni de maior valor assatz
Non amet tal, ni 'n fon amatz.

Aras n'ai vergonha e paor
Quan m'esvelh, e planc e sospir,
E 'l somnhe tenc a gran folhor,
E non crey que puesc' avenir;
 Pero d'un fat coratge
No s pot partir us rics pessatz
Orgoylhos e desmezuratz;
 Qu'apres nostre passatge
Crey qu'el somjes sera vertatz,
Aissi dreg cum mi fo narratz.

E pueis auziretz cantador
E cansos anar e venir;
Qu'eras, quan re no sai ves or,
M'aven un pauc plus enardir
 D'enviar mon messatge,
Que ns porte nostras amistatz;
Que sai n'es faita la meitatz,
 Mas de lai non tenc gatge;
Pero ja non er acabatz
Nuls fagz tro sia comensatz.

Qu'ieu ai vist comensada tor
D'una sola peira bastir,

E quad a pauc poiar aussor
Tro que la podia hom garnir;
Per qu'ieu prenc vassallatge
D'aitan, si vos m'o conselhatz,
Qu'el vers quant er ben acabatz
Trametrai el viatge,
Si trob qui lai lo m port viatz,
Ab que s deport e s don solatz.

E s'ieu ja vas emperador
Ni vas rei vauc, si m vol grazir
Tot aissi com al sieu traichor
Que no'l sap ni no'l pot gandir,
Ni mantener ostatge,
Loing en un dels estrans regnatz;
Qu'aissi serai justiziatz
E fis de gran damnatge,
Si'l sieus gens cors blancs e prezatz
M'es estrans ni m'estai iratz.

E vos entendetz e veiatz
Que sabetz mon lengatge,
Quoras que fezes motz serratz,
S'eras no'ls fatz ben esclairatz.

E soi m'en per so esforsatz
Qu'entendatz cals chansos eu fatz.

IV.

Rei glorios, verais lums e clardatz,
Dieu poderos, senher, si a vos platz,
Al mieu compainh sias fizels ajuda,
Qu'ieu non lo vi pus la nueitz fo venguda,
  Et ades sera l'alba.

« Bel companhos, si dormetz o velhatz,
Non dormatz plus, qu'el jorn es apropchatz,
Qu'en Orien vey l'estela creguda
Qu'adutz lo jorn, qu'ieu l'ai ben conoguda,
  Et ades sera l'alba.

« Bel companhos, en chantan vos apel,
Non dormatz plus, qu'ieu aug chantar l'auzel
Que vai queren lo jorn per lo boscatge,
Et ai paor qu'el gilos vos assatge,
  Et ades sera l'alba.

« Bel companhos, issetz al fenestrel,
Et esgardatz las ensenhas del cel,
Conoiseretz si us sui fizels messatge;
Si non o faitz, vostres er lo dampnatge,
  Et ades sera l'alba.

« Bel companhos, pus mi parti de vos
Ieu non durmi ni m muec de ginolhos,
Ans preguei dieu lo filh santa Maria

Que us mi rendes per leial companhia,
 Et ades sera l'alba.

« Bel companhos, las! foras al peiros,
Me preiavatz qu'ieu no fos dormilhos,
Enans velhes tota nueg tro al dia;
Aras no us plai mos chans ni ma paria,
 Et ades sera l'alba. »

« Bel dos companh, tan soy en ric sojorn
Qu'ieu no volgra mais fos alba ni jorn,
Car la genser que anc nasques de maire
Tenc et abras, per qu'ieu non prezi guaire
 Lo fol gilos ni l'alba. »

HUGUES BRUNET.

Cortezamen mov en mon cor mesclansa
Que m fai tornar en l'amoros dezire;
Joya m promet et aporta m cossire,
Quar en aissi sap ferir de sa lansa
Amors, que es us esperitz cortes,
Que no s laissa vezer mas per semblans,
Quar d'huelh en huelh salh e fai sos dous lans,
E d'huelh en cor e de coratge en pes.

En aissi vens e destrenh e sobransa
Selhs qu'a sos ops vol triar et eslire,
Mas aissi a un perilhos martire
Que sa dolors vol que si'alegransa,
E dels sieus tortz que il refeir' hom merces,
E contr' orguelh qu'om si' humilians;
Qu'amor no vens menassa ni bobans
Mas gens servirs e precx e bona fes.

Mas a mi fai sobre totz un' onransa,
Qu'anc mon dezir no volc en dos devire,
Ans, quan se ven en mon fin cor assire,
Totz autres pes gieta defors e lansa;
Pero selieis qu'a sos ops m'a conques
Tanh qu'a mos precx s'adouz sos cors prezans,

Tro sia 'l cors ab los huelhs acordans
Que paresca qu' al coratge plagues.

Mi dons sap far de joy semblar pezansa,
E son voler celar et escondire,
Puois faï semblans cortes ab son dous rire,
Per qu'ieu no sai cor jutgar per semblansa;
Mas, si be m vol, en breu temps paregues.
Pus li sui fis, leyals, ses totz enjans,
Qu'ieu no pens d'als mas de far totz sos mans,
Que m dones cor, qu'ilh a lo mieu conques.

E pois no m part de sa bon' esperansa,
Vas mon dezir adouz son cor e vire,
Que cors non pot pensar ni boca dire
L'amor que ill teing ni la fina amistansa;
E pois mon cor li teing aissi 'n defes,
Que non i lais intrar autres talans,
Sia de mi sovinens, e membrans
Que mil maltratz en mi plaideia us bes.

E sol qu'el cor aya de mi membransa,
Del plus serai atendens e sufrire,
Ab que l'esguar se baizon e ill sospire
Per qu'el dezirs amoros no s'estansa;
Qu'ab sol aiso ai tot quan mestier m'es,
E serai li plazens e merceyans,
Quar aiso es vida dels fins amans,
Qu'amors non viu mas de gaug e de bes.

Ja lauzengier no l'en fasson duptansa,
Qu'ieu n'ai vas els pres engienh et albire,
Qu'ieu bais los huelhs, et ab lo cor remire,
Et en aissi cel lur ma benenansa,
Que nulhs no sap de mon cor vas ont es,
Ans qui m'enquier de cui se fenh mos chans,
Als plus privatz estau quetz e celans,
Mas que lor fenh de so que vers non es.

Glorieta, entre vos e merces
M'achaptas joy de lieis cui sui amans,
E digas li qu'ab s'amistat m'enans,
Qu'ie'l port el cor amor e bona fes.

PIERRE VIDAL.

I.

Ab l'alen tir vas me l'aire
Qu'ieu sen venir de Proensa;
Tot quant es de lai m'agensa,
Si que, quan n'aug ben retraire,
Ieu m'o escout en rizen,
E 'n deman per un mot cen,
Tan m'es bel quan n'aug ben dire.

Qu'om no sap tan dous repaire
Cum de Rozer tro c'a Vensa
Si cum clau mars e Durensa,
Ni on tan fins joys s'esclaire;
Per qu'entre la franca gen
Ai laissat mon cor jauzen
Ab lieys que fa 'ls iratz rire.

Qu'om no pot lo jorn maltraire
Qu'aia de lieys sovinensa,
Qu'en lieys nais joys e comensa;
E qui qu'en sia lauzaire,
De be qu'en digua no i men;
Que 'l mielhers es, ses conten,
E 'l genser quel mon se mire.

E s'ieu sai ren dir ni faire,
Ilh n'aya 'l grat, que sciensa
M'a donat e conoissensa,
Per qu'ieu sui guays e chantaire,
E tot quant fauc d'avinen
Ai del sieu belh cors plazen,
Neis quan de bon cor cossire.

II.

Si col paubres que jay el ric ostal
Que noca s planh, sitot s'a gran dolor,
Tan tem que torn ad enueg al senhor,
No m'aus planher de ma dolor mortal;
Be m dei doler, quar aissi m mostr' erguelh
La res del mon qu'ieu plus dezir e vuelh;
Sivals d'aitan non l'aus clamar merce,
Tal paor ai qu'ades s'enueg de me.

Si m'aiut dieus, peccat fai criminal
Mia belha domna, quar no m socor,
Ben sap qu'en lieys ai mon cor e m'amor
Tan que non pens de nulh autre jornal;
Dieus! per que m sona tan gen ni m'acuelh,
Pus pro no m te d'aisso don plus mi duelh;
E cuia m doncs aissi lunhar de se!
Ans sufrirai so qu'ai sufert ancse.

Que sufrir tanh a senhor natural
Lo tort e'l dreg e'l sen e la folhor,
Quar greu pot hom de guerra aver honor
Pois qu'es faiditz ses grat de son ostal;
Be sui faiditz, si de s'amor me tuelh;
No m'en tolrai, ans l'am mais que no suelh:
Tenra m ja vil pus ab mal no m rete!
Non o deu far, quar per amor m'ave.

Aissi m'a tot ma domn' en son cabal,
Que, si m fai mal, ja no m veira peior,
Qu'el sieus plazers m'a tan doussa sabor
Que ges del mieu no m remembra ni m cal;
Non es nulhs jorns s'amors el cor no m bruelh,
Per qu'ai tal gaug, quan la vezon mei huelh.
E quan mos cors pensa del sieu gran be,
Qu'el mon non vuelh ni dezir autra re.

Sabetz per que'l port amor tan coral?
Quar anc no vi tan belha ni gensor
Ni tan bona, per qu'ieu n'ai gran ricor
Quar sui amics de dona que tan val.
Ai! si ja vei que josta se m despuelh,
Mielhs m'estara qu'al senhor d'Issiduelh
Que mante pretz, quant autre si recre;
E non sai plus, mas aitan n'ai Jaufre.

Aissi cum selh que bada al veirial
Que il sembla belhs contra la resplandor,

Quant ieu l'esgart al cor n'ai tal doussor
Qu'ieu m'en oblid per lieys que vey aital;
Be m bat amors ab las vergas qu'ieu cuelh,
Quar una vetz en son reial capduelh
L'emblei un bais dont al cor mi sove.
Ai! cum mal viu qui so qu'ama no ve!

Als quatre reys d'Espanha esta mout mal,
Quar no volon aver patz entre lor,
Quar autramen son ill de gran valor,
Franc et adreit e cortes e leyal,
Sol que tan gen fezesson lur escuelh
Que viresson lor guerra en autre fuelh
Contra la gen que nostra lei mescre,
Tro qu'Espanha fos tota d'una fe.

Belhs Castiatz, senher, per vos mi duelh,
Quar no us vei lai, e quar mi dons non ve
Na Vierna cui am de bona fe.

Ieu dic lo ver aissi cum dir lo suelh :
Qui ben comensa, e pueissas s'en recre,
Mielhs li fora que non comenses re.

III.

Pus tornatz sui en Proensa
Et a ma dona sap bo,
Ben dei far bona chanso

Sivals per reconoissensa;
Qu'ab servir et ab honrar
Conquier hom de bon senhor
Don e ben fag et honor,
Qui be 'l sap tener en car;
Per qu'ieu m'en dei esforsar.

E quar anc no fitz fallensa,
Sui en bona sospeisso
Qu'el maltraitz mi torn en pro,
Pus lo bes tan gen comensa;
E poiran s'en conortar
En mi tug l'autr' amador,
Q'ab sobresfortz de labor
Trac de freida neu fuec clar
Et aigua doussa de mar.

Qu'estiers non agr'ieu guirensa,
Mas quar vei que vencutz so,
Sec ma domn' aital razo
Que vol qu'om vencutz la vensa;
Qu'aissi deu apoderar
Franch' umilitatz ricor,
Mas ieu no y trob valedor
Qu'ab lieis me puesc' ajudar,
Mas precs, e merce clamar.

E pos en sa mantenensa
Aissi del tot m'abando,

Ja no m deu dire de no,
Que, ses tota retenensa,
Sui sieus per vendr' e per dar;
E totz hom fai gran folhor
Que di qu' ieu me vir alhor;
Mais am ab lieys mescabar
Qu' ab autra joy conquistar.

E sel que long' atendensa
Blasma, fai gran fallizo;
Qu' er an Artus li Breto
On avion lur plevensa,
Et ieu per lonc esperar
Ai conquis tan gran doussor,
Un bais que forsa d'amor
Mi fetz a ma domna emblar,
Mas er lo m deu autreiar.

Ses pechat fis penedensa,
Et ai quist ses tort perdo,
E fatz de nien gen do;
E trac d'ira benvolensa,
E gaug entier de plorar,
E d'amar doussa sabor;
E sui arditz per paor,
E sai perden gazainhar,
E, quan sui vencutz, sobrar.

Bels Raynier, per ma crezensa,
No us sai par ni companho,

Quar tug li valen baro
Valon per vostra valensa;
E pos dieus vos fetz ses par,
E us det mi per servidor,
Servirai vos de lauzor
E d'als quant o poirai far,
Bel Raynier, car etz ses par.

IV.

De chantar m'era laissatz
Per ira e per dolor
Qu'ai del comte mon senhor,
Mas pos vei qu'al bon rey platz,
Farai tost una chanso
Que porten en Arago
Guillems e'n Blascols romieus,
Si'l sos lor par bons e lieus.

E s'ieu chant com hom forsatz,
Pus mon senher n'a sabor,
Non tengatz per sordeyor
Mon chan, qu'el cor m'es viratz
De lieys don anc non aic pro,
Que m gieta de sospeisso;
E'l partirs es mi tan grieus
Que res non o sap mas dieus.

Traitz sui et enguanatz
A lei de bon servidor,
Quar hom mi ten a folhor
So don degr' esser honratz,
E n'aten tal guazardo
Cum selh que serv a fello;
Mas s'ieu derenan sui sieus,
A meins me tenh que Juzieus.

A tal domna m sui donatz
Qu'ieu viu de joy e d'amor
E de pretz e de valor,
Qu'en lieis s'afina beutatz,
Cum l'aurs en l'arden carbo;
E quar mos precs li sap bo
Be m par qu'el segles es mieus,
E qu'el reys ten de mi fieus.

De fin joi sui coronatz
Sobre tot emperador,
Quar de filha de comtor
Me sui tant enamoratz;
Don n'ai mais d'un pauc cordo
Que na Raymbauda me do,
Qu'el reys Richartz ab Peitieus
Ni ab Tors ni ab Angieus.

E sitot lop m'apellatz,
No m'o tenh a deshonor,

Ni si m cridon li pastor,
Ni si m sui per lor cassatz;
Et am mais boscx e boisso
No fauc palaitz ni maizo,
Et ab joi li er mostrieus
Entre vent e gel e nieus.

La Loba ditz que sieus so,
Et a ben dreg e razo,
Que per ma fe mielhs sui sieus
Que no sui d'autrui ni mieus.

PIERRE D'AUVERGNE.

En estiu quan crida 'l jais,
E reviu per mieg los plais
Jovens ab la flor que nais,
Adoncs es ben dregz qu'om lais
Fals' amor enguanairitz
Ab volpilhos acropitz.

Li sordeior e 'ls savais
An lo mielhs e 'l meinhs del fais,
Pauc so prezon qui s n' irais;
Amarai, pus non puesc mais,
Que de tal amor sui guitz
Don sai que serai trahitz.

Pres ai estat en caslar,
Ab so que no y aus estar
Empero non puesc mudar;
De mos enemicx no 'l guar,
Qu'en auta roca es bastitz,
E ja non er assalhitz.

Si 'l portiers me vol jurar
Qu'autrui no i laisses intrar,
Segurs pogra guerreyar;

Mas al sagrament passar
Tem que serai escarnitz,
Que mil vetz en sui falhitz.

Lai sui plevitz e juratz
Qu'ieu non am vas autre latz,
Mas d'aisso es grans pechatz,
Qu'ieu am e no sui amatz;
Totz temps ai fag plaitz e ditz,
Per qu'ieu sui gent acuillitz.

Adoncx dey querre solatz
De que sia mais prezatz,
Quar en tal hora fui natz
Qu'anc non puec amar en patz;
E platz me quar sui issitz
De la terra on fui noiritz.

Amia m lais dieus trobar
On ja no m puesca fizar,
Et, on plus la 'n tenrai car,
Que pens de mi enguanar.
Adoncx mi tenc per guaritz,
Quan mi ment tot quan me ditz.

Assatz a que cavalguar
Qui autra la vol sercar,
Qu'en tan col cels clau la mar,

Non pot hom gaire trobar
Que non sion camjairitz
O ves drutz o ves maritz.

Totz temps deu esser marritz
Qui d'aital amor es guitz.

HUGUES DE SAINT-CYR.

1.

Tres enemicx e dos mals senhors ai;
Qusquex ponha nueyt e jorn que m'aucia:
L'enemic son mey huelh, e 'l cors que m fai
Voler tal joy qu'a mi non tanheria:
E l'us senhers es amors qu'en baylia
Ten mon fin cor e mon bon pessamen;
L'autre es vos, domna, en cui m'enten,
A cui non aus mon cor mostrar, e dir
Com m'aucizetz d'enveya e de dezir.

Que farai ieu, domna, que sai ni lai
Non puesc trobar ses vos ren que bo m sia?
Que farai ieu, qu'a mi semblon esmai
Tug autre joy, si de vos no 'ls avia?
Que farai ieu, cui capdella e guia
La vostr'amors, e m siec e m fug e m pren?
Que farai ieu, qu'autre joy non aten?
Que farai ieu, ni cum poirai guandir,
Si vos, domna, no m voletz aculhir?

Cum durarai, ieu que non puesc murir,
Ni ma vida non es mais malanansa?
Cum durarai, ieu que vos faitz languir

Dezesperatz ab petit d'esperansa?
Cum durarai, ieu que ja alegransa
Non aurai mais, si no m'en ven de vos?
Cum durarai ieu donc, qu'ieu sui gilos
De tot home que ab vos vai ni ve,
E de totz selhs a cui n'aug dire be?

Cum viurai ieu, que tan coral sospir
Fas nueg e jorn ab gran dezesperansa?
Cum viurai ieu, que non pot far ni dir
Autra, mas vos, ren que m tengu'ad onransa?
Cum viurai ieu, qu'als no port en membransa
Mas votre cors gentil et amoros,
E las vostras guayas plazens faissos?
Cum viurai ieu, que d'als no prec de me
Dieu, mas que m lais ab vos trobar merce?

Que dirai ieu, dona, si no m mante
Merces ab vos, sivals d'aitan qu'ieu vensa,
Ab mon fin cor et ab ma leial fe
Vostra ricor e vostra gran valensa?
Que dirai ieu, s'ab vos non truep guirensa?
Que dirai ieu, qu'autra non puesc vezer
Qu'endreg d'amor me puesca far plazer?
Que dirai ieu, qu'autra el mon non es
Que m dones joy per nulh be que m fezes?

A la valen comtessa de Proenssa,
Quar son sei fag d'onor e de saber,

E ill dig cortes, e ill semblan de plazer,
An ma chansos, quar cella de cui es
Me comandet qu'a lieis la trameses.

II.

Servit aurai franchamen,
Humils, francs, ferms e lials,
Amor don ai pres grans mals,
Ira, pena e turmen,
Greu maltrag ses nulha esmenda;
Et enquer vol qu'ieu atenda
Amors sa dura merce,
Per saber si n'aurai be,
Sufren ans qu'alhors mi renda.

Amarai doncx finamen,
Pus fis amars no m'es sals?
Non auzarai esser fals
Vas lieis qu'aissi m vai volven?
Cosselh m'es ops qu'ieu en prenda,
Mas amors ditz qu'ans mi penda
Que ja li'n menta de re;
Et es dregz, qu'ab aital fe
Cum ilh compra, qu'ieu li venda.

Mas ges vas lieys no m defen
Razos, dregz, amors, ni als;

E, s'il plai mos dans mortals,
E los sieus quier eissamen,
No creza qu'ieu li contenda;
Qu'ieu viu de paupra prevenda,
E non ai poder en me,
Qu'elha l'a qu'a 'l cor ab se,
E no vuelh qu'om li m defenda.

Esfors fas doncs quar m'enten,
E quar y pert mos jornals
En lieys don vista, sivals
Ni pres ni luenh, non aten;
Si doncx no'l plai que s'estenda
En lieys merces ni deisenda,
Esser pot, mas non o cre,
Tan la truep de dura fe,
Que no m par res m'en atenda.

Huelhs clars ab boca rizen,
Dens plus blancas que cristals,
Neus blanca non es aitals
Cum sos belhs cors de joven;
Fresca, vermelha, ses menda
Es la cara sotz la benda,
Tot y es, quant y cove;
Honrada sus tota re,
Si que no i a qu'om reprenda.

Que ma vida m fatz esmenda,
Bella de dura merce,

Ab sol que sufratz de me
Qu'eu per vos al cel entenda.

A'n Savaric part Enenda,
Chansos, vai dir de part me
Qu'el sabra quan veira te,
Si'l taing que fuga o atenda.

CLAIRE D'ANDUSE.

En greu esmay et en greu pessamen
An mes mon cor, et en granda error,
Li lauzengier e'lh fals devinador,
Abayssador de joy e de joven,
Quar vos, qu'ieu am mais que res qu'el mon sia,
An fait de me departir e lonhar,
Si qu'ieu no us puesc vezer ni remirar,
Don muer de dol, d'ira e de feunia.

Selh que m blasma vostr'amor, ni m defen
Non podon far en re mon cor mellor,
Ni 'l dous dezir qu'ieu ai de vos maior,
Ni l'enveya ni'l dezir ni'l talen;
E non es hom, tan mos enemicx sia,
S'il n'aug dir ben, que no'l tenha en car;
E, si 'n ditz mal, mais no m pot dir ni far
Neguna re que a plazer me sia.

Ja no us donetz, belhs amics, espaven
Que ja ves vos aia cor trichador,
Ni qu'ie us camge per nul autr'amador,
Si m pregavon d'autras donas un cen;
Qu'amors, que m te per vos en sa bailia,
Vol que mon cor vos estuy e vos gar,

E farai o; e, s'ieu pogues emblar
Mon cors, tals l'a que jamais non l'auria.

Amicx, tan ai d'ira e de feunia
Quar no vos vey, que quant ieu cug chantar
Planh e sospir, per qu'ieu no puesc so far
A mas coblas qu'el cor complir volria.

BLACAS.

Lo belh dous temps mi platz
E la gaya sazos
E 'l chans dels auzellos;
E s'ieu fos tant amatz
Com sui enamoratz,
Fera gran cortezia
Ma bella douss' amia;
E pus nulh be no m fai,
Las! e doncx que farai?
Tant atendrai aman
Tro morrai merceyan,
Pus ilh vol qu'aissi sia.

Aissi m suy autreyatz
Ab leial cor a vos,
Bella dompna e pros,
Que nulh autre solatz
Ni autr'amor no m platz
Ni autra drudaria,
Ni mos cors no s cambia;
Per vos, domna, morrai:
Quar me trobatz verai,
Vos en prendetz lo dan;
E non es benestan
Qu'hom eys los sieus aucia.

Dompna, vostra beutatz,
E las bellas faissos,
E 'l belh huelh amoros,
E 'l gen cors ben tallatz
Don sui empreyzonatz,
De vostr'amor que m lia,
Si be 'l truep ab fadia,
Ja de vos no m partrai;
Que maior honor ai
Sol en vostre deman,
Que s'autra m des bayzan
Tot quant de vos volria.

Be m tengra per honratz
E per aventuros,
S'aprop cent braus respos
En fos d'un joy paguatz:
Ai! domna, umilitatz
E merces no m valria;
Mes m'avetz en tal via
Don no m desviarai,
Que mos fis cors s'atrai
A vostra beutat gran
Que m fai sufrir l'afan,
E m destrenh nueg e dia.

Si per sufrir en patz
Mais d'autra res qu'anc fos,
Ni per far voluntos

Las vostras voluntatz,
Domna, m'oehaizonatz,
A vos non eschairia
Quar ilh non es ges mia,
Ni ves vos non l'aurai;
Ans franchamen m'apai,
Quan vey vostre semblan;
E quan vos sui denan,
Tot tort vos fugiria.

Belha Capa, on qu'ieu sia,
Vos am e us amarai
Ab leyal cor verai,
Per so quar valetz tan,
Quar ieu e 'l plus prezan
Volem vostra paria.

HUGUES DE LA BACHELERIE.

I.

Ses totz enjans e ses falsa entendensa,
Aissi cum selh cuy amors a conquis,
Serai totz temps francx e leyals e fis
Vas vos, dompna, en fach et en parvensa;
E non ai cor ni poder que m n'estraya,
Ans vos serai en perdo fis amans,
Q'huey vos am mais no fazia er dos tans;
Et a totz jorns dobla m la voluntatz,
Qu'anc no fon drutz mielhs ames desamatz.

Bona dompna, ses vos non ai guirensa;
Tan finamen vos am e us sui aclis
Que, quan no us vey, mon cor planh e languis,
E quan vos vey, no us aus dir per temensa
L'amor qu'ie us port, bona dompna veraya;
E, si m faitz mal en re, no 'n sui clamans,
Per qu'ieu vos prec, dompna, no m sia dans;
Valha m'ab vos merces e pietatz,
Essenhamens e franqueza e bontatz.

Ben dey amar ses neguna fallensa,
Quar tot quant es en las autras devis,
Sens e beutatz, gent parlar e francx ris,

Essenhamens, saber e conoyssensa,
E tot aquo qu'a pretz verays s'asaya
Vey qu'es en vos, bona dompna e prezans,
Per qu'ieu faray tos temps vostres comans,
Que ja no y fos lo quartz ni la meytatz,
Si us amer' ieu, quan aissi fui fadatz.

E non puesc far pus aspra penedensa,
S'ie us am de cor e vos non abellis;
Mas non pues mais, qu'amors m'en afortis,
E m ditz q' hueymais seria recrezensa,
E m mostra tan que qui d'amar s'asaya
Coven que sia afortitz sos talans,
E 'n sofra en patz lo maltrag e 'ls afans,
E qu'ieu vos am sitot vos no m'amatz,
Qu'hom recrezens er greu drutz apellatz.

S'encontra me gardatz vostra valensa
Ni 'l verai pretz que dieus a en vos mis,
Mielhs mi fora, dompna, que ja no us vis,
Qu'autra del mon no m platz ni no m'agensa;
Mas una re m'en auci e m'esglaya,
Quant ieu remir vostres faitz benestans
E la valor qu'es tan richa e tan grans,
No us auzi dir, dompna, merce m'aiatz,
S'elh paratges no bays humilitatz.

II.

Per grazir la bona estrena
D'amor que m ten en capdelh,
E per aleujar ma pena
Vuelh far alb' ab son novelh;
La nueg vei clara e serena,
Et aug lo chan d'un auzelh
En que mos mals se refrena,
Don quier lo jorn et apelh.
    Dieus! qual enueg
     Mi fai la nueg,
  Per qu'ieu dezir l'alba.

Qu'ie us jur pels sans evangelis
Que anc Andrieus de Paris,
Floris, Tristans ni Amelis
No foron d'amor tan fis;
Depus mon cor li doneris
Us PATER NOSTER non dis,
Ans qu'ieu disses : QUI ES IN CELIS,
Fon a lieys mos esperitz.
    Dieus! qual enueg
     Mi fai la nueg,
  Per qu'ieu dezir l'alba.

En mar, en plan, ni en roca,
Non puesc ad amor gandir,
Mais non creyrai gent badoca

Que m fasson de lieys partir;
Qu'aissi m punh al cor e m toca,
E m tolh manjar e dormir,
Que, s'ieu era en Antioca,
Ieu volri' ab lieys morir.
    Dieus! qual enueg
     Mi fai la nueg,
  Per qu'ieu dezir l'alba.

Amors, ieu saupra gent tendre,
E penre ors o laupart,
O per far for castelh rendre;
Mas vas vos non truep nulh art,
Ni no m play ab vos contendre,
Qu'aissi con ai maior part
Sui pus volpilhs al defendre,
E n'ai mil tans de regart.
    Dieus! qual enueg
     Mi fai la nueg,
  Per qu'ieu dezir l'alba.

PERDIGON.

I.

Ben aio 'l mal e l'afan e 'l cossir
Qu'ieu ai sufert longamen per amor,
Quar mil aitans m'en an mais de sabor
Li ben qu'amors mi fai aras sentir,
Quar tan mi fai lo mals lo ben plazer
Que semblans m'es que, si lo mals no fos,
Ja negus bes no fora saboros;
Doncx es lo mals melhuramen del be
Per q'usquecx fai a grazir quan s'ave.

A fin' amor grazisc lo dous dezir
Que m fai estar en tan fina dousor,
Que non es mals de que m sentis dolor,
Si totz lo mons mi jutjava a murir;
Et aia m grat merces que m fetz voler
A la belha de cui fatz mas chansos,
Qu'ieu li m donei, et anc tan no m plac dos;
Quar qui m dones tot lo mon per jasse
No m plagra tant com quan li donei me.

En amador pogra miels avenir,
Tant a de pretz, de sen e de valor,

Qu'ilh s'en dera ab mout mais de ricor;
Mas als auctors ai ancse auzit dir
Qu'en ben amar em quascus d'un poder;
Et hom paubres hi fai meillurazos,
Quant es de sen, contra'l ric cabalos,
Qu'aitan com a meyns de rictat en se,
Tan grazis mais qui l'honra ni'l mante.

E fin'amors no manda ges chauzir
Comte ni rey, duc ni emperador,
Mas fin amic e ses cor trichador,
Franc e leyal, e que s gart de falhir;
E qui non sap aquestz ayps mantener
Paratge aunis, e si mezeis met jos,
Per qu'en amar non es valens ni bos;
Qu'en paratge non conosc ieu mais re,
Mas que mais n'a selh que mielhs se capte.

Fis Jois Honratz, pus tan vos faitz grazir,
Per amor dieu, aissi doblatz l'onor
Que m retenguatz per leyal preyador,
E no vulhatz escoutar ni auzir
Fals lauzengiers qu'en amor dechazer
Ponhon totz temps, tant son contrarios;
E vos faitz los morir totz enoios:
Si col pechat estenh hom ab merce,
Estenhetz elhs, quar per elhs no m recre.

Aitan sapchatz, s'ieu ja ren cug valer,
Mo senher Nuc del Baus, qu'es enveios

De tot quan tanh a fin pretz cabalos,
Mi fai cuiar qu'ab tal gaug mi rete,
Cum s'er' ieu pretz qu'elh ama mais que re.

De Monpeslier vai ben a Mon Plazer,
Qu'el senher es francs et humils e bos,
Et en sos faitz es d'aital guizerdos
Qu'el honra dieu, et tot bon pretz mante,
Per qu'el lo creis e l'enanssa e 'l soste.

II.

Aissi cum selh que tem qu'amors l'aucia,
E re non sap on s'esconda ni s guanda,
Met mi meteys en guarda et en comanda
De vos qu'ieu am ses gienh e ses bauzia,
Quar mielher etz del mon e la belaire;
E si amors mi fai vas vos atraire,
Si be m folhey, no cug faire folhia.

Qu'aissi m'aven, dona 'l genser que sia,
Q'us deziriers, qu'ins en mon cor s'abranda,
Mi conselha, e m ditz que us serva e us blanda.
E vol que m lais de sercar autra via
Per vos ab cui tug bon ayp an repaire;
E pus amors no vol que m vir ni m vayre,
Si m'aucizetz, no cug que be us estia.

Essenhamens e pretz e cortezia
Trobon ab vos lur ops e lur viànda,
E non devetz, s'amors no us es truanda,
Merce lunhar de vostra companhia,
Qu'ie us clam merce tot jorn cum fis amaire;
E si merces ab vos non a que faire,
Ma vida m val trop meyns que si moria.

Pero vers es que per ma leujaria
Vuelh mais puiar que drechura no manda,
Qu'ieu tenc lo pueg, e lays la plana landa,
E cas lo joy qu'a mi non tanheria,
Qu'amors me ditz, quant ieu m'en vuelh estraire,
Que manthas vetz puei' om de bas afaire,
E conquier mais que dregz no 'l cossentria.

Juli Cezar conquis la senhoria
De tot lo mon tan cum ten ni garanda,
Non ges qu'el fos senher ni reys d'Irlanda
Ni coms d'Angieus ni ducx de Normandia,
Ans fon hom bas, segon qu'auzem retraire;
Mas quar fon pros e francx e de bon aire,
Puget son pretz tan quan puiar podia.

Per que m conort enquer, s'ieu tan vivia,
Qu'aia de vos so que mon cors demanda,
Pus us sols hom ses tor e ses miranda
Conquis lo mon, e l'ac en sa baylia,
Aissi ben dey, segon lo mieu veiaire,

De vostr' amor de dreg estr' emperaire,
Cum el del mon ses dreg que no y avia.

Domna valentz, corteza e de bon aire,
No us pes, s'ieu sui ses gienh e ses cor vaire,
Quar esser deu so qu'amors vol que sia.

III.

Tot l'an mi ten amors de tal faisso
Cum esta selh qu'a 'l mal don s'adormis,
E morria dormen, tant es conquis,
En breu d'ora entro qu'hom lo rissida,
Atressi m'es tal dolor demezida
Que m don amors, que sol no sai ni sen,
E cug morir ab aquest marrimen
Tro que m'esfors de far una chanso
Que m rissida d'aquelh turmen on so.

Be m fetz amors l'usatge del lairo,
Quant encontra selhui d'estranh pahis,
E 'l fai creire qu'alhors es sos camis,
Tro que li dis : « Belhs amicx, tu me guida. »
Et en aissi es manta gens trahida
Qu'el mena lai on pueis lo lia e 'l pren;
Et ieu puesc dir atressi veramen
Qu'ieu segui tant amor com li saup bo,
Tan mi menet tro m'ac en sa preizo.

E te m lai pres on no truep rezemso
Mas de ma mort, qu'aissi lor abelhis
Entre mi dons et amor cui sui fis;
Lor platz ma mortz e lor es abellida,
Mas ieu sui selh qui merce no lor crida,
Aissi cum selh qu'es jutgatz a turmen,
Que sap que pois no ill valria nien
Clamar merce, aia tort o razo,
Per qu'ieu m'en lais que mot non lor en so.

Pero no sai qual me fass' o qual no,
Pus per mon dan m'enguana e m trahis
Amors, vas cui estau totz temps aclis
Al sieu plazer, qu'aitals fo m'escarida;
E tengr' o tot a paraula grazida,
Si no m mostres tan brau captenemen;
Mas se aunis pel mieu dechazemen,
Be fai semblan que m'aia 'l cor fello,
Que per mon dan no m tem far mespreizo.

E fas esfortz, s'ab ira joy mi do,
Quar en aisso m conort e m'afortis
Contra 'l dezir en qu'amors m'a assis,
Aissi cum selh qu'a batalha remida,
Que sap de plan sa razos es delida,
Quant es en cort on hom dreg no 'l cossen,
Et ab tot so se combat eyssamen,
Me combat ieu en cort e no m ten pro,
Que amors m'a forsjugjat no sai quo.

Ai! Bel Esper, pros dompna issernida,
Tan gran dreiz er, si d'amor mal m'en pren,
Quar anc de vos mi parti las! dolen,
Per tal una que ja no m tenra pro,
Ans m'aucira en sa dolza preiso.

ELIAS DE BARJOLS.

I.

Belhs Guazans, s'a vos plazia
    Ben fora sazos
Qu'el vostre cors belhs. e bos,
Humils, de doussa paria,
Fos d'amor tan cobeitos,
Pus negus non es tan pros
Que us o digua, ni que ja sapcha tan
Que vos o aus dir, ni que vos o man.

Qu'ieu sai qu'a vos tanheria
    Amics cabalos,
Tals don res a dir non fos,
Aitals cum ieu chauziria;
Farai n'un tot nou qu'er bos,
E penrai de las faissos
De quadaun de las melhors qu'auran,
Tro vos aiatz cavalier benestan.

N Aymars me don sa coyndia,
    En Trencaleos
Sa gensozia, en Randos
Donar qu'es la senhoria,

El Dalfis sos belhs respos,
En Peyr cuy es Monleos
Do m son guabar, e volrai d'en Brian
Cavallairia, e 'l sen vuelh d'en Bertran.

Bels Castellas, cortezia
Vuel aver de vos,
E volrai que m do en Neblos
Covit que plus non penria,
En Miravalh sas chansos;
En Pos de Capduelh do nos
Sa guayesa, en Bertran la Tor man
Sa drecheza mi do, e no m soan.

Aital l'auretz ses fadia
Guai et amoros,
Belha, ben fait e joyos,
E ple de cavallairia;
Et es ben dreytz e razos
Que vos l'ametz et elh vos,
Qu'assatz seretz ambeduy d'un semblan;
Sol non crezatz fals lauzengier truan.

II.

Amors be m'avetz tengut
En vostre poder lonjamen,
Qu'anc no i puec trobar chauzimen,

Ni merces no m'a valgut
Ab vos, per que fatz fallensa,
Quar a lieys no mostre mos mals
Cui sui hom litges naturals,
  Qu'ieu non l'en aus far parvensa.

Et auriatz m'ereubut,
Amors, e fag ric e manen,
Si m donavatz tan d'ardimen
  Que mon fin cor esperdut
  Per sobrar de benvolensa
Li mostres una vetz sivals;
Ja pueis no us quezera ren als,
  Si m fessetz tanta valensa.

Qu'ieu fatz semblansa de mut
Quan vey son guai cors covinen
De la belha en cui m'enten;
  Si 'l tenc mon cor escondut
  Qu'ieu non l'aus dir per temensa
Cum li sui francs, fis e lials
Amicx en totz luecx, e cabals,
  Que d'als non ai sovinensa.

Ges no m'es dessovengut,
Domna, vostre plazer plazen
Que m fezetz al comensamen
  Don m'avetz viu deceubut;
  Car comprey ma conoyssensa

E vostra beutat qu'es aitals
Cum belha rosa e belhs cristals,
Pus ab vos non truep guirensa.

Dona, si dieus vos ajut,
Pus conoissetz so que us es gen,
Conoscatz quo us am finamen,
Ni cum mi tenetz vencut,
Ni cum trac greu penedensa,
Ni cum sui vostr'amicx corals,
Ni cum anc ves vos no fui fals,
Ni cum vostr'amors m'agensa.

El senhoriu de Proensa
Es vengutz senhers naturals
A cui no platz enjans ni mals,
Ni cobeytatz non l'agensa.

En Blacatz, vostra valensa
Es de totas valors eguals,
E sapchatz s'ades etz aitals
Non trobaretz qui la us vensa.

III.

Car comprei vostras beutatz
E vostras plazens faissos,
Dona, e 'l semblan amoros
E 'l vostr' avinen solatz,

Quar no us aus mos talans dire,
Ni de vos no m puesc partir,
Ni d'als no son mey cossir,
Ni nulh joy tan non dezire.

Ben tart serai deziratz,
Avinens dompna, per vos,
Tant etz aut' et ieu suy jos,
Si no us vens humilitatz
Vostre cors per cui sospire,
Don ai fag maint greu sospir;
E sai que non puesc guerir,
S'umilitatz n'es a dire.

Anc no us dis ben acordatz,
Dona, tan sui temeros,
Co us am e'n sui enveios,
Car no sui de vos privatz;
Pero be m pens e m'albire
Que vos sabetz mon albir;
Veus so que m fai esbaudir,
Qu'ieu d'al re no soi jauzire.

Ben sui jauzens et iratz,
Dona, quan sui denan vos;
Iratz sui, quar a rescos
No us aus dir mas voluntatz,
E sui jauzens quan remire
Vos qu'es la genser que s mir,

Mas mey huelh me fan falhir,
S'al dezir me fan aucire.

Ben es mortz qui a pensatz
Viu ni dezaventuros
D'aisso don es cobeitos,
Don nulhs joys non l'es donatz;
D'aital mort suy ieu sufrire
Per vos don no m tuelh ni m vir;
E, si m metetz en azir,
Tem que totz lo mons m'azire.

Bona dompna, s'a vos platz,
Merce us quier, que quan cossire
De vos qui etz ni m'albir,
Si merces no m vol venir,
Mortz sui senes contradire.

Comtessa, nulh mal cossire
Non es qu'om de vos cossir,
E tenetz cort de servir
E de solatz e de rire.

D'en Blacatz no m tuelh ni m vire,
Ni de son pretz enantir,
Que tan non puesc de ben dir
Qu'ades mais no y truep a dire.

RAIMOND DE MIRAVALS.

I.

Dels quatre mestiers valens,
Per que cavalliers an pretz,
Es belh solatz avinens
　　Un dels melhors,
E selh cui mielhs acuelh amors;
Per qu'ieu m'esfors ab els et ab chantars,
Cum sobre totz fos grazitz mos affars;
　　Qu'homs malazautz, sitot s'es pros,
　　Non es guair' ad ops d'amar bos.

Per domnas desconoissens
Que per un'autra'n son detz,
S'es alques camjatz mos sens,
　　Quar las pluzors
No sabon entendre lauzors;
Per qu'ieu non vuelh mos belhs digz plazens cars
Pauzar denan als lurs nescis cuidars,
　　Pus plazers non es cabalos,
　　Ans me vir vas autras razos.

Er dirai de mos talens
Qu'estat n'aurai mutz e quetz,
Mentre fui lur bevolens,

M'o tolc temors;
Gardatz s'es ben domneys errors,
Q'uns malapres, vilas, cobes, avars,
Outracuiatz parliers de mals parlars,
Es aculhitz enans que nos;
E quasquna vol n'aver dos.

No vuelh esser conoissens
Dels enjans que tug sabetz,
Don dizon donas que mens
N'es ma valors,
E dels autres domneyadors,
Quar per negun qu'els conogues tan clars
No'ls agra mais aitan suffertz ni pars;
Mas ades hom n'es negligos
Vas selh que conoys aziros.

Si m'an menat malamens
Donas, e faitz lurs devetz,
Que falhitz m'es essiens
Chans et amors,
Voluntatz, arditz e temors,
Humilitatz e suffrirs e celars,
Parlar per ops, e quan m'es ops, calhars;
Aitals sui francs et amoros
Quar volc ma dona qu'aitals fos.

Ab aitals captenemens
Cum auziretz, si us voletz,

La sai, e sos cors qu'es gens,
  E sa valors
Fina ab pauc de preyadors,
Valen e pros, lial ses totz trichars,
Guaya e prezan qu'a penas nulhs lauzars
 Pot sos ricx pretz ni sas faisos
 Dir en comtans ni ab chansos.

Lials, si m falh amors e domneyars,
Ieu ai chauzit de senhors part mos pars
 Mon Audiart, que m'es tan bos
 Qu'en sui fis als autres baros.

II.

A penas sai don m'aprenh
So qu'en chantan m'auzetz dir;
Com pieitz trac ni plus m'azir,
Miels en mon chan esdevenh;
Guardatz, quant er qui m n'ensenh,
Si sabrai esdevenir,
Sol ma bona domna m denh,
E nulh'autra no m destrenh,
Ni ses lieys no puesc guerir
De la dolor que sostenh.

Lo plus nescis hom del renh
Que la veya ni remir

Deuria esser al partir
Savis e de belh captenh;
E doncs ieu que l'am ses genh
Be m'en deuria jauzir,
Pos tan gran valor la senh;
E ges de saber no m fenh,
Ni nulh hom no pot falhir
Que de lieys aia sovenh.

Anc a nulh fin amador
No cug mais esdevengues,
Que de domnas no m ven bes,
Ni no m'aus clamar de lor;
Qu'una m tolh lo joy d'alhor
E del sieu no m dona ges,
Ni d'autra non ai sabor;
Pero per la su'amor
Soi plus guays e plus cortes,
E 'n port a totas honor.

Be sai que per sa ricor
Me tol so qu'anc no m promes,
Qu'ieu non soi ges tant apres
Que miey prec m'aian valor;
En aisso paus ma dolor,
Que lai se pausa merces
On falhon tuit validor;
Mas ilh a tan de lauzor

Qu'el bes i es grazis e pres,
E 'l mal en loc de doussor.

Dona, ben cortes jornal
Fa 'l jorn que vos va vezer,
Que ges pueis no s pot tener
Que no us port amor coral;
E non tug per cominal,
Qu'els fals no podon voler
So que volem nos leyal;
Per so viura desleyal
Selh qu'ab enjan no s'esper,
S'aillor non pren son ostal.

Tug li trobador engal,
Segon que an de saber,
Lauzon domnas per plazer,
E non guardon cui ni qual;
Mas qui trop mais que no val
Lauza si dons, fai parer
Qu'esquerns es e non ren al;
Mas ieu n'ai cauzida tal
Qu'om non pot dire mas ver,
Si doncs non dizia mal.

Per qu'ieu non pes de ren al
Mas de servir a plazer
Lieys de cui tenc Miraval.

Deus benediga 'l leyal :
Eu en cort volgra vezer
Cilh cui port amor coral.

III.

D'amor son totz mos cossiriers,
Per qu'ieu no cossir mas d'amor,
E diran li mal parlador
Que d'als deu pensar cavaliers;
 Mas ieu dic que no fai mia
 Que d'amor mov, qui qu'o dia,
So que val mais a foudat et a sen,
E tot quant hom fai per amor es gen.

 Amors a tans de bos mestiers
 Qu'a totz fai benestans socor,
 Qu'ieu no vey nulh bon servidor
 Que non cug esser parsoniers,
  Qu'en luec bos pretz no s'abria
  Leu, si non ve per amia;
Pueis dizon tug, quant hom fai falhimen,
Be m par d'aquest qu'en donas non enten.

 Dona no pot aver estiers,
 Si non ama, pretz e valor,
 Qu'atressi com li amador
 An mais de totz bos aips sobriers,

Selha que trop no s'en tria
En val mais, qui la 'n castia,
Adoncs fai mal, si 'n mielhs no s'en repen;
Mas creire deu adreg castiamen.

Qu'ieu sui mainhtas vetz lauzengiers,
Quar a dona ni a senhor
Non deu consentir deshonor
Negus sos fizels cosselliers;
Non laissarai qu'ieu non dia,
Qu'ieu tos temps non contradia
So que faran domnas contra joven,
Ni m semblara de mal captenemen.

E ja d'aquestz drutz messongiers
Que cuion aver gran lauzor,
Ni dona que s'aten a lor,
Uns per so no m sia guerriers;
Qu'enemics ni enemia
No m notz lo pretz d'una fia,
Sol que m'aia ma dona ferm talen,
E meinhs d'erguelh e mais de chauzimen.

De gaug li fora plazentiers,
Mas trop mi ten en gran error,
Pero per semblan de melhor
N'ai eu loguat cinc ans entiers;
Mas una dona mendia,
Falsa, que dieus la maldia,

Mes entre nos aquest destorbamen,
Don mainhtas vetz n'ai pueys plorat greumen.

Mais D'Amic, dieus benezia
Qui vol que m siatz amia,
E s'ie us ai fag plazer ni onramen
Enquer, si us platz, o farai per un cen.

Mantelh, qui aital n'abria,
Ben er cregutz, quals qu'o dia,
Qu'anc no'l conques per aur ni per argen,
Mas per valor, e per pretz, e per sen.

Pastoret, no us lauzi mia,
Si dieus vos don joy d'amia,
Qu'a ma dona no mostretz cum l'es gen,
Si Miravalh sap tener franchamen.

Chansoneta, ves mi dons vai corren,
Qu'ilh mante pretz, e renha en joven.

AUBERT,

MOINE DE PUICIBOT.

Be s cuget venjar amors
Quan se parti soptamen
De mi, quar son falhimen
Li blasmava e 'l reprendia;
Pero si m fetz tan d'onor,
Quar plus far no m'en podia,
Que non sent mal ni dolor,
Ni no m planc, si cum solia,
Pueys n'ay mais de jauzimen;
Qu'el sen e l'entendemen
Que m tolc amors al venir
Ai tot cobrat al partir.

Qu'aissi m'entrepres folhors,
Et amors falset mon sen
Tan qu'una desconoyssen
Amiey, per so quar crezia
Qu'ilh agues de beutat flor,
E de pretz la senhoria;
Mas ar suy ses bailidor,
E sai segre dreita via;
Doncs conosc al sieu non sen
Que lieys amar no m'es gen;

Qu'en dona deu hom chauzir
Que s fass' ab bos fagz grazir.

Pero 'l cor no m'er alhors
Tan cum l'amiey finamen,
Mas cum mostres a la gen
Ab mos lauzars qu'ie 'lh valia,
Quar non cuiava 'l folhor
Que totz lo mons y sabia,
Ans grazia la valor
E lo pretz qu'ilh non avia;
Doncx pus ilh eyssa m desmen
Dels bes qu'ieu n'ai digz soven,
Non ai peccat del mentir,
Quar ieu cuiava ver dir.

Quar dels corals amadors
Non dey nulhs creyr' a nulh sen
De seliey en cui s'enten
Que falhis, sitot falhia;
E pren l'anta per honor,
E per sen pren la folia;
Per qu'ieu ab digz de lauzor
Lauziei lieys que no m valia,
Tan cum l'amiey coralmen;
E s'anc falhi en menten,
Era 'n dic ver ses falhir
Pel messonja penedir.

Qu'om no s salva ni no s sors
Del peccat que fai quan men
Estiers mas en ver dizen,
Per qu'ieu quar antan dizia,
Cum fis amans per error,
Lauzor de lieys, que tot dia
Ponhava en sa deshonor,
En luec de so quar mentia
Dir ver qu'ilh no val nien;
E sai q'un pauc y mespren.
Mas per la colpa delir
Dey la vertat descobrir.

Dona, s'ieu vos dic folia,
E vos la faitz eissamen,
Aissi deschairetz breumen,
Qu'amduy ponham al delir,
Vos ab far et ieu ab dir.

LA DAME CASTELOZE.

I.

Ja de chantar non degr' aver talan,
   Car on mais chan
   E pietz mi vai d'amor;
   Que plaing e plor
   Fan en mi lor estatge;
   Car en mala merce
   Ai mes mon cor e me,
   E s'en breu no m rete,
   Trop ai fag long badatge.

Ai! bels amics, sivals un bel semblan
   Me faitz enan
   Qu'eu muoira de dolor;
   Que l'amador
   Vos tenon per salvatge,
   Qu'a joia no m'ave
   De vos don no m recre
   D'amar per bona fe
   Totz temps, ses cor volatge.

Mas ja vas vos non aurai cor truan,
   Ni plen d'enjan,
   Sitot vos n'ai peior,

Qu'a grant honor
M'o teing e mon coratge ;
Ans pens qan mi sove
Del ric pretz que us mante,
E sai ben que us cove
Dompna d'ausor paratge.

Despuois vos vi, ai fag vostre coman,
Et anc per tan,
Amics, no us n'aic meillor;
Que preiador
No m fan ren ni messatge
Que ja m viretz lo fre;
Amics, non fassatz re :
E car jois no m soste,
Ab pauc de dol non ratge.

Si pro i agues, be us membri en chantan
Q'aic vostre 'gan
Qu'enblei ab gran temor,
Pueis aic paor
Que i aguessetz dampnatge
D'aicella que us rete,
Amics, per qu'ieu dese
Li torniei, car ben cre
Que no i ai poderatge.

Dels cavalliers conosc que i fan lor dan,
Car ja preian

Dompnas plus qu'ellas lor,
  Qu'autra ricor
No i an ni seignoratge;
Que pois dompna, s'ave
D'amar, preiar deu be
Cavallier, si'n lui ve
Proeza e vasalatge.

Dompna n'Almurs, ancse
Am so don mal me ve,
Car cel que pretz mante
A ves mi cor volatge.

Bels Noms, ges no m recre
De vos amar jasse,
Car i truep bona fe
Totz temps e ferm coratge.

....

II.

Amics, s'ie us trobes avinen,
Humil e franc e de bona merce,
Be us amera, qant era m'en sove
Qu'ie us trob vas mi mal e fellon e tric;
E fauc chansons per tal que fassa ausir
Vostre bon pretz, don eu no m puesc sofrir
Qu'eu no us fassa lauzar a tota gen,
On plus mi faitz mal et asiramen.

Jamais no us tenrai per valen,
Ni us amarai de bon cor ni per fe,
Tro que veirai si ja m valria re,
Si us mostrava cor fellon ni enic;
Non farai ja, car no vueill puscatz dir
Qu'eu anc ves vos agues cor de faillir;
Qu'auriatz puois qualque razonamen,
S'ie us fazia ves vos nuill faillimen.

Eu sai ben qu'a mi estai gen,
Si be i s dizon tuit que mout descove
Que dompna preia cavallier de se,
Ni qu'el teigna totz temps tan lonc pressic;
Mas cel q'o ditz non sap ges ben chausir,
Qu'ieu vueil proar, enans que m lais morir,
Qu'el preiar ai un gran revenimen,
Qan prec sellui don ai greu pessamen.

Assatz es fols qui m'en repren
De vos amar, pos tan gen mi cove;
E cel q'o ditz no sap cum s'es de me,
Ni no us vei ges aras si cum vos vic
Quan me dissetz que non agues cossir,
Que calc'ora poiria endevenir
Que n'auria enqueras jauzimen;
De sol lo dig n'ai eu lo cor jauzen.

Tot' autr' amor teing a nien,
E sapchatz ben que mais jois no m soste

Mas lo vostre que m'alegra e m reve,
On mais en sent d'afan e de destric;
E m cug ades alegrar e jauzir
De vos, amics, qu'eu non puesc convertir;
Ni joi non ai, ni socors non aten,
Mas sol aitan qan n'aurai en durmen.

Jamais non sai que us mi presen,
Qu'esajat ai et ab mal et ab be
Vostre dur cor, don lo mieus no s recre;
E no us o man qu'eu meteissa us o dic,
E morai me, si no m voletz jauzir
De qualque joi; e si m laissatz morir,
Faretz pecat, e serai n'en turmen,
E seretz ne blasmatz vilanamen.

MARCABRUS.

I.

Cortezamens vuelh comensar
Un vers, si 'l es qui escotar,
E pus tan m'en sui entremes,
Veyrai si 'l poirai afinar,
Qu'eras vuelh mos chans esmerar,
E dirai ver de mantas res.

Assatz pot hom vilanejar
Qui cortezia vol blasmar,
Qu'el plus savis e'l mielhs apres
No sap dire tantas ni far,
Q'om non li puesca essenhar
Petit o pro, tals hora es.

De cortezia s pot vanar
Qui ben sap mezura gardar;
E qui tot vol auzir quant es,
Ni tot quant es cuida amassar,
Del tot l'es ops a mezurar,
O ja non sera trop cortes.

Mezura es en gent parlar,
E cortezia es d'amar;

E qui no vol esser mespres,
De tota vilania s gar,
D'escarnir e de foleiar,
Pueis sera savis ab qu'el pes.

Aissi deu savis hom renhar,
E bona domna melhurar;
Mas sella qu'en pren dos o tres,
E per un no s'en vol fiar,
Ben deu sos pretz asordeiar,
Et avilar a quada mes.

Aitals amars fai a prezar
Que se meteissa ten en car;
E s'ieu en dic nuill vilanes
Per mal que la 'n vuelh' encolpar,
Be 'l laus que m fassa pro badar,
Qu'ieu n'aurai so que m n'a promes.

Lo vers e 'l so vuelh enviar
A 'n Jaufre Rudelh oltra mar,
E vuelh que l'aion li Frances
Per lur coratges alegrar;
Que dieus lur o pot perdonar,
O sia peccatz o merces.

II.

A la fontana del vergier,
On l'erb'er vertz josta'l gravier,
A l'ombra d'un fust domesgier,
En aiziment de blancas flors
E de novelh chan costumier,
Trobey sola, ses companhier,
Selha que no vol mon solatz.

So fon donzelh'ab son cors belh,
Filha d'un senhor de castelh;
E quant ieu cugey que l'auzelh
Li fesson joi e la verdors,
E pel dous termini novelh,
E que entendes mon favelh,
Tost li fon sos afars camjatz.

Dels huelhs ploret josta la fon,
E del cor sospiret preon.
« Jhesus, dis elha, reis del mon,
Per vos mi creis ma gran dolors,
Quar vostra anta mi cofon,
Qu'ar li melhor de tot est mon
Vos van servir, mas a vos platz.

« Ab vos s'en vai lo mieus amicx
Lo belhs e'ls gens e'l pros e'l ricx,
Sai m'en reman lo grans destricx,

Lo deziriers soven, e 'ls plors :
Ay! mala fos reys Lozoicx
Que fai los mans e los prezicx,
Per qu'el dols m'es el cor intratz. »

Quant ieu l'auzi desconortar,
Ves lieis vengui josta'l riu clar.
« Belha, fi m'ieu, per trop plorar
Afolha cara e colors,
E no vos qual dezesperar;
Que selh que fai lo bosc fulhar
Vos pot donar de joi assatz. »

« Senher, dis elha, ben o crey
Que dieus aya de mi mercey
En l'autre segle per jassey,
Quon assatz d'autres peccadors;
Mas sai mi tolh aquelha rey
Don joy mi crec; mas pauc mi tey,
Que trop s'es de mi alonhatz. »

GUI D'UISEL.

I.

Anc no cugey que m desplagues amors,
Ni m tornes tan ad ennech ni a fays,
Quar manthas vetz ab me mezeis m'irays
Quar anc un jorn dezirei sas dolors;
Mas ieu cum folhs cujava fos honors,
Quar amava leyalmen ses bauzia;
Mas ara vey qu'en amar no m valria
Re menhs d'amor, per qu'ieu d'amar mi lays.

De totz mestiers es dessemblad'amors,
Quar menhs hi a de pro selh qu'en sap mays,
Qu'ab pauc de be fay los folhs ricx e guays,
E 'l profiegz es totz dels gualiadors,
Per que m sembla qu'amar sia folhors;
Doncx be mi suy entendutz en folia,
Qu'anc ses amor no saubi viur' un dia,
Ni anc ses ben tan de mal hom non trays.

Pero, si fos aitals cum sol amors,
Non dic ieu ges que la valgues nulhs jays,
Qu'ilh lonhava de cossirs e d'esmays
Silh qu'eron sieu, e 'ls teni' en doussors;

Pueys era pretz e largueza et honors,
Essenhamens, sabers e cortezia;
Que baisset tot quan falset drudaria,
E sinon tot, al menhs areire s trays.

Mas era es aitals tornad' amors
Qu' ans que sapchan quals es pros ni savays,
Volon amar las dompnas ab essays,
Per que camjon plus soven amadors;
Et esta piegz us usatges qu' es sors,
Que ses amor pot hom aver amia;
Non dirai plus, per que quar mielhs chastia,
Quant o ditz gen amicx, que quan s' irays.

Mas empero sitot m'a mort amors,
Si m dey tener qu' en trop dir no m' eslays,
Que ben leu er alcun amans verays
Cui seria mos castiars languors;
Et a fin drut deu hom faire socors,
E non blasmar tan cum sec dreita via,
Quar tot son dig e son afar perdria,
Entro s' amors per si mezeissa s bays.

E s' amors val, ylh val per NA Maria,
On es beutatz e cortezi' e jays.

II.

Ges de chantar no m falh cor ni razos,
Ni m falh sabers, si chans m'era grazitz;
Mas ieu era vas amor tan falhitz,
Per qu'ai estat marritz e cossiros;
E pus fagz m'es del falhimen perdos,
Deserenan mi coven a chantar,
Pus en mi dons puesc a totz jorns trobar
 Novelh sen, novelha valor,
 E beutat plus fina e maior.

Tan son plazens e bellas sas faissos
De lieis qu'ieu am, e bel parlars chauzitz,
Que quan la vei me cug far yssernitz;
Et ieu m'espert on plus m'a belh respos,
E de paor vau fenhen ochaizos,
Com s'ieu era vengutz per autre afar,
E tot aisso ven me per sobramar;
 Que ja no m feira tal paor,
 Si no m vengues de fin'amor.

Totz temps serai de preyar temeros;
Sabetz per que? quar sui d'amar arditz:
Quar miels quier hom un don quant es petitz,
No fai un gran don tug son enveyos;
E per aisso quar es tan rics lo dos,
Sitot lo m vuelh, ieu non l'aus demandar;

Pero be sai, s'elha lo m volgues dar,
 Qu'ieu agra del mon la melhor,
 Et elha 'l pus fin amador.

Ab meynhs de be me pogra far joyos,
Mas no m'en es tan de joy escaritz,
Ni non lo 'lh quier que non seri' auzitz,
Mas parli m'en quar en sui cobeytos;
Q' uzatges es d'ome qu'es amoros,
Quan plus non pot, se deleyt en parlar;
Et ieu sivals, pus al re non puesc far,
 Ten mi lo parlar ad honor,
 Mas paor mi fan parlador.

Sivals aitan dirai en mas chansos
Totz sos fins pretz es de fin joy guarnitz,
Se i fos merces qu'es de totz bes razitz;
Mas en lieys falh, et ieu volgra que y fos,
Quar trop hi ai gran dan manthas sazos;
Et enquer m'es plus greu a sufertar
Qu'om en mi dons puesca ren esmendar:
 Mas ja no 'lh calgra esmendador,
 S'agues merce de ma dolor.

Don' Alazaitz, d'aitan vos faitz lauzar
A tot lo mon, c'a mi non cal parlar;
 Mas ja dieus no m don ben d'amor,
 S'ieu non am pus bell' e melhor.

III.

L'autre jorn, cost' una via,
Auzi cantar un pastor
Una chanson que dizia :
« Mort m'an semblan traydor! »
E quant el vi que venia,
Salh en pes per far m'onor,
E ditz : « Dieus sal mo senhor,
Qu'er ai trobat ses bauzia
Leyal amic celador,
A cui m'aus clamar d'amor. »

E quant ieu vi qu'el volia
Far de s'amia clamor,
Ieu li dis, ans que plus dia,
Que sofr' en patz sa dolor,
Q'ieu l'am, e ges no volria
Fezes de son mal peior
Per dig de lauzenjador :
Qui ben ama ben castia,
E qui conorta folhor
Vol qu'om la fassa maior.

El pastre, qu'el mal sentia,
Tornet son cantar en plor,
E ditz : « Mout ai gran feunia,
Quar vos aug castiador,

Vos que dig avetz manh dia
Mal de donas e d'amor,
Per qu'ieu sui en gran error :
Ar sai que ver ditz Maria,
Quant ie 'l dis que cantador
Son leugier e camjador. »

« Er auiatz tan gran feunia,
Fi m'ieu, d'aquest parlador,
Que quant ieu 'lh mostri la via
D'esser franc e sofridor,
M'apelhet de leujairia;
Mas ieu say sufrir aor
Tan que, quan prenc deshonor,
Dic que servit o avia;
Et apella m peccador,
Quan totz lo peccatz es lor. »

Ab tan vi venir s'amia,
Lo pastor de culhir flor,
E viratz li tota via
Camjar paraula e color.
« Bella, si anc jorn fos mia
Ses par d'autre preyador,
Er no us quier autra ricor,
Mas del tort qu'ieu vos avia
Par vencuda e d'amor,
Tro que la m fassatz maior. »

Elha respon al pastor
Que 'lh es sa leyals amia,
E feira 'lh semblan d'amor,
Si no li fos per paor.

Et ieu qu'era sols ab lor,
Quan vi qu'enuey lor fazia,
Laissiey lieys a l'amador,
Parti m d'elhs, e tinc alhor.

AIMERI DE SARLAT.

I.

Quan si cargo 'l ram de vert fueilh,
E l'auzelet uns, dui e trei
Penson d'amor e de dompnei,
E contra 'l rai si fan garueilh,
Comens mon chan ab lo temps de doussor,
E quar m'agr' ops q'ab la novella flor
Uns novells jois mi dones jauzimen,
Qu'estat ai sol ses amor lonjamen.

Ar for' el sobeiran escueilh
D'amor, s'auzes clamar mercei,
E portera senhal de rei,
E fora plus ges que no sueilh,
E penr' yvern per bel temps de pascor,
E freida neu per estiu ab calor,
E prometre per donar mantenen,
E lonc esper per atendre breumen.

Tart er qu'ieu per leis mi despueilh,
Ni la tenha, ni la manei,
Quar tan tem son ric senhorei
Qu'ieu cug dir foudat et ergueilh;
E m sui cubertz de ma granda tristor,
E trac l'afan de las penas d'amor,

E vauc ves tal franc et obedien
Qui ja per mi non sabra mon talen.

  Obs m'agra parlesson miei hueilh,
  Qu'en nul autr'amic no m'en crei,
  Quar m'an mes en tan gran esfrei
  Que disseson so don mi dueilh
A leis cui tenc per dona e per senhor,
Que m dones joi e m leuges ma dolor,
Qu'ieu trac l'afan de l'amador sufren
Que seila 'ls mals, e 'ls bes gieta prezen.

  Dona, qu'es en l'aussor capdueilh
  Sobre totas cellas c'om vei,
  Merce us clam que l'aiatz de mei,
  Que vas nuill autra no m destueilh;
Que merce deu hom trobar ab valor,
Et amors deu chauzir fin amador;
E s'ieu ab vos non truep d'amor guiren,
Amors e pretz son nom ves mi desmen.

Dona de pretz, senhoressa d'amor,
Fina beutat ab natural color,
Pos en vos es tot aisso ab joven,
Esser i deu merces ab chauzimen.

Chansos, vai t'en tan com poiras, e cor
Dreg a 'n Guiraut don aug vera lauzor
De Papion, e mezura e sen
E pretz entier ab laus de tota gen.

II.

Fis e leials, e senes tot enguan,
Aissi com cel qu'a conquistat amors,
Aurai en patz sufertas mas dolors,
Qu'anc no m'anei planhen ni rancuran ;
Et ai amat longuamen dezamatz
Vostre gen cors, dona, cui me soi datz ;
E pos merces ren ab vos no m valria,
Partirai m'en ieu? non, qu'ieu non poiria.

Ans atendrai sufren e merceian
Tro que de vos aia qualque secors,
Qu'a tot lo meins m'er l'atendres honors,
Bona dompna, si be m trac greu afan ;
Quar pro val mais ricx esperars onratz
Q'uns aunitz dos de c'om no fos paguatz ;
Per qu'ieu serai tant amicx ses feunia,
Tro que us apel, senes mentir, amia.

Bella dompna, foudat fas per semblan,
Quar en chantan retrac vostras lauzors
Ni la beutat don sobratz las gensors ;
Obs mi fora que us anes oblidan,
Qu'ergueilhs vos creis e us merma humilitatz
On plus vos vau membran vostras beutatz
Ni la ricor qu'es aut sobre la mia ;
Dir n'ai doncx mal ieu? no, qu'ieu mentiria.

Mil vetz m'aurai acordat en pensan
Cossi us pregues, pueis rete m'en paors,
Quar oblidar mi fai vostras valors;
Si com hom vai dins lo tertre camjan
Que s'oblida so don plus es membratz,
Ieu quan vos vei soi del tot oblidatz;
Mas per so m plai, quar faillimens seria,
S'ieu pel deman lo bel solatz perdia.

Dompna, ben sai qu'a vostra valor gran
M'aonda 'l cors, e sofranh m'en ricors;
E si del plus li podetz far clamors,
Vos et amors en siatz a mon dan;
E si per so, dompna, m'ocaizonatz
Quar no soi ricx, sera tortz e pecatz,
Quar tan no val neguna manentia
Endreit d'amor, com fis cors ses bauzia.

Pros comtessa, lo noms de Sobeiratz
Es luenh auzitz per totz et enansatz,
Per qu'ieu no m part de vostra senhoria,
Ni o farai aitan com vius estia.

GIRAUD DE CALANSON.

I.

El mon non pot aver
Nulh autre amador
Qu'els grans plazers d'amor
Aia totz guazanhatz,
Qu'ieu de mon ferm voler
Mielhs no m tenha pagatz
Que el ab totz sos dos;
Qu'er viu ricx e joyos,
Dompna belha e plazens,
Tan vos am leyalmens
Ferms, de dopte partitz,
Cum perilhatz gueritz
 A mala mar,
Quant a bon port lo mena belhs auratges.

E quar no pot valer
Pretz ni laus part honor,
En loc de preyador
Mi sui a vos donatz;
Et en loc del jazer
Prenc l'amor e 'l solatz,

Quar mout belhs guizardos,
Dona, m'eschai de vos,
Sol qu'ie 'n sia jauzens,
Quar us belhs honramens
Val mais q'un don petitz;
E tot hom pros grazitz,
　　Ses trop preyar,
Fa mans belhs dos, quant es sos agradatges.

E 'l vostre belh plazer
Son de tan gran doussor,
Qu'ab ricx faitz de valor
Vos faitz als pros prezatz
Honrar e car tener;
E 'l pretz e la beutatz
Don mans son enveyos,
E dels honratz respos
Que faitz a totas gens,
E 'l solatz avinens
Adoncx ricx e jauzitz
Que vos fan a totz guitz
　　Als pros preyar,
Per que us es datz de totz laus senhoratges.

Doncx, si en bon esper
Estan li servidor
Que servon bon senhor,
Non dey esser blasmatz,

S'ab vos vuelh remaner
On totz bes son pauzatz;
E non sian gelos
Maldizens ennios,
Ni s cug que m pas las dens
Uns motz descovinens,
Mas bos chans luenh auzitz,
Que pretz e jois los guitz,
  Se fan lauzar
Per los melhors lai on es fis paratges.

Doncx val mais, s'ieu dir ver
De vostra gran valor,
No fai mentir d'alhor,
Cui mal guazardonatz
Qu'en re non pot caber,
E de bella vertatz
Non dey esser duptos;
Qu'aissi cum lo leos
Huelhs ubertz es dormens,
Dompna, tot eyssamens
Vos ve mos esperitz
Vellan et adurmitz;
  Al rissidar,
Trassalh vas vos cum lo solelh ombratges.

Belh Diamans grazitz,
Thesaurs, e gaugz complitz,

En vos amar
Et obezir es trastotz mos coratges.

II.

A lieys cui am de cor e de saber
Domna, senhor et amic volrai dir
En ma chanso, s'il plai que m vuoilla auzir,
Del menor ters d'amor son gran poder,
Per so car venz princeps, ducs e marques,
Comtes e reys; e lai on sa cortz es
Non sec razon, mas plana voluntat,
Ni ja nulh temps no y aura dreit jutgat.

Tant es sotils c'om no la pot vezer,
E cor tan tost que res no ill pot fugir,
E fier tant fort c'om ges non pot guerir
Ab dart d'assier don fai colp de plazer,
E no ill ten pro ausbercs fortz ni espes,
Si lansa dreit; e pueis trag demanes
Sagetas d'aur ab son arc asteiat,
Pueis lansa un dart de plom gent afilat.

Corona d'aur porta per son dever,
E non vei ren mas lai on vol ferir;
No ill faill nuill temps, tan gen s'en sap aizir;
E vola leu, e fai se molt temer;
E nais d'azaut que s'es ab joi empres;

E quan fai mal sembla que sia bes;
E viu de gaug, e s defen, e s combat,
Mas no i garda paratge ni rictat.

En son palaitz, lai on s'en vai jazer,
A cinc portals, e qui 'ls dos pot ubrir
Leu passa 'ls tres, mas greu s'en pot issir;
E viu ab joi cel que i pot remaner;
E poia i hom per catre gras mout les,
Mas no i intra vilans ni malapres,
C'ab los fals son el barri albergat
Que te del mon plus de l'una meitat.

A son peiron, on ella s vai sezer,
A un taulier tal co us sai devezir,
Que negus hom no i sap nuill joc legir,
Las figuras no i truep a son voler,
Et a mil ponz; mas gart que no i ades
Hom malazautz de lach jogar mespres,
Quar li ponh son de veire trasgitat,
E qui 'n frang un, pert son joc envidat.

Tan quan clau mars, ni terra pot tener,
Ni soleils lutz, se fai per tot grazir;
Los uns ten rics, e 'ls autres fai languir,
Los uns ten bas, e 'ls autres fai valer,
E estrai leu so que gent a promes,
E vai nuda mas quan d'un pauc d'aurfres

Que porta seing, e tug siei parentat
Naisson d'un fuec de que son aflamat.

Al segon tertz tanh franqueza e merces :
E 'l sobeiras es de tan gran rictat
Que sobr' el cel eissausa son regnat.

A Monpeslier, a'n Guillelm lo marques
Ten vai, chanso, fai auzir de bon grat
Qu'en lui es pretz e valors e rictat.

GIRAUD DE SALIGNAC.

I.

A vos cui tenc per dona e per senhor,
Bona dona, volgra clamar merce
Per un'amor que deves vos mi ve,
Que m destrenh tan que, si'n breu no m secor
Vostre gen cors, non puesc vius remaner :
Et anc no vos o auzei far parer;
E si us en sui cent vetz vengutz denan,
Pueys, quan vos vey, no us aus dir mon talan.

Ans qu'ieu vos vis, vos aic tan fin'amor
Qu'ieu non amava tant autrui ni me;
Quan vos vi pueys, doblet l'amors desse
E trobey vos a mos huelhs pus gensor
Qu'ins en mon cor no us sabia vezer,
Tant c'autr'amor mi fetz del cor mover;
Mas la vostra no s'en part tan ni quan,
Et empero anc no hi ac tan gran.

Non esgardetz ves mi vostra ricor,
Humilitat esgardar hi cove
Per amor dieu, e s'autre pro no m te,
No m tengua dan, s'ieu vos dic ma clamor;

GIRAUD DE SALIGNAC.

Quar ges, dompna, no m'en puesc estener,
Si m fors'amors que m ten en son poder;
E de senhor deu hom far son coman,
Pus que partir no s'en pot on que an.

No m tenguan dan ab vos devinador
Ni lauzengier cui dieus de mal estre;
Sitot ab lieys qu'enguanet mi e se
Mi tengron dan, pero non fatz clamor,
Quar anc en re no la 'n vim mais valer,
Ni anc despueys no fetz mas decazer;
Per qu'ieu la 'n vey per tos temps a mon dan,
E do m'a vos lial e ses enjan.

El mon non a rey ni emperador
Que puesc' aver mais de fin pretz ab se
Que ieu, dompna, si vos mi voletz be,
Ni m retenetz per vostre servidor;
En vos podon complir tug mey voler,
Mas ieu m'en prenc so que non aus querer,
A quascun jorn cinc cens bais en pensan,
De que non tem gelos ni mal parlan.

Bella dompna, de vos puesc dir en ver
Que de fin pretz, d'amicx e de poder
Creyssetz totz jorns, e us anatz melhuran,
Qu'autra dompna del mon ges no val tan.

II.

Per solatz e per deport
  Me conort
 E m don alegransa;
 E ja no feira descort,
  S'ieu acort
  E bon'acordansa
 Trobes ab lieys qu'am pus fort;
  C'autre tort,
  Vos dic ses duptansa,
 No l'ai mas l'amor que'l port.
  Pieitz de mort
  Me vol per semblansa;
 Mas de lauzengiers mi lau,
Quar fan cuidar qu'ieu am alhors,
 E pueys demandon que fau,
Ni on ai pauzada m'amors;
 Et ieu, quar soi mals e brau,
Tem los tan que dirai la lor;
 La genser es qu'hom mentau,
E la mielher de sa ricor;
 Francha, de bella paria,
Gen parlans, e de belh solatz
 La trobaretz quascun dia;
 E tot quan fai ni ditz platz;
 Sens e pretz e cortezia,
 Guaieza e fina beutatz
 Estan ab lieys nueg e dia.

Sitot enueia als malvatz
  D'al re non cossire,
Mas s'amor dezire
  Que m des;
Son dous plazen rire
M'a donat martire
  Engres;
On qu'ieu m'an ni m vire
El cor la remire
  Ades;
E pes e cossire,
E non l'aus ges dire
  Que m'ames,
Qu'el sobramors qu'ieu l'ai m'en te,
E paors que l'enueg desse;
Mas en luec de clamar merce
L'ai fin'amor e bona fe;
Qu'en tan quan mars ni terra te
Non a tan fin aman cum me.
La valens reyna mante
Domney, fina beutat ab se
Part totas las dompnas qu'hom ve;
E non ai sobredig de re.
De Monferiol non dic re,
Mas valor e fin pretz mante.

RAIMOND VIDAL DE BESAUDUN.

Unas novas vos vuelh contar
Que auzit dir a un joglar
En la cort del pus savi rey
Que anc fos de neguna ley,
Del rey de Castela 'n Amfos
E qui era condutz e dos,
Sens e valors e cortezia,
Et engenh de cavalayria;
Qu' el non era onhs ni sagratz,
Mas de pretz era coronatz,
E de sen e de lialeza
E de valor e de proeza.
Et a lo rey fag ajustar
Man cavayer e man joglar,
En sa cort, e man ric baro;
E can la cort complida fo,
Venc la reyna Lianors;
Et anc negus no vi son cors,
Estrecha venc en un mantelh
D' un drap de seda bon e belh
Que hom apela Sischanto,
Vermelh ab lista d' argen fo,
E y ac un leuon d' aur devis:

Al rey soplega, pueis s'asis;
Ab una part lonhet de luy.
Ab tan veus un joglar ses bruy
Denan lo rey franc, de bon aire;
E 'l dis : « Rey, de pretz emperaire,
Ieu soi vengutz aisi a vos,
E prec, si us platz, que ma razos
Si' auzida et entenduda. »
E 'l reys dis : « M'amor a perduda
Qui parlara d'aisi enan
Tro aia dig tot son talan. »
Ab tan lo joglar issernit
A dig : « Franc rey, de pretz garnit,
Ieu soi vengutz de mon repaire
A vos per dir e per retraire
Un' aventura que avenc,
Sai en la terra don ieu venc,
A un vassalh Aragones;
Be sabetz lo vassalh qui es,
El a nom n Amfos de Barbastre.
Er auiatz, senher, cal desastre
Li avenc per sa gilozia :
Molher belh' e plazen avia,
E sela que anc no falhi
Vas nulh hom, ni anc no sofri
Precx de nulh hom de s'encontrada,
Mas sol d'un don era reptada,
Qu'era de son alberc privatz,
D'aquel de son marit cassatz;

Mas amors tan fort lo sobrava,
Per que alcuna vetz pregava
La molher son senhor n'Alvira,
Don ilh n'avia al cor gran ira;
Pero mais amava sofrir
Sos precx que a son marit dir
Res per que el fos issilhatz,
Car cavayers era prezatz,
E sel qu'el maritz fort temia;
Car de bona cavalaria
Non ac sa par en Arago. »
— « Doncx, so dis lo reys, aquest fo
Lo cortes Bascol de Cotanda. »
— « Senher, oc; er auiatz la randa
Col pres de la bela n'Alvira,
Car res de tot cant hom dezira
Non poc conquere ni aver,
Tro al marit venc a saber,
Que'l disseron siey cavayer
Tug essems en cosselh plenier :
« Senher, per dieu, trop gran bauzia
« Fai EN Bascol, que cascun dia
« Pregua ma dona et en quer,
« E dic vos que tan lo i sofer
« Que coguos en seretz ses falha. »
Et el respos : « Si dieus mi valha,
« Si no m'era a mal tengut,
« Tug seriatz ars o pendut,
« Car non es faitz c'om creire deya,

« E tug o dizetz per enveya
« Car sobre totz el val e sap;
« Mas ja dieus no mi sal mon cap,
« Si jamay negus mi retrai
« De res que NA Alvira fai,
« S' ieu per la gola non lo pen
« Que ja non trobara guiren. »
Ab tan parlet un cavayer
Fel e vilan e leugier :
« Senher, cant auretz pro parlat,
« E vil tengut, e menassat,
« S' ie us dirai ieu d'aquest afar
« Con o poiretz en ver proar,
« Si ama ma dona o non;
« Fenhetz vos c'al rey del Leon
« Voletz anar valer de guerra,
« E si ja podetz d'esta terra
« EN Bascol traire ni menar,
« Veus mon cors per justiziar,
« Aissi 'l vos lieure a presen. »
So dis lo rey : « Et ieu lo pren. »
Ab tan veus lo cosselh partit.
Et un de sels que l'ac auzit,
Per mandamen de son senhor,
Vas l'alberc d'EN Bascol s'en cor,
E dis li : « 'N Bascol de Cotanda,
« Saluda us mo senher, e us manda,
« Si us poira al mati aver,
« Car de guerra ira valer

« Al rey de Leon, senes falha. »
Et el respos : « Si dieus mi valha,
« Mot voluntiers irai ab luy. »
Pueys li dis suavet, ses bruy :
« No farai jes que non poiria. »
E 'l messatge plen de feunia
Tornet o dir a son senhor :
« Senher, vist ai vostre trachor,
« E dis que ab vos anara ;
« Dis oc, mas ja re non fara,
« Qu'ieu conosc be e say qu'el tira. »
E 'l senher non ac jes gran ira,
Can auzi que son cavayer
Ira ab el ses destorbier.
E dis : « Ben pot paor aver
« Sel que s'es mes en mon poder,
« E liurat a mort per delir,
« Que res de mort no 'l pot gandir,
« S'EN Bascol va en est viatge;
« E ja no 'l camjara coratge
« Per promessa ni per preguieira. »
Ab tan s'es mes en la carrieira,
Dis qu'ira EN Bascol vezer
C'amors fai planher e doler;
Et en planhen soven dizia,
Ab greus sospirs la nueg e 'l dia :
« Amors, be m faitz far gran folor,
« Que tal res fas vas mo senhor
« Que, s'el sol saber o podia,

« Res la vida no m salvaria ;
« E saber o sabra el ben,
« Car ieu non anarai per ren
« Lai on mon senher anar vol ;
« E jes aissi esser no sol,
« C'anc no fes ost qu'ieu no i anes
« Ni assaut en qu'el no m menes ;
« E si d'aquest li dic de no,
« Sabra be per cal occaizo
« Soi remazutz a mon veiaire.
« Mas ieu say com so poirai faire,
« Dirai li que mal ai auut,
« Et enquera no m'a laissat,
« Per que metges m'a cosselhat
« Que m fassa un petit leviar. »
Ab tan s'es fag lo bras liar,
E 'l cap estrenher fort ab benda ;
E dis que ja dieus joy no 'l renda,
Si ja lai va, qui non lo 'n forsa,
C'amors qu'el fai anar a dorsa
Li tol lo talen, e 'l trasporta.
Ab aitan sonet a la porta
Lo senhor N Anfos autamen,
Et hom li vai obrir corren.
Dins intra ; EN Bascol saluda.
« Senher, sel dieus vos fass' ajuda
« Que venc sus en la crotz per nos. »
Dis lo senhor : « Oc, et a vos,
« Bascol, don dieu gaug e salut ;

« Digatz, e que avetz auut? »
— « Per Crist, senher, gran malautia;
« E co sera qu'ieu ja volia
« Anar en ost? » — « No y anaretz? »
— « Senher, si m'aiut dieus ni fes,
« Be vezetz que no y puesc anar,
« E peza m mot. » — « Si dieu mi gar, »
Dis lo senher, « oc, et a me,
« En Bascol, dos tans, per ma fe,
« Qu'ieu non puesc mudar que no y an;
« E vau m'en, a dieu vos coman. »
— « Senher, et ieu vos a sa maire. »
Ab tan lo senher de bon aire
S'en va, e 'l cavayer reman.
E 'l bon mati a lendeman
A fag sos cavals enselar,
E pres comjat ses demorar;
Et eys del castel mantenen,
Iratz e ples de mal talen,
Car en Bascol es remazutz;
Et es a un castel vengutz,
A doas legas lonhet d'aqui;
E tan tost, can lo jorn falhi,
El a son caval esselat,
E pueia, e si a levat
Detrassion trotier pauquet.
Ab tan en la carrieira s met,
E torna s'en dreg a Barbastre,
E ditz que bastra mal en pastre

La nueg, si pot, a sa molher.
Lo caval dels esperos fer,
E broca tan que al portel
Es vengutz suau del castel
Sotz la cambra de sa molher;
Lo caval laissa al trotier,
E dis : « Amicx aten m'aisi. »
Ab tan vai avan e feri
Un colp suavet de sa man;
E 'l pros dona, ab cor sertan,
Cant al portel sonar auzi,
Dis : « Donzela, leva d'aqui,
« Leva tost sus, e vay vezer,
« Donzela, qu'ieu noca esper
« Cavayer ni home que vengua. »
— « Ja dieu, dis ela, pro no m tengua,
« S'ieu non cre que mo senher sia
« Que m'asage ma drudaria
« D'en Bascol, car huey no 'l segui. »
Ab aitan autre colp feri.
« A! donzela, leva tost sus! »
E dis : « Ja non atendrai pus
« C'ades non an vezer qui es. »
Lo portel obri demanes;
Et intret, e dis a l'intrar :
— « Donzela, trop m'a fag estar
« Aisi que no m venias obrir!
« No sabias degues venir ?
— « Non senher, si m don dieu bon astre. »

Ab tan lo senher de Barbastre
Vai enan en guiza de drut,
E velvos dreg al lieg vengut,
Et agenolha s mantenen,
E dis : « Bela dona plazen,
« Veus aisi vostr' amic coral,
« E per dieu no m tenguatz a mal
« C'uey ai per vos l'anar laissat
« De mo senhor, a qui fort peza,
« Mas l'amors qu'en me s'es enpreza
« No m laissa alhondres anar,
« Ni de vos partir ni lonhar,
« Don ieu sospir mantas sazos. »
— « Dias me, senher, qui es vos? »
— « Dona, e non entendes qui?
« Vevos aisi lo vostr' ami
« Bascol, que us a loncx temps amada. »
Ab tan la dona s'es levada
En pes, et a 'l ben conogut
Son marit; mas pauc l'a valgut :
E crida tan can poc en aut :
« Per Crist, trachor degun assaut
« Don pieitz vos prenda no fezetz,
« Que pendut seretz demanes,
« Que res de mort no us pot estorser! »
Pren l'als cabelhs, comens a torser
Aitan can poc ab ambas mas;
Mas poder de donas es vas,
Que de greu maltrag leu se lassa,

E fier petit colp de grieu massa.
E cant ela l'ac pro batut,
E rosseguat, e vil tengut,
S'estorna s que anc no'l rendet,
Ieys de la cambra, l'us sarret;
Ar laisset son marit jauzen,
Aisi com sel que mal no sen,
Que semblan l'es que s'i afina;
Ela del tost anar no fina
Vas la cambra del cavayer
C'amors destrenhi' a sobrier;
E troba so que pus dezira:
Ela lo pren, vas si lo tira,
E comta'l tot cossi l'es pres;
Pueys l'a dig : « Bels amicx cortes,
« Ara us don aisi de bon grat
« So c'avetz tos temps dezirat,
« C'amors o vol e m'o acorda;
« E laissem lo boc en la corda
« Estar sivals entro al jorn;
« E nos fassam nostre sojorn. »
Aisi esteron a gran delieg
Tro al senh, abdos en un lieg,
Que'l dona levet issi s'en,
Et escrida tota la gen
A lurs albercx, e comtet lur :
« Auiatz, dis ela, del tafur
« En Bascol, co m volc enganar.
« A nueg venc al portel sonar

« En semblansa de mo senhor,
« Intret en guiza de trachor
« A mon lieg, e volc me aunir;
« Mas yeu m'en saup trop jen guerir,
« Dins en ma cambra l'ai enclaus. »
Tug ne feron a dieu gran laus
E dizon : « Dona, be us n'es pres,
« Sol c'ades mueira demanes,
« Car hom non deu trachor sofrir. »
Ab tan se son anatz garnir,
E corron tug vas lurs albercx :
Als us viratz vestir ausbercx,
Als autres perpunhs et escutz,
Capels, cofas, et elms agutz;
L'autres prenon lansas e dartz;
Sempres venon de totas partz
Candelas e falhas ardens.
E can N Amfos auzi las gens
Aisi vas si venir garnidas,
Dedins a las portas tampidas,
Et escridet : « Senhors, no sia,
« Per dieu lo filh sancta Maria,
« Qu'EN Bascol vostre senhor so. »
Et els trenco ad espero
Las portas per tan gran poder
Que fer ni fust no y poc valer.
E cant el trencar las auzi,
Tot en un' escala salhi,
E puget en una bestor,

E pueis gitet l'escala por.
Mantenen an tot l'uys trencat,
E son vengut al lieg armat,
E cascus tan can poc sus fer,
Car cuion l'aqui trober;
E can non l'an lains trobat
Son tug corossos et irat,
E'l dona n'ac son cor dolen;
E mentre l'anavon queren,
Vas la bestor fai un esgart,
E vi l'escala una part
Que sos maritz ac porgitada;
E tornet dir a sa mainada :
« Baros, yeu ai vist lo trachor;
« Velvos en aquela bestor,
« Dressatz l'escala e puiatz;
« E si' ades totz pesseiatz
« Que sol no 'l laissetz razonar. »
Ab tan N Amfos pres a cridar :
« Baros, e quinas gens es vos?
« Non conoissetz degus N Anfos
« Lo vostre senhor natural?
« Ieu soi aisel, si dieu mi sal,
« E per dieu no m vulhatz aussir! »
E la dona fes un sospir,
Al dissendre gitet un crit,
Can tug conegro son marit.
Ar crida, plora, planh e bray :
« Bel senher, dos tan fol assay,

« Co vos auzes anc enardir?
« Car tan gran paor de morir
« Non ac mais negus natz de maire!
« Bel senher, dous, franc, de bon aire,
« Per amor dieu, perdonatz me,
« E truep, si us platz, ab vos merce,
« Senher, que yeu no us conoisia,
« Si m sal lo filh sancta Maria,
« Enans me cuiava de vos
« Qu'EN Bascol de Cotanda fos. »
Et el respos : « Si dieu mi sal,
« No m'avetz fag enueg ni mal;
« Be que us calha querer perdon,
« Mas a me qu'el pus fals hom son,
« E 'l pus tracher que anc fos natz,
« Amiga dona, m perdonatz
« Qu'ieu ai vas mi meteis falhit,
« E 'l vostre valen cors aunit;
« E per colpa e per foldat
« Mon bon cavayer adzirat :
« Per colpa de lauzengiers
« M'es vengutz aquest destorbiers
« Et aquesta desaventura;
« Amiga dona, franqu'e pura,
« Per amor dieu, perdonatz me,
« E trueb ab vos, si us plai, merce,
« E aiam dos cors ab un cor;
« Qu'ie us promet que mays a nulh for
« Non creirai lauzengiers de vos,

« Ni sera tan contrarios
« Nulh hom que mal y puesca metre. »
— « Aras, dis ela, faitz trametre,
« Senher, per vostre messatgier. »
— « De gaug, dona, e volontier
« Ho farai, pus vey c'a vos play. »
— « Senher, oc, et enqueras may;
« En Bascol anaretz vezer,
« E digatz li que remaner
« Vos a fag tro sia gueritz. »
Ab tant es de l'alberc partitz,
E fai so que ela li manda;
Vezer va Bascol de Cotanda;
E trames per sos cavayers,
C'ancmay tan gran alegriers
Non crec ad home de son dan.
E que us iri'al re comtan?
Vas l'alberc tenc de son vassalh
En Bascol, dreg vas lo lieg salh;
Et estet suau et en pauza,
Et ac be la fenestra clauza.
« Bascol, dis el, e cossi us vay? »
— « Per Crist, senher, fort mal m'estai,
« Et agra m be mestier salut.
« E cosi es tan tost vengut? »
Dis EN Bascol a son senhor.
— « Bascol, dieu per la vostr'amor
« Soi remazutz e remanrai,
« Que ja en ost non anarai

« Si vos ab mi non anavatz. »
— « Ieu, senher, guerrai, si dieu platz :
« E pueis farai vos de bon grat
« Tota la vostra voluntat. »
Ar s'en tornet vas son ostal,
E fo ben jauzen de son mal.
Et estet be, si dieu be m don,
Car el tenia en sospeison
Sela que falhit non avia;
Mais ela saup de moisonia
Trop may que el, segon que m par :
Per qu'ieu, francx rey, vos vuelh preguar
Vos, e ma dona la reyna
En cuy pretz e beutat s'aclina,
Que gilozia defendatz
A totz los homes molheratz
Que en vostra terra estan.
Que donas tan gran poder an,
Elas an be tan gran poder
Que messonja fan semblar ver,
E ver messonja eissamen,
Can lor plai, tan an sotil sen.
Et hom gart se d'aital mestier
Que non esti' en cossirier
Tos temps mais en dol et en ira;
Que soven ne planh e 'n sospira
Hom que gilozia mante,
On nulh mestier no fara be,
Qu'el mon tan laia malautia

Non a, senher, c'a'n gilozia,
Ni tan fola ni tan aunida
Que pieitz n'acuelh e mens n'evida,
Et es ne pieitz apparians
C'ades li par que'l vengua dans. »
— « Joglar, per bonas las novelas
E per avinens e per belas
Tenc, e tu que las m'as contadas,
E far t'ai donar tals soldadas
Que conoisiras qu'es vertat
Que de las novelas m'a grat;
E vuelh c'om las apel mest nos
Tos temps may, CASTIA GILOS. »
Can lo rey fenic sa razo
Anc non ac en la cort baro,
Cavayer, donzel ni donzela
Sesta ni sest, ni sel ni sela,
De las novas no s'azautes,
E per bonas non las lauzes,
E que cascus no fos cochos
D'apenre CASTIA GILOS.

DEUDES DE PRADES.

I.

Ben ay' amors, quar anc me fes chauzir
Lieys que no m vol ni m denha ni m'acuelh:
Quar, si m volgues aissi cum ieu la vuelh,
Non agra pueys don la pogues servir;
Precx e merces, chauzimens e paors,
Chans e dompneys, sospirs, dezirs e plors
Foran perdut, si fos acostumat
Que engualmen fosson aman amat.

Us joves cors complit de gran beutat,
Guai, amoros, cortes, de bon agrat,
On es fis pretz renovelhatz e sors
M'a si conquis non puesc pensar alhors;
Qu'ieu non estauc vas autra part ni m vir
Qu'ades mon cor non tir lai e mey huelh;
E s'ieu aisso lur vet nulh temps ni tuelh,
Ja fin' amors no m'en fassa jauzir.

Gaug e plazer mi ven on plus mi duelh,
E sui pagatz tan m'es bon a sufrir,
Quar molt vuelh mays per lieys cui am languir
Qu'autra m don so don ella m fai erguelh;
Qu'ieu no vuelh ges aver quist ni trobat

Dona que trop m'aya leu joy donat ;
Quar non es joys, si non l'adutz honors,
Ni es honors, si non l'adutz amors.

S'amors o vol, e m fai merces secors,
Ieu serai tost gueritz de mas dolors
E dels maltragz on ai lonc temps estat ;
Mas si m destrenh razos e m fier e m bat,
Que tot quan pes me torna d'autre fuelh ;
Per folh mi tenh, quar ja vuelh ni dezir
So que no s pot ni no s deu avenir,
E non per tan qu'ieu remanc tals cum suelh.

Ges de mi dons no m pot razos partir
Qu'ieu clam per dieu e per humilitat,
E si razos trai de lai sas ricors,
Ieu fauc de sai de merce mon capduelh ;
E ges no pert son pretz fina lauzors,
Si chauzimens li daura son escuelh ;
Qu'el dieus d'amor a ben per dreit jujat
Que dona deu son amic enriquir.

D'esser clamans mi devet e m despuelh,
Ans grazirai, si m denha neis auzir
Amors que m'es capdelhs e guitz e tors ;
E m pays totz jornz de pessamen onrat,
De joy novelh me tenc be per paguat,
Quar no l'enguana en re lo miradors :

Totz temps la vuelh onrar et obezir
E car tener; qui s vuelha s'en janguelh!

Lai on son tug li valen ajustat,
T'en vai, chanso, ves Anduza de cors;
E si t vols far en bona cort grazir,
Crida soven Caslutz e Rocafuelh.

II.

Ab lo dous temps que renovelha,
Vuelh far er novelha chanso
Qu'amors novelha m'en somo
D'un novelh joy que mi capdelha;
E d'aquest joy autre joys nais,
E s'ieu non l'ai non poirai mais,
Mas ades azor e sopley
A lieys cui am de cor, e vey.

Tan mi par m'esperansa belha
Que be m val una tenezo,
E pus espers mi fai tal pro
Ben serai ricx, si ja m'apelha,
Ni m dis : « Bels dous amicx verais,
Be vuelh que per mi siatz guays,
E ja no s vir per nulh esfrey
Vostre fis cors del mieu dompney. »

Ara dic so que m plazeria,
E sai que no s pot avenir,
Que domna non ditz son dezir,
Ans cela plus so que volria
De son amic, si vol onrar;
E fai s'ades plus apreyar,
On plus la destrenh sos talans;
Mas be val dir lo belh semblans.

E qui ren sap de drudaria,
Leu pot conoisser e chauzir
Que'l belh semblant e'l dous sospir
No son messatge de fadia;
Mas talant a de fadeyar
Qui so que te vol demandar;
Per qu'ieu cosselh als fins amans
Qu'en prenden fasson lur demans.

Mout sai que m tenran ad ufana,
Quar ieu ai dig que fis amicx
Hi fai mout que pros e que ricx,
Si quan pot de si dons s'apana;
Mas ieu non cug ges far orguelh,
Si la re qu'ieu plus am e vuelh
Bay et abras, e vuelh saber
S'il platz qu'ieu n'aya nulh plazer.

Lai, on es proeza certana,
Ves Arle t'en vai e no t tricx,

Chanso, qu'el senhers t'er abricx
Contra la falsa gent trefana;
E'ls dos fraires de Rocafuelh
En cui pretz e jovens s'acuelh,
Sapchas a tos ops retener,
Si vols en bona cort caber.

GUILLAUME MAGRET.

I.

Atrestan be m tenc per mortal
Cum selh qu'avia nom Andrieu,
Dompna, pus chauzimen no m val
Ab vos de cui tenc so qu'es mieu;
　Et ai vos ben mout servida,
　Pros dompna et yssernida;
Si per servir, ni per honrar,
Ni per sa dona tener car,
Deu negus fis amans murir,
Ben conosc que m devetz aucir.

Mas s'ieu muer de tan cortes mal
Cum amors es, ja no m'er grieu;
E dona, pus de me no us cal
Faitz en vostre plazer en brieu,
　E si us ai ma mort fenida;
　Pero, si m tenetz a vida,
Vostres suy, e podetz me far
Ben o mal, qu'ieu de vos no m gar;
Mas per so qu'ie us puesca servir
Non vuelh enquers, si us platz, morir.

Tan son amoros mey jornal
Que quec jorn vos tramet per fieu

Cent sospirs que son tan coral
Que ses els no m colgui ni m lieu;
　Tan fort vos ai encobida
　Que quan duerm hom me rissida;
Si m faitz me mezeis oblidar
Que so que tenc non puesc trobar;
E faitz m'a la gent escarnir,
Quar quier so que m vezon tenir.

Domna, ie us am ab cor leyal,
Quar amors fes de vos mon dieu
Lo jorn que us me det per aital
Qu'autra no m pot tener per sieu;
　E doncx merce com oblida
　Dona de bos aips complida!
Que si us me lays dieus gazanhar,
No us puesc plus encarzir, so m par;
On plus d'autras beutatz remir,
Adoncx vos am mais e us dezir.

Ie us covenc per l'espiral
Senhor don ah tort li Juzieu,
Que nasquet la nueg de Nadal,
Per cui son manht home romieu,
　Dont es mantha naus perida;
　Qu'anc ves vos no fis falhida
Mas d'aitan; que quan vos esgar
No m puesc estener de plorar,

Que, per ma vergonha cobrir,
N'ai fait manht tizon escantir.

II.

En aissi m pren cum fai al pescador
Que non auza son peys manjar ni vendre
Entro que l'a mostrat a son senhor,
Qu'en tal dompna mi fai amors entendre
Que quant ieu fas sirventes ni chanso
Ni nulha re que m pes que'l sia bo,
Lai lo y tramet per so qu'ilh en retenha
So que'l plaira, e que de mi'l sovenha,
  E pueys ab lo sieu remanen
  Deport m'ab la corteza gen.

Aissi cum fan volpilh encaussador,
Encaus soven so qu'ieu non aus atendre,
E cug penre ab la perditz l'austor,
E combat so dont ieu no m puesc defendre,
Col bataliers qu'a perdut son basto,
Que jays nafratz sotz l'autre campio,
E per tot so l'avol mot dir non denha,
Que per son dreg a respieg que revenha;
  Si s fai, et es proat per cen,
  Per qu'ieu n'ai maior ardimen.

Ardimen n'ai e sai n'aver paor,
E, quan luecx es, tensonar e contendre,

E sai celar e gen servir amor,
Mas re no m val, per que m cuia'l cor fendre.
Quar de son tort no m puesc trobar perdo
Ab lieys que sap que sieus serai e so,
Qu'amors o vol cossi que s'en captenha;
E plai me mout dieus me don be m'en venha.
   Quar ses lieys non ai guerimen,
   Ni puesc poiar, s'ilh non deissen.

Ses tot enjan e ses cor trichador
M'aura, s'il plai qu'aital mi vuelha prendre:
E no y guart ges paratge ni ricor,
Q'umilitatz deu tot orguelh dissendre,
E quar ilh sap qu'anc no fis fallizo
Encontra lieys, ni l'aic talan felo,
S'aisso no y val, cortezia no y renha;
E ja no s pes de lieys servir me tenha,
   Car en tot bon comensamen
   Deu aver melhor fenimen.

On mais la vey, la m tenon per gensor
Miey huelh que m fan aflamar et encendre,
Mas ieu sai be qu'ilh a tan de valor
Qu'aisso la m tolh, mas merces la m pot rendre,
Per qu'ieu n'estau en bona sospeysso,
Et estarai tro sia oc o no,
O que baizan ab sos belhs bratz mi senha,
Qu'esser pot ben qu'en aissi endevenha;

Qu'autre blat ai vist ab fromen
Afinar et ab plom argen.

III.

Ma dona m ten pres
Al costum d'Espanha,
Quar ma bona fes
Vol qu'ab lieys remanha,
Et ieu puesc' anar on me vuelh,
Qu'a sos ops me garon miey huelh
E sa valors e sa beutatz;
Aitan val cum s'era liatz,
Qu'en la maizo de Dedalus
M'a mes amors aman reclus.

S'estacat m'agues
Ab un fil d'aranha,
Si tan no'l valgues,
Dieu prec que m contranha,
Qu'ades l'am mais on plus mi duelh,
Si ja costa lieys mi despuelh,
Qu'aissi fui, quan nasquiey, fadatz
Que tot quan l'abellis me platz,
Et ilh ten m'ades en refus;
Per qu'ieu quant ai caut refregus.

Ab belhs ditz cortes
Conquier e gazanha

Amicx e playdes,
Mas vas mi s'estranha,
Qu'ieu vau e venh cum l'anha d'uelh;
En amor ai pus que no suelh,
E suy aissi meravelhatz
On es merces e pietatz,
Qu'ieu non atruep ni mais ni pus,
Et am mais e mielhs que degus.

Reys Aragones,
Legatz de romanha,
E ducx e marques,
E coms de Serdanha,
Gent avetz esclarzit l'escuelh
E del fromen triat lo juelh,
Qu'el luec de san Peir'etz pauzatz
E drechuriers reys coronatz;
E, pus dieus vos a mes lay sus,
Membre us de nos que em sa jus.

AIMERI DE PEGUILAIN.

I.

Domna, per vos estauc en greu turmen.
— Senher, que fols faitz qu'ieu grat no us en sen.
— Domna, per dieu aiatz en chauzimen.
— Senher, vostres precs y anatz perden.
— Bona dona, ja us am ieu finamen.
— Senher, et ie us vuelh pietz qu'a l'autra gen.
— Domna, per so n'ai ieu lo cor dolen.
— Senher, et ieu alegre e jauzen.

Domna, ja muer per vos ses nulh cofort.
— Senher, ben trop n'auretz fag lonc acort.
— Domna, ja es ma vida piegz de mort.
— Senher, so m platz sol que no us n'aya tort.
— Domna, de vos non ai mas desconort.
— Senher, e doncs cujatz qu'ie us am per fort?
— Domna, ab un semblan m'agratz estort.
— Senher, respieit non aiatz ni conort.

Domna, vauc doncs alhors clamar merce.
— Senher, anatz; e doncs, qui vos rete?
— Domna, no puesc que vostr' amors me te.
— Senes cosselh, senher, o fay de me.

—Domna, trop mal mi respondetz ancse.
—Senher, quar piegz vos vuelh qu'a autra re.
—E doncs, dona, no m faretz ja nulh be!
—Senher, aissi er cum dizetz, so cre.

Amors, gitat m'avetz a no m'en cal.
—Amics, per dieu vos en puesc far ren al.
—Amors, e vos ja meretz de tot mal.
—Amics, per so us en trairei san e sal.
—Amors, per que m fetz chauzir don'aital?
—Amics, ieu vos mostrei so que mais val.
—Amors, no puesc sofrir l'afan coral.
—Amics, per so queira m'autre logual.

Amors, en tot quan faichs vos vei falhir.
—Amicx, a gran tort me voletz laidir.
—Amors, e doncs per que ns voletz partir?
—Amicx, quar greu m'es quan vos vey morir.
—Amors, ja no cujetz qu'alhors me vir.
—Amicx, per so pessatz del ben suffrir.
—Amors, sembla us si ja'n poirai jauzir?
—Amicx, oc, vos sufren et ab servir.

II.

En greu pantays m'a tengut longamen
Qu'anc no m laisset ni no m retenc amors,
Et a m saiat de totas sas dolors,
Si que de tot m'a fag obedien;

E, quar mi sap afortit e sufren,
A m si cargat de l'amoros afan
Qu'els melhors cen non sufririon tan.

Qu'amar mi fai mal mon grat finamen
Lieys qu'ilh m'a fag chauzir part las gensors,
Et agra m'ops que m fes chauzir alhors,
Q'assatz val mais guazanhar en argen
Que perdr'en aur, segon mon escien;
Mas ieu o fatz a ley de fin aman,
Qu'ieu fug mon pro e vauc seguen mon dan.

E s'ieu cum fols sec mon dan folamen,
A tot lo mens m'er la foudatz honors,
Qu'ieu ai ja vist faire mantas folhors
Que tornavon a saber et a sen,
Et ai vist far mans fagz saviamen
Que tornavon a folhia trop gran,
Per qu'ieu cug far sen, quan vauc folheian.

E vos, dona, qu'avetz valor valen,
Aissi cum etz miellers de las melhors,
Valha m merces et oblit vos ricors,
E no gardetz razo mas chauzimen,
Que so que l'us pueia l'autre dissen,
So que razo creys merces vai merman;
Si us platz, aucir me podetz razonan.

Pauc vos calra del mieu enansamen,
S'aissi gardatz vostras valens valors,

Lo dous esgartz e la fresca colors,
Qu'enquera m son al cor vostr'uelh rizen,
Li cortes dig amoros e plazen,
E quar ieu plus soven no us vau denan,
A pauc miey huelh estra mon grat no i van.

Reys d'Arago, flors etz d'essenhamen,
Fuelha de gaug, frugz de bos fagz donan,
Vos etz de pretz mayestres ses enjan.

Coms Cumenges, grat e merces vos ren,
Quar ses donar m'avetz donat aitan
Qu'endreg d'onor val un don autre gran.

III.

De tot en tot es ar de mi partitz
Aquelh eys joys que m'era remazutz.
Sabetz per que suy aissi esperdutz?
Per la bona comtessa Beatritz,
Per la gensor e per la plus valen
Qu'es mort'uei. Dieus! quan estranh partimen
Tan fer, tan dur, don ai tal dol ab me
Qu'ab pauc lo cor no m part quan m'en sove

On es aras sos belhs cors gen noiritz,
Que fos pels bos amatz e car tengutz?
E i venia hom cum si fezes vertutz,

Que ses son dau saup far guays los marritz,
E quan quascun avia fag jauzen,
Tornava 'ls pueys en maior marrimen
Al comiat, qu'om non avia be,
Des qu'en partis, que no i tornes dese.

Qu'el sieus solatz era guays e chauzitz,
E l'aculhir de ben siatz vengutz,
E sos parlars fis et aperceubutz,
E'l respondre plazens et abelhitz,
E sos esguars dous un pauc en rizen,
E sos onrars plus onratz d'onramen;
De totz bos ayps avia mais ab se
Qu'autra del mon e de beutat, so cre.

Per cui er hom mais honratz e servitz!
Ni per cui er bos trobars entendutz!
Ni per cui er hom tan gent ereubutz!
Ni per cui er belhs motz ris ni grazitz!
Ni per cui er belhs chans fagz d'avinen!
Ni per cui er domneys en son enten!
Diguatz per cui, ni cum si, ni per que!
Ieu non o sai, ni mos cors non o ve.

Domna, jovens es ab vos sebelhitz;
E gaugz entiers sosterratz e perdutz;
Ja s tenia sol per vostras salutz
Tot hom ses plus per rics e per guaritz:
Dol pot aver qui vi vostre cors gen,

E qui no'l vi dol, mas non tan cozen;
Autra vista no i poc metre pueys re,
Tant ac lo cor, qui us vi, del vezer ple!

Na Beatritz, dieus qu'es ple de merce
Vos companha ab sa mair' et ab se.

ELIAS CAIRELS.

I.

Mout mi platz lo dous temps d'abril,
Quan vey florir pratz e boissos,
Et aug lo chan dels auzelos
Que fan los playssatz retendir;
  Adoncx cossir
  Cum ieu pogues jauzir
D'un joy novelh que m'es al cor intratz,
Que m ve d'amor a cui mi sui donatz;
Per qu'ieu farai guais motz ab son plazen,
Qu'atendut ai la razon longamen.

Ma dona a pretz senhoril
E los fagz e'ls digz amoros,
Per qu'ieu n'am mais mos huels amdos
Quar me feron en lieys chauzir;
  Mas no l'aus dir
  Mon cor ni descobrir,
Quar per un pauc pert hom soven assatz;
E, s'ieu de lieys perdia'l guay solatz
Ni'l gap ni'l ris ni'l belh aculhimen,
No viuria pueys jorn mon escien.

Del sieu belh cors grail' e sotil,
Blanc e gras, suau, len e dos

Volgr'ieu retraire sas faissos;
Mas gran paor ai de falhir
   Quan ieu remir
   Son gen cors cui dezir,
Sa saura crin pus que aur esmeratz,
E son blanc front, e 'ls sils voutz e delguatz.
E 'ls huelhs e 'l nas e la boca rizen
A! per un pauc denan totz non la pren.

Lo cor ai temeros e vil,
Dompna, quan ieu sui denan vos,
Tan que d'al no sui poderos,
Mas quan dels huelhs ab que us remir.
   Que us cuion dir
   La gran pena e 'l martir
En que m'a mes vostra fina beutatz;
Per qu'ieu vos prec, bona dompna, si us platz.
Qu'aiatz merce de me e chauzimen,
E non gardetz lo vostre pretz valen.

Qu'amors non guarda 'l plus gentil
Lai on es vencuda razos,
Mas selui qu'es cortez e pros,
Qui sap l'onor e 'l ben grazir:
   Per qu'ieu no m vir,
   Dona, de vos servir;
Ans sufrirai lo ben e 'l mal en patz,
E fora m'en del tot desesperatz:

Mas per servir bon senhor humilmen
Ai vist paupre venir ric e manen.

Chansoneta, vai me tost e viatz
Dreg al marques de cui es Monferratz,
E diguas li qu'anc a volpil dormen
Non intret grils en boca ni en den.

Don' Izabel, ma chanso vos prezen,
Quar valetz mais de tot lo remanen.

II.

Si cum selh que sos companhos
Ve rire e no sap de que,
Tot atretal vey qu'es de me,
　　Que fas chansos
E de l'autruy joy suy joyos;
　　Mas tan mi platz
　　Joy e solatz
Per que m don alegrier chantan,
　　E nulh afan
Non a tan grieu en tot lo mon,
Cum far chanso, e no sap don.

Er es venguda la sazos,
Pero ben crey que fos ancse:
S'us cortes complitz de tot be

Vol esser bos,
Li desconoyssen enueyos
A cuy desplatz
Joy e solatz,
Cosselhan e cridan e fan
Brut e mazan,
Tro giet son don a cor volon,
Si non l'a tan ferm que l'aon.

De las dompnas mov l'ochaizos,
Per qu'el pros servirs se recre,
Que fals fenhedors de mal ple
Son cabalos
E de lur dompney poderos,
E silh cui platz
Joy e solatz,
Qu'es fis e leyals ses enjan,
Es en soan ;
Don quier a ma dompna perdon,
Qu'el cor ay e'l sen sus el fron.

Mi dons es guaya e belh' e pros
E tals que no m desditz en re,
Ni ieu no'l fuy anc per ma fe
Trop enuios,
Ni elha no saup anc qui m fos;
Doncx per que m platz
Joy e solatz?
Quar l'am e la ser atretan

Cum s'en baizan
M'agues dat lo joy jauzion
Don tug l'autre son deziron.

Selieys cuy platz
Joy e solatz
Ai estat de vezer un an,
Mas ma fe'l man,
S'ieu trobes sobre mar un pon,
Vist agra son cors jauzion.

PIERRE CARDINAL.

I.

Ben tenh per folh e per muzart
　Selh qu'ab amor se lia,
Quar en amor pren peior part
　Aquelh que plus s'i fia;
Tals se cuia calfar que s'art;
Los bes d'amor venon a tart,
　E'l mals ven quasqun dia;
Li folh e'l fellon e'l moyssart
　Aquilh an sa paria;
　　Per qu'ieu m'en part.

Ja m'amia no mi tenra,
　Si ieu lieys non tenia,
Ni ja de mi no s jauzira,
　S'ieu de lieys no m jauzia;
Cosselh n'ai pres bon e certa
Que 'lh fassa segon que m fara;
　E, s'ella me gualia,
Gualiador me trobara,
　E, si m vai dreita via,
　　Ieu l'irai pla.

Anc non guazanhei tant en re
Cum quan perdey m'amia,

Quar perden lieys guazanhei me
    Cuy ieu perdut avia :
Petit guazanha qui pert se,
Mas qui pert so que dan li te,
    Ieu cre que guazanhs sia ;
Qu'ieu m'era donatz per ma fe
    A tal que me destruia,
        No sai per que.

Donan me mis en sa merce
    Me, mon cor e ma via,
De lieys que m vira e m desmante
    Per autruy e m cambia.
Qui dona mais que non rete
Ni ama mais autrui de se,
    Chauzis avol partia,
Quan de se no 'lh cal ni 'l soste ;
    E per aquo s'oblia,
        Que pro no 'lh te.

De lieys prenc comjat per jasse,
    Qu'ieu jamais sieus no sia,
Qu'anc jorn no y trobei ley ni fe,
    Mas engan e bauzia :
Ai dousors plenas de vere ;
Qu'amors eyssorba selh que ve
    E 'l gieta de sa via,
Quant ama so que 'l descove,

E so qu'amar deuria
   Grup e mescre.

De leyal amia cove
   Qu'om leyals amicx sia;
Mas de lieys estaria be
   Qu'en gualiar se fia,
Qu'om gualies quan sap de que;
Per qu'ar mi plai quan s'esdeve
   Quan trop qui la gualia,
E guarda sa onor e se
   De dan e de folia,
      Ni'l tira'l fre.

II.

Ar mi pues ieu lauzar d'amor,
Que no m tolh manjar ni dormir;
Ni 'n sent freidura ni calor,
Ni non badalh ni non sospir,
   Ni 'n vau de nueitz aratge,
Ni'n sui conques, ni'n sui cochatz,
Ni 'n sui dolens, ni 'n suy iratz,
   Ni non logui messatge,
Ni 'n sui trazitz ni enganatz,
Que partitz m'en suy ab mos datz.

Autre plazer n'ai ieu maior
Que non trazisc ni fau trazir,

Ni'n tem tracheiritz ni trachor
Ni brau gilos que m'en azir,
  Ni'n fau fol vassalatge,
Ni'n sui feritz ni desrocatz,
Ni non sui pres ni deraubatz,
  Ni non fauc lonc badatge,
Ni dic qu'ieu sui d'amor forsatz,
Ni dic que mon cor m'es emblatz.

Ni dic qu'ieu muer per la gensor,
Ni dic que'l belha m fai languir,
Ni non la prec, ni non l'azor,
Ni la deman, ni la dezir,
  Ni no'l fauc homenatge,
Ni no'l m'autrey, ni'l mi sui datz,
Ni no sui sieus endomenjatz,
  Ni a mon cor en guatge,
Ni sui sos pres ni sos liatz,
Ans dic qu'ieu li suy escapatz.

Mais deu hom amar vensedor
No fai vencut, qui'l ver vol dir;
Quar lo vencens porta la flor,
E'l vencut vay hom sebelir;
  E qui vens son coratge
De las deslials voluntatz
Don mov lo faitz desmezuratz,
  E li autre otratge,

D'aquel vencer es plus honratz
Que si vencia cent ciutatz.

Pauc pres prim prec de preyador,
Quan cre qu'el cuia covertir,
Vir vas vil voler sa valor,
Don dreitz deu dar dan al partir;
　Si sec son sen salvatge
Leu l'es lo larcx laus lagz lunhatz,
Plus pretz lauzables que lauzatz;
　Trop ten estreg ostatge
Dreytz drutz del dart d'amor nafratz;
Pus pauc pretz, pus pretz es compratz.

　No vuelh voler volatge,
Que m volv e m vir vils voluntatz,
Mais lai on mos vols es volatz.

SORDEL.

I.

Aylas! e que m fan miey huelh,
Quar no vezon so qu'ieu vuelh!

Er quan renovella e gensa
Estius ab fuelh et ab flor,
Pus mi fai precx, ni l'agensa
Qu'ieu chant e m lais de dolor
Silh qu'es domna de Plazensa
Chantarai, sitot d'amor
Muer, quar l'am tant ses falhensa;
E pauc vey lieys qu'ieu azor.
Aylas! e que m fan miey huelh,
Quar no vezon so qu'ieu vuelh!

Sitot amor mi turmenta
Ni m'auci, non o planc re,
Qu'al mens muer per la pus genta
Per qu'ieu prenc lo mal pel be;
Ab que'l plassa e m cossenta
Qu'ieu de lieys esper merce,
Ja per nulh maltrag qu'ieu senta
Non auzira clam de me.
Aylas! e que m fan miey huelh,
Quar no vezon so qu'ieu vuelh!

Mortz suy, si s'amor no m deynha,
Qu'ieu no vey ni m puesc pensar
Ves on m'an ni m vir ni m tenha,
Si'lha m vol de si lunhar;
Qu'autra no m plai que m retenha,
Ni lieys no m puesc oblidar,
Ans ades, quon que m'enprenha.
La m fai mielhs amors amar.
Aylas! e que m fan miey huelh,
Quar no vezon so qu'ieu vuelh!

Ai! per que m fai ta maltraire,
Qu'ilh sap be de que m'es gen,
Qu'el sieu pretz dir e retraire,
Suy plus sieus on piegz en pren;
Qu'elha m pot far e desfaire
Cum lo sieu, no li m defen,
Ni de lieys no m vuelh estraire,
Si be m fai morir viven.
Aylas! e que m fan miey huelh,
Quar no vezon so qu'ieu vuelh!

Chantan prec ma douss' amia,
S'il plai, no m'auci' a tort;
Que, s'ilh sap que pechat sia,
Pentra s'en quan m'aura mort:
Empero morir volria
Mais que viure ses conort,
Quar pietz trai que si moria

Qui pauc ve so qu'ama fort.
Aylas! e que m fan miey huelh,
Quar no vezon so qu'ieu vuelh!

II.

Bel m'es ab motz leugiers de far
Chanson plazen et ab guay so,
Quar melhor que hom pot triar,
A cui m'autrey e m ren e m do,
No vol ni 'l plai chantar de maestria;
E mas no 'lh plai, farai hueymais mon chan
Leu a chantar e d'auzir agradan,
Clar d'entendre e prim qui prim lo tria.

Gen mi saup mon fin cor emblar,
Al prim qu'ieu miriey sa faisso,
Ab un dous amoros esguar
Que m lansero siey huelh lairo;
Ab selh esguar m'intret en aisselh dia
Amors pels huelhs al cor d'aital semblan
Qu'el cor en trays e mes l'a son coman,
Si qu'ab lieys es on qu'ieu an ni estia.

Ai! cum mi saup gent esgardar,
Si l'esgartz messongiers no fo
Dels huelhs que sap gent enviar
Totz temps per dreg lai on l'es bo

Mas a sos digz mi par qu'aiso s cambia :
Pero l'esgar creirai, qu'ab cor forsan
Parl'om pro vetz, mas nulh poder non an
Huelhs d'esgardar gen, si 'l cor no 'ls envia.

E quar am de bon pretz ses par,
Am mais servir lieys en perdo
Qu'autra qu'ab si m degues colgar;
Mas no la sier ses guazardo,
Quar fis amicx no sier ges d'aital guia,
Quan sier de cor en honrat loc prezan;
Per que l'onors m'es guazardos d'aitan
Qu'el sobreplus non quier, mas ben penria.

BONIFACE CALVO.

I.

Temps e luec a mos sabers,
Si saupes d'avinen dire,
Pois c'amors m'a faig eslire
Leis on es gaug e plazers,
Beutatz, senz, pretz e valors;
Doncs pois tan m'enanz amors
Qu'eu am tal domn'e dezir,
Non dei a bos motz faillir.

Mout fon corals lo dezirs
Que s venc en mon cor assire,
Quan de sos oils la vi rire
E pensar ab mainz sospirs,
Camjant mais de mil colors;
Don una douza dolors
M'en venc el cor, que doler
Mi fai senes mal aver.

Non es renda ni avers
Per qu'eu camjes mon martire;
Tant fort mi plai e l'azire
C'aissi entre dos volers

M'estauc ab ris et ab plors,
Ab trebaill et ab douzors :
Aissi m cug jauzens languir
Tant qu'il deing mos precs auzir.

Car tant non greva 'l languirs
Qu'eu ja vas autra 'l cor vire,
Ans l'am mil tanz e dezire
On pieg n'ai, car sos genz dirs,
Sos senz e sas granz lauzors
M'an si conques, per c'aillors
Non poiria conquerer
Joi que m pogues res valer.

Car lo sobraltius valers
De lei cui sui finz servire
Es tant sobre tot consire,
E 'l sieus honratz chapteners
Es tant genzer dels gensors
Qu'en sui tant en gran joi sors
Que d'als non pot jois venir
Qu'eu pretz ni deia grazir.

II.

S'ieu ai perdut, no s'en podom jauzir
Mei enemic, ni hom que be no m voilla,
Car ma perda es razos qu'a els dueilla

Tan coralmenz que s deurian aucir,
E totz lo monz aucire si deuria,
Car morta es mi donz per cui valia
Pretz e valors, e s'en, chaitius, saupes
Chauzit tal mort que pieg far mi pogues
Que ma vida, senz tardar m'auciria.

E car non posc peiurar ab murir
Mi lais viure tant trist que flors, ni fuoilla,
Ni nuls deportz non a poder que m tueilla
Ren de'l dolor, que m fai metr'en azir
Tot so que mais abellir mi solia;
Car despieg mi capdell, et ira m guia
E m met en luec on no viuria res
Mas ieu qu'ai tant de mal suffrir apres
Qu'eu viu d'aisso don totz autr'om moria.

E viu tan grieu qu'eu non posc ges soffrir
Que plors non semen' e dols non recueilla
Per la mort de la bella que m despueilla
De tot conort, pero eu non dezir
Aver poder ni voler nueg ni dia
De mi loingnar del maltrag que m languia,
Pois c'a dieu plac que mortz cella m tolgues
Dont venia totz mos gaug e mos bes,
E tot cant ieu d'avinen far sabia.

Tant era dreich' en tot ben far e dir
Qu'eu non prec dieu qu'en paradis l'acueilla,

Quar per paor q'aia ni aver sueilla
Qu'el l'aia mes en soan non sospir
Ni plaing, car al mieu senblan non seria
Lo paradis gent complitz de coindia
Senz leis, per q'eu non tem ni dupti ges
Que dieus non l'ai'ab se, lai on el es;
Ni m plaing, mas car sui loing de sa paria.

Fols mi par cel que cor met ni consir
El joi del mon, e plus fols qui s'orgoilla
Per tal joi, car autr' uichaizos non moilla
Mon vis de plors, ni als no m fai languir
Mas la menbranza del joi qu'eu avia
Del bel capteing e de la cortezia
Qu'eu trobav' e mi donz, e s'en agues
Saubut que tant mal prendre m'en degues,
Non prezera'l joi ni ar m'en dolria.

Ai! flors de valor e de cortesia
E de beutat, ai! bella douz' amia,
S'il mortz complic son voler qan vos pres.
Ieu en remaing tan doloros que res
Alegrar ni conortar no m poiria.

LE MOINE DE MONTAUDON.

1.

Aissi cum selh, qu'om mena al jutjamen,
Que es per pauc de forfag acuzatz,
Et en la cort non es guaire amatz,
E poiria ben estorser fugen,
Mas tan se sap ab pauc de falhimen
No vol fugir e vai s'en lai doptos,
Atressi m'a amors en tal luec mes
Don no m val dregz, ni l'aus clamar merces,
Ni del fugir no sui ges poderos.

Bona dompna, si eu fos lialmen
En vostra cort mantengutz ni jutjatz,
Lo tort qu'ie us ai fora dreitz apelhatz,
Qu'ieu m'en puesc ben esdir per sagramen;
Donc pus vas me non avetz nulh garen
Qu'ieu anc falhis, dompna corteza e pros,
Mas quar vos am e tot quan de vos es,
E quar n'aus dir en manhs ricx luecs grans bes,
Veus tot lo tort, dona, qu'ieu ai vas vos.

Per aital tort me podetz lonjamen
Gran mal voler, mas ben vuelh que sapchatz
Que per ben dir vuelh trop mais que m perdatz

Que m guazanhetz vilan ni mal dizen,
Quar d'amor son tug siey fag avinen;
E pus hom es vilas ni enoios,
Pueys en amor non a renda ni ses,
Amar pot el, mas d'amor non a ges,
S'il fag e'l dig tuit no son amoros.

Be m fai amors ad honrar finamen,
Qu'el mon non es tan rica poestatz
Que no fassa totas sas voluntatz,
E tot quan fai es tan bon e plazen;
E dieus hi fes molt gran essenhamen,
Quan volc que tot fos mezura e razos,
Sens e foudatz sol qu'ad amor plagues,
E paratges no y des ren ne y tolgues,
Pus fin' amors se metria en amdos.

Bona dompna, no crezatz l'avol gen
Que ieu fezes de me doas meytatz,
For de mon cor que s'es en vos mudatz,
Qu'en un sol luec ai ades mon enten;
E sapchatz ben, qui en dos luecs s'enten,
Res non es menhs de nesci volentos;
E jes nul temps no m plac tal nescies
Ni tal voler, ans ai amat defes
Com fin aman deu far ses cor felos.

Be m lau d'amor quar m'a donat talen
De lieys on es pretz e sens e beutatz,

Ensenhamens, conoissensa e solatz;
Res no y es menhs, mas quar merce no'l pren
De me d'aitan que m'esguardes rizen
E que m fezes semblan de belh respos :
Ab sol aitan for' ieu guays e cortes
Que mi donz amar mi non desdegnes,
Q'el sobreplus al sieu belh plazer fos.

Al pros comte vuelh que an ma chansos
D'Engolesme, si vol la rend' e 'l ses
Que ieu conquis, que ieu vuelh per un tres
Qu'a mi non falh Lunelhs ni Araguos.

II.

Mout me platz deportz e guayeza,
Condugz e donars e proeza,
E dona franca e corteza
E de respondre ben apreza;
E platz me a ric hom franqueza,
E vas son enemic maleza.

E platz me hom que gen me sona
E qui de bon talan me dona,
E ric hom, quan no me tensona;
E m platz qui m ditz be ni m razona,
E dormir quan venta ni trona,
E grans salmos ad hora nona.

E platz mi be lai en estiu
Que m sojorn a font o a riu,
E'lh prat son vert e'l flors reviu,
E li auzellet chanton piu,
E m'amigua ven aceliu,
E lo y fauc una vetz de briu.

E platz mi be qui m'aculhia,
E quan guaire no truep fadia;
E platz mi solatz de m'amia,
Baizars e mais, si lo y fazia;
E, si mos enemicx perdia,
Mi platz, e plus, s'ieu lo y tolhia.

E plazon mi ben companho,
Quant entre mos enemicx so,
Et auze ben dir ma razo,
Et ilh l'escouton a bando.

RICHARD DE BARBEZIEUX.

I.

Lo nous mes d'abril comensa;
L'auzelh chantador
Chanton, quascus per baudor,
Qu'atendut an en parvensa
Lo pascor;
Mielhs De Dompna, atretal entendensa
Aten de vos ab joy et ab temensa,
Qu'apres los mals qu'ai traitz durs e cozens
M'en venha'l bes amoros e plazens.

Qu'aissi cum totz l'ans s'agensa
Per fuelh' e per flor,
Val mais lo mons per amor,
Et amors non a valensa
Ni honor,
Mielhs De Dompna, ses vostra mantenensa,
Quar de totz bes estatz gras e semensa,
Et en vos es valors, beutatz e sens,
Mas per amor es plus valors valens.

Tant avetz de conoyssensa,
Per que us fan senhor
Amors, jovens ab honor,

E us portan obediensa
   Quascun jor;
Mielhs De Dompna, doncs vulhatz qu'amors vensa
Vostre dur cor de bella captenensa,
Que ben sabetz que belhs ensenhamens
Es en amor fis e comensamens.

Ar si coven eschazensa
   A fin amador,
E prenha en patz la dolor;
Greu er qui ab amor tensa
   Que non plor;
Mielhs De Dompna, en aquesta crezensa
Estauc ades e fauc ma penedensa,
Tan que us plassa lo mieus enansamens
De digz ses fagz ab dous esguartz plazens.

Tot atressi cum Durensa
   Pert en mar maior
Son nom que longeis non cor,
Eyssamens pert ses falhensa
   Sa color,
Mielhs De Dompna, denan vostra prezensa,
Autra beutatz, ses tota retenensa,
Ves la vostra que tant es avinens
Qu'atressi creys cum la luna es creyssens.

Mielhs De Dompna, s'ieu sui say ves Palensa,
M'arma e mos cors vos reman en tenensa;

E 'l noms d'amia vos er obediens,
Ab que crezatz de sos ensenhamens.

II.

Tug demandon qu'es devengud'amors,
Et ieu a totz dirai ne la vertat :
Tot en aissi cum lo solels d'estat
Que per totz locs mostra sas resplandors
E 'l ser vai s'en colgar, tot eyssamen
O fai amors; e quant a tot sercat,
E non troba ren que sia a son grat,
Torna s'en lai don moc premeiramen.

Quar sens e pretz, largueza e valors,
E tug bon pretz hi eron ajustat
Ab fin' amor per far sa voluntat,
Et era y joys, dompneyars et honors;
Tot atressi cum lo falcx qui dissen
Vas son auzelh quan la sobremontat,
Dissendia ab douz' humilitat
Amors en selhs qu'amavon leyalmen.

Amors o fai, si cum lo bos austors
Que per talan no s mov ni no s desbat,
Enans aten tro qu'om l'aya gitat,
Pueis vol' e pren son auzelh quan l'es sors;
E fin'amors aissi guarda et aten
Jove dompna ab enteira beutat

On tug li ben del mon son assemblat,
E no y falh ges amors, s'aital la pren.

E per aisso vuelh suffrir mas dolors,
Quar per sufrir son manh ric joy donat,
E per sufrir son manh tort esmendat,
E per sufrir vens hom lauzenjadors,
Qu'Ovidis ditz en un libre, e no i men,
Que per sufrir a hom d'amor son grat,
E per sufrir son manht paubre montat;
Doncx sufrirai tro que trop chauzimen.

E doncs, dona, pus que gaugz e valors
S'acordon tug en la vostra beutat,
Quo no y metetz un pauc de pietat
Ab que m fessetz al mieu maltrag secors!
Qu'aissi cum selh qu'el fuec d'ifern s'espren
E mor de set ses joy e ses clardat,
Vos clam merce, quar tem n'aiatz peccat,
Si m'ausizetz, pus res no us mi defen.

Pros comtessa e gaia, ab pretz valen,
Que Canpanes avetz enluminat,
Volgra saupsetz l'amor e l'amistat
Que us port, car lays tan mal mon cor dolen.

Belh Paradis, tug li dotze regnat
Aurion pro de vostr' essenhamen.

III.

Be volria saber d'amor
S'elha ve ni au ni enten,
Que tan l'ai requist francamen
Merce, e de re no m socor;
Estiers no m puesc a sas armas defendre
Mas ab merce, que tan li suy aclis
Que non es joys ni autre paradis
Per qu'ieu camges l'esperar ni l'atendre.

Quar aten hom de bon senhor
Cui serv de bon cor leyalmen
Tan tro que razos li cossen
De far ben a son servidor;
E fin' amors deu ben est sen aprendre
Que s guart qu'adreg sion siey don devis,
Ni qu'il sera francs e leyals e fis,
Si que nuls hom no la'n puesca reprendre.

Qu'aissi ven bes apres dolor,
Et apres gran mal jauzimen,
E rics joys apres marrimen,
E loncs repaus apres labor,
E grans merces per sufrir ses contendre,
Qu'aissi sec hom d'amor los dregz camis;
E qui la sier de cor e no y guandis,
Ab tal gienh pot hom ben amor perprendre.

Si cum la tigra el mirador
Que per remirar son cors gen
Oblida s'ira e son turmen,
Aissi quan vey lieys cui azor
Oblit mo mal, e ma dolor n'es mendre,
E ja negus no s'en fassa devis,
Qu'ieu vos dirai per cert qui m'a conquis.
Si o sabetz conoisser ni entendre.

Miels de dona, Miels de valor,
E Miels de tot essenhamen,
E Miels de beutat ab joven
Mesclat ab tan fresca color,
Qu'anc nuls arquiers tan dreg no saup destendre
Qu'elha plus dreg no m'aya el cor assis
La dolza mort don ieu vuelh estre aucis,
S'ab un esguart d'amor no m vol joy rendre.

M'arma e mon cor volria qu'ilh saubis
E mon captenh : a! qual dolor languis
Leyals amans, quan no fai mas atendre!

BLACASSET.

Si m fai amors ab fizel cor amar
Que mil tans vuelh ses autre jauzimen
Esperar vos ab deziros turmen,
Bona dompna, cui ab fin cor tenc car,
Que d'autr' aver so qu'ieu de vos volria;
E plus no us quier mas que us plassa qu'ieu sia
Vostres, e si trop quier no m sia dans,
Si m forsa en re mo sen sobretalans.

Gentils dompna plazens, no us aus lauzar,
Ni faissonar vostra beutat plazen
Ni l'honrat, car, gentil captenemen
Ni 'l pretz que us te d'autra valor ses par;
Quar, s'ieu lauzan vostre gent cors, dizia
So qu'ieu per ver faissonar en poiria,
Sabrion tug de cui sui fis amans;
Per qu'ieu en sui de vos lauzar duptans.

S'aissi us auzes, dompna, merce clamar
Cum vos dezir ab car voler temen,
Ieu fora ricx; mas ar languisc viven,
Quar sol no m'aus quo us o diga pensar;
Mas si merces, que orguelh humilia,
Vostre gent cors, que m destrenh, destrenhia

Sivals d'aitan que us plagues mos enans,
For'ieu de joy als plus jauzens sobrans.

Ab tal voler fetz amors autreyar
Mon cor a vos cui dezir caramen
Que m fosson tug vostre plazer plazen,
Per qu'ieu volrai tos temps aitals estar;
Quar tan tenc car la vostra senhoria
Que, s'autra m des so qu'a vos non querria,
No s pogra en re cambiar mos talans,
Tant es mos cors d'onrat joy dezirans!

Tos temps vuelh mais doussamen merceyar
Ab humil cor tot vostre mandamen
Que d'autr'aver ab joy nulh jauzimen
Que nuls hom aus voler ni dezirar;
E ja de vos joys plazens datz no m sia,
Bona dompna, s'ieu d'autra lo prendia;
E s'aman muer, domna, sui merceyans,
Qu'en la mort prenc honor, sitot m'es dans.

Dona, si us platz que fin' amors m'aucia
Vos deziran, ja no us cugetz que m sia
Enuegz en re; ans, si us es plazers grans,
Serai tos temps de ma mort dezirans.

GIRAUD RIQUIER.

I.

Ab plazen
Pessamen
Amoros,
Ai cozen
Mal talen
Cossiros,
Per qu'el ser no puesc durmir
Ans torney e vuelf e vir,
    E dezir
    Vezer l'alba.

Per trebalh
Que m'assalh,
Ser e jorn
Joys me falh,
Don nualh
Ab cor morn,
E 'l ser dobla m mon martir,
Qu'en elh tenc tot mon albir,
    E dezir
    Vezer l'alba.

Mals sabers
Es loncs sers

Per velhar
Ses plazers
E jasers
Ses pauzar,
E ben amars ses jauzir;
Per qu'el ser velhan sospir,
E dezir
Vezer l'alba.

A mon dan
Per semblan
Fa gran nueg,
Quar afan
N'ay trop gran
Et enueg,
Quar leys qu'ieu am non remir;
Ans pes co m'en puesc aizir,
E dezir
Vezer l'alba.

II.

L'autre jorn m'anava
Per una ribeira
Soletz delichan,
Qu'amors me menava
Per aital maneira
Que pesses de chan,

Vi guaya bergeira
Bell' e plazenteira
Sos anhels gardan;
La tengui carreira,
Trobei la fronteira
A for benestan,
E fe m belh semblan
Al primier deman.

Qu'ieu li fi demanda:
« Toza, fos amada
Ni sabetz amar? »
Respos me ses guanda
« Senher, autreyada
Mi suy ses duptar.
— Toza, mot m'agrada
Quar vos ai trobada,
Si us puesc azautar.
— Trop m'avetz sercada;
Senher, si fos fada,
Pogra m'o pessar.
— Toza, ges no us par?
— Senher, ni deu far. »

« Toza de bon aire,
Si voletz la mia,
Yeu vuelh vostr' amor.
— Senher, no s pot faire;
Vos avetz amia

Et yeu amador.
— Toza, quon que sia,
Ye us am, donc parria
Que us fos fazedor.
— Senher, autra via
Prenetz tal que us sia
De profieg maior.
— Non la vuelh melhor.
— Senher, faitz folhor. »

« No folley, NA toza;
Tan m'es abellida
Qu'amors m'o cossen.
— Senher, fort cochoza
Son que fos partida
D'aquest parlamen.
— Toza, per ma vida,
Trop es afortida,
Qu'ie us prec humilmen.
— Senher, no m'oblida
Trop; a! for' aunida,
Si crezes leumen.
— Toza, forsa m sen.
— Senher, no us er gen. »

« Toza, que que m diga,
Non aiatz temensa,
Que no us vuelh aunir.
— Senher, vostr' amiga

Suy, quar conoyssensa
Vo' 'n fai abstenir.
— Toza, quan falhensa
Cug far, per sufrensa
Belh Deport m'albir.
— Senher, mot m'agensa
Vostra benvolensa,
Quar vos faitz grazir.
— Toza, que us aug dir?
— Senher, que us dezir. »

« Digatz, toza guaya,
Que us a fag dir ara
Dig tan plazentier?
— Senher, on que m vaya,
Gays chans se perpara
D'en Guiraut Riquier.
— Toza, ges encara
Lo ditz no s despara
De qu'ieu vos enquier.
— Senher, no us ampara
Belhs Deportz que us gara
De laus esquerrier?
— Toza, no m profier.
— Senher, aus entier. »

« Toza, tot ma fara,
May 'n Bertrans m'ampara
D'Opian l'entier.

— Senher, mal si gara;
Et iretz vo' 'n ara,
Don ai cossirier.
— Toza, sovendier
Aurai est semdier. »

III.

Ad un fin aman fon datz
Per si dons respieg d'amor,
E 'l sazos e 'l luecx mandatz;
E 'l jorn qu'el ser dec, l'onor
Penre anava pessius,
E dizia sospiran :
« Jorns, ben creyssetz a mon dan!
    E 'l sers
Auci m e sos loncx espers. »

Tant era l'amans cochatz
De la deziran ardor
Del joy que l'er autreyatz,
Qu'elh se dava gran temor
Qu'al ser non atendes vius.
E dizia sospiran :
« Jorns, ben creyssetz a mon dan!
    E 'l sers
Auci m e sos loncx espers. »

Nulhs hom non era de latz
A l'aman, que sa dolor

No conogues, tant torbatz
Era ab semblan de plor,
Tant li era 'l jorns esquius;
E dizia sospiran :
« Jorns, ben creyssetz a mon dan !
  E 'l sers
Auci m e sos loncx espers. »

Mout es greu turmen astratz
A selh qu'ab nulh valedor
No s pot valer, donc gardatz
D'est aman en qual langor
Era 'l jorn d'afan aizius,
E dizia sospiran :
« Jorns, ben creyssetz a mon dan !
  E 'l sers
Auci m e sos loncx espers. »

IV.

L'autr'ier trobey la bergeira d'antan
Saludei la, e respos mi la bella,
Pueys dis : « Senher cum avetz estat tan
Qu'ieu no us ai vist? ges m'amors no us gragella?
— Toza, si fa mai que no fas semblan.
— Senher, l'afan per que podetz sufrir?
— Toza, tals es qu'aissi m'a fag venir.
— Senher, et ieu anava vos sercan.

— Toz', aissi etz vostres anhelhs gardan.
— Senher, e vos en passans so m'albir. »

« Toz', al prim jorn fuy vostres ses mentir,
Pueys del vezer m'an tout afar aizina.
— Senher, aital vos puesc ieu de mi dir,
Qu'aissi quo vos m'es fis vos suy ieu fina.
— Toza, be m plai quar o sabetz grazir.
— Senher, si fas tot aissi com s'eschai.
— Toza, vulhatz donc tot so qu'ieu volrai.
— Senhe' 'l voler vostre vuelh ben auzir.
— Toza, que vuelh de vostr' amor jauzir.
— Senher, faitz o lai on yeu no serai. »

« Toza, nulhs joys ses lo vostre no m plai
D'autra del mun, ni dar no 'l me poiria.
— Senher, aquo es aissi quon ieu sai ;
Mas cavalgatz e tenetz vostra via.
— Toza, no vuelh anar, ans dissendrai.
— Senher, que us val er quan etz dissendutz ?
— Toza, sapchatz que serai vostres drutz.
— Senher, si us plai, entendetz que us dirai.
— Toza, digatz tost que be us entendrai.
— Senher, sejam, que ben siatz vengutz. »

« Toza, tan m'es lo deziriers cregutz
De vos jauzir, qu'ades coven a faire.
— Senher, quo us es tan tost dessovengutz
Lo vostre Belhs Deportz ? no l'amatz gaire.

— Toza, si fas tant que ja so vencutz.
— Senher, s'o sap, grat vo' 'n deura saber.
— Toza, de trop vils faitz me fa tener.
— Senher, per so n'es lauzan mentaugutz.
— Toza, s'amors autre joy no m'adutz.
— Senher, no us par que vivatz ses plazer. »

« Toza, no m vol mos Belhs Deportz valer,
Ni re non vey el mon que tant me playa.
— Senher, ben cre qu'en sap far son dever,
Si a valor tant quo dizetz veraya.
— Toza, tan val que totz m'en desesper.
— Senher, avetz per lieys nul melluyrier?
— Toza, oc, tal qu'en muer de dezirier.
— Senher, ans n'es mentaugutz de saber.
— Toza, que m val? pus joy non puesc aver.
— Senher, lo joy perdetz per cor leugier. »

« Toza, 'l cor ai leyal e vertadier
Vas lieys don mortz deziran me guerreya.
— Senher, tant aug dir d'EN Guiraut Riquier
Que, si no us val, no fa ren que no deya.
— Toza, no fau acreire lauzengier.
— Senher, per mi sai tot vostre talan.
— Toza, be us am, mas vos m'anatz trufan.
— Senher, autra n'ametz atertant yer.
— Toza, vau m'en, que no m'avetz mestier.
— Senher, anatz, e veia m vos autr' an. »

V.

Gaya pastorelha
Trobey l'autre dia
En una ribeira
Que per caut la belha
Sos anhels tenia
Desotz un' ombreira;
Un capelh fazia
De flors, e sezia
Sus en la fresqueira:
Dissendey en guia
Que s'amor volia;
En calque maneira
Ylh fon prezenteira,
Sonet me primeira.

Dissi li : « Poiria
De vos solatz traire,
Pus m'es agradiva? »
Ylh dis que queria
Amic de bon aire,
Nueg e jorn pessiva.
« Toza, ses cor vaire
E senes estraire,
M'auretz tant quan viva.
— Senher, be s pot faire,
Quar a mon veiaire

Amors vos abriva.
— Toza, oc, esquiva.
— Senher, be y's sobtiva. »

« Toza, s'ans de gaire
No m'en faitz valensa,
Vostr' amors m' esglaya.
— Senher, ab maltraire
Conquer hom guirensa,
Donc espers vos playa.
— Toza, tant m'agensa
Vostr' amors e m tensa
Qu'ops m'es qu'ades l'aya.
— Senher, en parvensa
Mai no m vis, falhensa
Faria savaya.
— Toza, 'l vista m playa.
— Senher, donc no y's gaya? »

« Toza, tant comensa
L'amors ab martire
Qu'ops m'es vostra vida.
— Senher, ab temensa
M'avetz en dezire
Ben quatr' ans tenguda.
— Toza, no m'albire
Qu'ie us vis mai; no us tire,
Si ar etz ma druda.
— Senher, be us puesc dire

Qu'en faretz mans rire,
Suy desconoguda.
— Toza, etz esperduda?
— Senher, non, ni muda. »

« Toza, no m cossire
Tant qu'aisso entenda;
Etz ges la chantada?
— Senher, quan que us tire,
Pro er qu'ie us car venda
Vostr'amor malvada.
— Na toza, contenda
Ai ab vos d'emenda
Totas vetz trobada.
— Senhe' 'n Guiraut renda
Riquier tanh que us renda
Aital, quar sui fada.
— Toz', ans etz membrada.
— Senher, so m'agrada. »

« Toza, tal fazenda
Ai qu'ops m'es que y tenda,
A dieu siatz dada.
— Senher, aissi us prenda
Per tot ses emenda,
E veus vostr'estrada.
— Toza, etz irada?
— Oc, per vostr'anada. »

VI.

L'autr'ier trobei la bergeira
Que d'autras vetz ai trobada
Gardan anhels, e sezia,
E fon de plazen maneira;
Pero mout fon cambiada,
Quar un effant pauc tenia
En sa fauda que durmia;
E filava cum membrada;
E cugey que m fos privada
Per tres vetz que vist m'avia,
Tro vi que no m conoyssia,
Que m dis : « Lai laissatz l'estrada? »

« Toza, fi m'ieu, tant m'agrada
La vostra plazen paria
Qu'er m'es la vostra valensa. »
Elha m dis : « Senher, ta fada
No suy quo us pessatz que sia,
Quar en als ai m'entendensa.
— Toza, faitz hi gran falhensa,
Tant a que us am ses falcia.
— Senher, tro en aquest dia
No us vi segon ma parvensa.
— Toza, falh vos conoyssensa?
— Senher, non, qui m'entendia. »

« Toza, ses vos no m poiria
Res dar d'aquest mal guirensa,
Tant a que m'etz abellida!
— Senher, aital me dizia
En Guirautz Riquiers ab tensa,
Mas anc non fuy escarnida.
— Toza, 'n Guirautz no us oblida,
Ni us pren de mi sovinensa.
— Senher, mais que vos m'agensa
Elh e sa vista grazida.
— Toza, ben trop l'es gandida.
— Senher, si ven, be cre m vensa. »

« Toza, mos gaugz se comensa,
Quar selh per qui etz auzida
Chantan suy ieu ses duptansa.
— Senher, non etz, ni crezensa
Non auria e ma vida,
Ni neys non avetz semblansa.
— Toza, Belhs Deportz m'enansa
Que us es tres vetz autz guida.
— Senher, res non es la crida,
Trop vos cujatz dar d'onransa.
— Toz', avetz de mi membransa?
— Senher, oc, mais non complida. »

« Toza, ie us ai enbrugida,
E tenc m'o a gran pezansa;
No us pessetz pus vos enqueira.

—Senher, be m tenc per fromida,
Qu'eras ai preza venjansa
De l'autra vista derreira.
—Toz', ab qui etz parieira
En l'efant? es d'alegransa?
—Senher, ab selh qu'esperansa
N'ai de mais, que m pres en gleira.
—Toza, quo us giec en ribeira?
—Senher, quar es ma uzansa. »

« Poiriam far acordansa
Amdos, toza plazenteira,
Si n'eratz per mi celada.
—Senher, non d'autr' amistansa
Que ns fem a la vetz primeira,
Pus tro aissi m suy gardada.
—Toza, be us ai assajada,
E truep vos de sen enteira.
—Senher, s'ieu ne fos leugeira,
Mal m'agratz vos assenada.
—Toza, vau far ma jornada.
—Senher, mete' us en carreira. »

FIN DU TOME TROISIÈME.

www.ingramcontent.com/pod-product-compliance
Lightning Source LLC
Chambersburg PA
CBHW050237230426
43664CB00012B/1731